남북교류협력을 위한

북한지리지 1

남북교류협력을 위한

북한지리지 1
— 신의주시, 중강군, 삼지연시, 청진시, 김책시, 신포시, 함흥시

ⓒ 전국남북교류협력 지방정부협의회, 2025
ⓒ 남북경제문화협력재단 북한지리지 편찬실, 2025
ⓒ 내숲, 2025

이 책에 수록된 내용(글, 지도, 디자인 등)은 모두 저작권이 있습니다. 전체 또는 일부분을 사용하고자 할 때는 먼저 저작권자로부터 서면으로 된 동의서를 받아야 합니다.

Regional Geography of D. P. R. KOREA
for the era of exchange and cooperation, Vol.1
— Sinuiju City, Junggang County, Samjiyon City, Chongjin City, Kim Chaek City, Sinpho City and Hamhung City

ⓒ National Local Governments Council for Inter-Korean Exchange and Cooperation(NLGCIK), 2025
ⓒ Foundation for Inter-Korea Cooperation, 2025
ⓒ Stream&Forest Publishing Co., Seoul Korea, 2025

All rights reserved. No part of this book may be reprinted or reproduced or utilised in any form or by any means without permission in writing from the publisher.

남북교류협력을 위한

북한지리지 1

기획 · 전국남북교류협력 지방정부협의회
집필 · 남북경제문화협력재단 북한지리지 편찬실

내숲

발간사

남북이 만나는 역사, 《북한지리지》로 시작합니다

남북이 서로 만나는 역사를 다시 준비해야 합니다. 국제 분쟁, 남북 사이 대화 단절 등을 비롯 우리를 가로막는 문제가 많습니다만, 무엇보다 분단을 끝내고 남북 간 평화와 번영의 새로운 시대를 열어야 합니다.

한반도 평화 정착을 위해 역대 민주 정부가 추진해온 노력을 기억합니다. 남북 철도와 도로가 연결되고, 개성공단과 금강산이 남북이 함께하는 화해와 협력의 장으로 만들어지기까지 노력한 정부의 역할을 떠올립니다. 앞으로 어떤 정부가 들어서더라도 끊어지지 않고 이어 달려야 할 빛나는 역사입니다.

대한민국 지방정부가 남북 도시 간 만남을 꿈꾸고, 남과 북 지방 도시가 서로 교류하는 날을 준비하는 것은, 이를 통해 얻게 될 우리 민족의 이익에 주목하기 때문입니다. 그동안 남북이 만나는 자리에서 지방의 역할은 크지 않았습니다. 하지만 다가올 미래는 지방의 고유한 특성에 맞게 남북 도시 간 각종 만남이 활발히 이루어져야 합니다.

지방정부는 '남북교류협력에 관한 법률'에 따라 북한과 직접 남북교류협력 사업을 진행할 수 있습니다. 시민들이 북의 도시를 이웃 동네를 여행하는 마음으로 편하게 오가는 날은 반드시 찾아올 것입니다. 국도 1호선, 목포에서 신의주까지 달리는 버스를 타고 파주를 지나 개성을 거쳐 평양으로 신의주로 갈 수 있습니다. 압록강을 건너 유라시아를 지나 유럽까지 자유롭게 여행하는 날이 꿈이 아닌 현실이 될 것입니다.

전국의 지방정부가 공동으로 만든 《북한지리지》, 이 책은 북한의 어느 지역과 교류할 것인지 상대를 정하고 어떤 내용으로 교류할지, 남북의 겨레가 서로 만나기 위한 준비의 첫걸음입니다.

우리 지방정부는 북한의 평양직할시를 비롯한 시, 군, 지구 202곳 지역에 관해 위치와 지형, 기후, 행정구역과 인구, 교통, 역사와 문화, 산업, 교육, 출신 인물 등을 조사하여, 상대 도시가 지닌 특성을 체계적으로 정리해 나가기로 하였습니다. 첫선을 보이는 이번 두 권에는 평안북도 신의주시, 황해남도 해주시 등 15개 지역에 관한 최신 정보를 수록하고 있습니다.

남북교류협력을 위한 《북한지리지》가 전국 각 자치단체뿐만 아니라 남북 사이 평화의 길을 내고자 하는 모든 분들의 앞길을 밝히는 등불이 되고 남북 만남을 위한 안내서가 되기를 희망합니다.

지금 대한민국은 훼손된 민주주의를 회복하는 시간을 보내고 있습니다. 남북 분단에 기대어, 군사적 긴장을 명분으로 내세우는 이들에 의해 시민의 자유가 침해될 수 있음을 목격했습니다. 남북 만남이 이어져야 우리의 평화로운 일상이 가능하다는 것도 생생하게 실감할 수 있었습니다.

새벽은 어둠 뒤에 찾아오듯 남북이 어려운 고비를 넘기면 서로 만나는 역사가 다시 시작될 것입니다. 지방정부는 남북 화해와 한반도 평화의 길에 언제나 앞장설 것입니다.

어렵고 힘든 시기, 《북한지리지》 발간이라는 벅찬 과제 수행을 위해 노력해준 분들에게 감사 인사를 드립니다. 북한 지역에 관한 정보 접근이 쉽지 않은 상황에서도 오래된 문헌을 비롯해 최근 신문과 잡지 등 다양한 경로를 통해 조사 연구를 진행해준 남북경제문화협력재단 편찬진과 자문위원 여러분들의 노고에 감사드립니다.

2025년 1월 15일,
전국남북교류협력 지방정부협의회
상임공동대표 김병내, 광주광역시 남구청장
사무총장 박승원, 경기도 광명시장

편찬사

북한 지역의 발견이
우리에게도 새로운 길을 열어줍니다

지난 120년 동안 우리나라는 세상 어느 나라 못지않게 격변기를 경과해왔습니다. 20세기 전반부는 일제 식민 통치 아래서 단절과 타율을 강요당했으며, 1945년 8월에 해방을 맞이하지만 곧바로 남과 북이 갈라지는 분단이 시작되었습니다. 2025년 올해는 을사늑약이 있은 지 120년이고, 해방 80년, 분단이 시작된 지 역시 80년입니다. 길이 끊기고 왕래가 끊기다가 1950년에는 기어이 전쟁이 벌어지고 말았습니다. 지난 세기 불행한 일은 식민지 백성으로 살다가 곧이어서 분단되고 동족상잔의 전쟁을 겪었다는 것이지만, 더 불행한 것은 이 일들이 제대로 규명되지도 못하고 관련자들이 입은 상처들이 치유되지 못한 채 방치되어 왔다는 것입니다. 식민지배와 분단으로 우리 사회의 모든 영역이 시간적으로나 공간적으로나 분단되고 말았습니다. 역사도 지리도 분단되었습니다.

이후 우리는 우리의 분단 현실에 관심을 갖기보다는 먼 곳에 관심을 기울이고 잘사는 나라를 동경해왔습니다. 북한에 관해 형제자매로서는 물론 이웃으로도 궁금해하지 않았고, 일본이나 미국, 또는 영국이나 프랑스 같은 나라들에 훨씬 관심이 많았습니다. 사실 내가 누구인가 하는 정체성은, 어디서 났는지,

부모가 누구인지에서 출발하는데, 우리는 우리 자신에게 진지한 관심이 없이 살아왔습니다.

분단 상태가 80년이 되어오도록 우리는 무관심과 무감각으로 일관하며 좁은 시야로 게으르게 살아왔습니다. 그러는 사이 우리는 특히나 남한은 대륙에 딸린 반도가 아니라 섬이 되고 말았습니다. 이 기이한 현상에서 벗어나는 출발점으로 '전국남북교류협력 지방정부협의회'와 '남북경제문화협력재단'은 지역지리[Regional Geography]의 관점에서 북한 지역에 관한 조사 사업을 진행하기로 하였습니다. 지난 2년의 연구와 조사 성과를 이 책에 담아냈습니다. 북한에 관한 정보는 굉장히 빈약할 것 같지만, 그것은 선입견입니다. 어쩌면 찾아보려는 노력, 구하려는 노력이 없었다고 고백하는 게 정직한 태도일지 모릅니다. 북한은 고립된 섬이 아니고, 곳곳에 정보와 증언이 있습니다. 무엇보다 우리는 80년 전까지는 같은 국토와 역사를 공유해온 사이입니다. 우리에게는 공동의 기억, 공동의 역사, 공동의 지리가 있습니다.

우리 편찬진은 공동의 역사와 지리가 보존되어 있는 사전류와 지리 서적을 주된 자료로 검토하였습니다. 20세기 것만이 아니라 19세기로 거슬러올라가 〈대동여지도〉와 〈대동지지〉를 보면서 도움받을 때도 많았습니다. 21세기 현재 그 지역의 모습은 북한의 신문과 잡지를 비롯 매체들의 보도를 충실히 참고하였습니다. 지도를 그려서 제시하는 것이 필수적인데, 편찬실에서 지도를 새로이 직접 그렸습니다. 먼저 그 지역이 속한 더 큰 맥락인 도 지도를 제작하였습니다. 그리고 이어서 주제 대상인 시군 지역 지도를 제작하는데, 해당 지역만이 아니라 그 주변 지역까지를 포괄하였습니다. 더 큰 맥락, 풍부한 맥락 안에서 이해하는 것이 우리에게는 절실하다는 문제의식의 발로입니다. 그리고 도행정 소재지의 경우 도심 상세도를 그렸습니다. 넓은 범위에서 좁은 범위로 옮겨가면서 지도를 제시하고 있습니다.

지도 제작 방식을 간단히 설명하면, 우리 국토지리정보원에서 제작한 5만분의 1 지도를 기본도로 하되, 《조선지리전서》, 《조선향토대백과》 등 북한에서 출간한 지리서를 참고하여 경계선을 조정하고 지명들을 수정했습니다. 가능한 한 현재 북한에서 통용되는 것으로 표시해주려고 노력했습니다. 행정구역 바뀐 것을 정확하게 파악하기 어려울 경우 면적이 가장 넓을 때를 담아냈습니다. 뉴미디어의 도움으로 위성 사진을 살펴봄으로써, 지형을 파악하고 도로의 현상태도 살피고, 중요한 장소의 정확한 위치를 찾을 수 있었습니다. 현지 답사를 하지 못하는 한계를 보완하려고 각고의 노력을 기울였습니다마는, 부족한 부분이 있을 수밖에 없겠다는 걱정이 듭니다. 남북교류가 필요함을 다시 한번 상기하는 수밖에 없겠습니다.

기후 편을 서술할 때는, 우리 기상청의 《북한 기상 30년보: 1990~2020》와 〈북한 기상 연보 2023〉을 참고하였습니다. 최신의 매우 좋은 자료들입니다. 이 자료를 활용하여 각 지역의 '기후 그래프'를 직접 작성함으로써 의미있는 성과를 담아낼 수 있었습니다. 기후 그래프를 통해 북한의 서해안과 동해안, 내륙산간지역과 해안지역 기후를 비교해가며 쉽게 이해할 수 있습니다. 주제 지역의 자연지리적 배경(지형과 기후)을 이해하는 데 도움을 줄 것입니다. 그 지역의 위치(위도, 해안, 내륙)와 지형, 해발 고도 등을 종합적으로 고려해보는 등 지리적 사고를 하면서 이 자료를 살펴보면 유익할 것입니다.

남과 북의 언어가 다소 다른 것도 서술 원칙을 정할 때 의논거리였습니다. 본래 조선 팔도의 방언이 다양했고 지난 80년의 시간과 거리가 있으니 이만한 변이 정도야 당연한 일이라고 볼 수 있습니다. 랭면(냉면), 력사(역사) 같은 두음법칙 적용 여부는 사실 큰 차이도 아니라고 할 수 있습니다. 이 책에서는 대체로 북한식 표현을 존중해서 먼저 적어주고 그뒤 괄호 속에 우리식 표현을 보여주는 곳이 군데군데 있는데, 영어도 배우고 프랑스어도 배우는 세상에 북한식 표현 몇 가지 알아두는 것도 나쁠 것 없지 않을까 생각하였기 때문입니다. 우리에게 표준어가 있다면 북한에는 문화어가 있습니다.

정치 체제가 다르기 때문에 빚어진 용어 차이도 있습니다. 우리 같으면 도청이라는 말이나 행정 소재지라는 말을 쓰는데, 북은 인민위원회 소재지라고 합니다. 해주는 황해남도 인민위원회 소재지이고, 원산은 강원도 인민위원회 소재지입니다. 원산은 실향민들은 함경남도로 기억하겠지만, 해방 이듬해에 강원도 행정 소재지가 되었으니, '강원도 원산'이 된 지 어언 79년입니다. 지난 80년 우리 쪽의 변화도 많았고 북한 쪽 변화도 많았으니, 이제부터 조금씩조금씩 알아가면 좋겠습니다. 우리는 서울이 특별시인데, 북한은 평양이 직할시이고 남포와 개성과 라선이 특별시입니다. 이 정도는 교양 삼아 알아두면 좋지 않을까요? 이 책은 남북 간의 차이를 다양성으로 받아들이기를 바라는 마음에서, 곳곳에서 병기나 혼용을 하고 있습니다. 남한 사람이나 북한 사람이나 다 흥미롭게 읽을 수 있기를 바랍니다.

사전류와 지리서, 신문과 잡지 같은 자료들에서 사실을 모으는 것만으로는 부족했습니다. 무언가 결정적인 것이 부족했는데, 그것은 다름아니라 그 시공간을 살아간 사람들의 땀과 눈물이었습니다. 우리는 문인들의 글에서 길을 찾앉고 희망을 발견했습니다. 특히나 20세기에 북방에서 출생한 문인들이 자신의 삶에서 길어올린 시와 소설과 산문들은 우리 편찬진에게 그 어떤 공식 역사보다도 값진 기록물이었음을 고백합니다. 일제시대의 백석, 김기림, 이용악, 강경애, 해방 뒤의 전혜린, 김종삼, 이정호 등이 남긴 글에서 우리는 '땅의 사람들'에 관한 생생한 증언을 얻을 수 있었습니다. 지난 100년, 200년 동안 많은 게 바뀌었을 것 같지만, 그렇기도 하고 아니기도 합니다. 이러한 조사와 연구 끝에, 우리 편찬진은 각 지역의 지형, 기후 등의 자연지리적 정보와 역사와 문화, 현대의 산업 현황, 교육 등 인문지리적 정보까지 모아 그 지역의 전체적 모습을 그려볼 수 있었고, 최선을 다해서 문장에 담아냈습니다.

책에서만 보아온 곳, 시인들이 전해준 풍문으로만 어렴풋이 접하던 곳, 희미한 옛 사랑의 그림자 같은 북녘의 고장들을 이 책에서 새롭게 만납니다. 1권에 수록된 7개 지역(신의주시, 중강군, 삼지연시, 청진시, 김책시, 신포시, 함흥시)은 평안북도, 자강도, 량강도(양강도), 함경북도, 함경남도에 속하는 먼 고장들입니다. 근대 들어서 중요성이 부각된 지역들입니다. 신의주는 일본 제국주의에 의해 20세기 들어 개발된 신도시입니다. 저들이 파악한 바 이 일대의 가장 가치 있는 자원은 목재였습니다. 신의주에서 압록강을 따라 올라가면서 중강진, 삼지연에서 아름드리 나무들을 만납니다. 중강군은 일제강점기 내내 독립운동가들의 피가 어린 항전지요 보금자리였으며, 삼지연시는 우리 민족의 발상지 백두산 천지를 품은 고장입니다. 빙 돌아서 청진에서 무연한 동해바다를 만나고 남으로 향하며 김책시, 신포시, 함흥시로 발길을 옮깁니다. 청진시와 김책시, 신포시, 함흥시는 모두 중요한 해안도시들입니다.

2권에는 8개 지역(해주시, 옹진군, 과일군, 순천시, 사리원시, 원산시, 세포군, 고성군)을 담았습니다. 황해남도, 평안남도, 황해북도, 강원도 지역으로 우리와 가까운 고장들입니다. 서해 바다의 해주에서 시작해 동해 바다의 고성군과 해금강으로 맺습니다. 해주시, 옹진군, 과일군은 모두 고려의 도읍 개성 가까운 유서 깊은 고장들로, 이 고장들에서 고려와 조선의 숨결을 느껴볼 수 있습니다. 순천시와 사리원시는 둘 다 교통의 요지로, 현재도 중요한 곳이지만 남북 관계가 순조로워지면 한층 더 중요해질 것이 틀림없는 도시들입니다. 강원도 행정 소재지인 원산과 세포군, 고성군, 이 세 지역은 독특하고 수려한 관광 자원을 품고 있는 매력적인 고장들로, 강원도의 힘을 가늠해볼 수 있는 지역들입니다.

지역마다 사진을 실어주었습니다. 북한 매체에 실린 사진, 《조선향토대백과》 속 사진, 우리나라 문화 유산 관리 기관과 박물관의 사진, 그리고 플리커(Flickr.com)에 올라 있는 작가들의 사진, 연구자의 사진 등을 사용했습니다. 사용 허락을 해주신 '평화문제연구소'를 비롯 사진작가 분들과 연구자들에게 깊이 감사드립니다.

그동안의 북한 관련 책은 거의가 평양 중심의 책들입니다. 이 책은 시군 단위 지역을 다루고 있는 것이 큰 특징입니다. 이러한 차별화된 장점이 북한을 풍부한 맥락 안에서 보게 해주고, 새로운 인식의 지평을 열어줄 것이라 생각합니다. 남측과 북측의 도시들이 자매결연을 맺고 교류를 하노라면 서로 배우는 것도 많고 세계가 확장되는 기쁨을 누리게 될 것입니다. 지리학은 본래 자연환경과 인문환경의 상호 관련성에 중점을 두는, 관계 지향적이고 상생을 목표로 하는 학문입니다. 그럼에도 '북한지리지'라는 책 제목 앞에 '남북교류협력을 위한'이라는 말을 달아주었습니다. 교류와 소통에서 중요한 것은 무엇보다도 '의향'이라는 것을 강조하고 싶었기 때문입니다. 우리 편찬진의 노력과 의도가 독자들께 잘 가서 닿기를, 독자에게서 열매 맺기를 희망합니다.

전문적이고 학술적인 지리학 서적은 아니지만 일반 독자가 쉽게 읽을 수 있는 유용한 책이라는 것이 이 책의 강점입니다. 그러면서도 깊이 있는 내용과 구체적인 정보들을 풍부하게 제시하고 있습니다. 인문학 독자들에게는 좋은 교양서가 되고, 정책 기획자들에게는 실무를 준비할 때의 지침서이자 기본 정보서 노릇을 하기에 모자람이 없도록 최선을 다했습니다.

이 책이 소통과 교류의 물꼬를 틈으로써 머지않은 장래에 통행, 통신, 통상의 3통 시대가 열리기를 희망합니다. 80년 세월의 공백을 메우고, 과거와 현재를 잇는 길에 나서기를 희망합니다. 새로운 역사, 새로운 지리로 나아가는 발걸음에 부디 많은 이들이 어깨동무하고 동행해 주시기를 바라는 마음 간절합니다.

2025년 1월 20일.

남북경제문화협력재단 북한지리지 편찬실,

김기헌, 남우희, 박소연, 선우정, 유경호, 정숙경, 황주은

차례

발간사 | 남북이 만나는 역사, 《북한지리지》로 시작합니다 · 4
편찬사 | 북한 지역의 발견이 우리에게도 새로운 길을 열어줍니다 · 7

평안북도 **신의주시 · 18**

위치와 지형 · 22 / 기후 · 24 / 행정구역과 인구 · 25 / 교통 · 29 / 역사와 문화 · 33 / 산업 · 48 / 교육 · 62 / 인물 · 66 / 교류협력 · 69

남신의주 유동 박시봉 방 — 백석 · 74

자강도 **중강군 · 76**

위치와 지형 · 80 / 기후 · 84 / 행정구역과 인구 · 86 / 교통 · 89 / 역사와 문화 · 90 / 산업 · 101 / 교육 · 108 / 인물 · 110 / 교류협력 · 112

강이 풀리면 — 김동환 · 113

량강도 **삼지연시 · 114**

위치와 지형 · 118 / 기후 · 125 / 행정구역과 인구 · 127 / 교통 · 131 / 역사와 문화 · 134 / 여행 · 145 / 산업 · 155 / 교육 · 164 / 교류협력 · 165

별 헤는 밤 — 윤동주 · 168

함경북도 **청진시 · 170**

위치와 지형 · 174 / 기후 · 176 / 행정구역과 인구 · 178 / 교통 · 182 / 역사와 문화 · 190 / 산업 · 200 / 교육 · 224 / 인물 · 229 / 교류협력 · 230

전라도 가시내 ― 이용악 · 232

함경북도 **김책시 · 234**

위치와 지형 · 238 / 기후 · 240 / 행정구역과 인구 · 243 / 교통 · 245 / 역사와 문화 · 248 / 여행 · 254 / 산업 · 259 / 교육 · 271 / 인물 · 274 / 교류협력 · 276

길 ― 김기림 · 278

함경남도 **신포시 · 280**

위치와 지형 · 284 / 기후 · 287 / 행정구역과 인구 · 288 / 교통 · 291 / 역사와 문화 · 294 / 여행 · 298 / 산업 · 301 / 교육 · 312 / 인물 · 314 / 교류협력 · 315

국수 ― 백석 · 318

함경남도 **함흥시 · 320**

위치와 지형 · 324 / 기후 · 325 / 행정구역과 인구 · 327 / 교통 · 329 / 역사와 문화 · 332 / 여행 · 341 / 산업 · 345 / 교육 · 358 / 인물 · 363 / 교류협력 · 364

기후 그래프(14개 지역) · 368 / 북한 철도망 · 373 / 참고 문헌 · 374 / 사진 저작권 · 379

삼지연시 리명수동과 남포태산

평안북도

신의주시

新義州市

신의주시는 중국을 코 앞에 둔 도시로, 둘은 '조중친선다리'*로 연결되어 있다. 조선시대에는 중국으로 가는 사절단이 강 건너기 전, 서류와 물품 등을 최종 점검하는 곳이 의주이며, 오늘날 행정구역으로는 의주군과 신의주시로 분화되어 있다. 한양에서 의주에 이르는 '의주대로'는 조선조 10대 길 중에서 가장 잘 닦인 길이다. 사신길, 사행길, 연행로 등으로 불리기도 했는데 한마디로 가장 중요한 '국가 간선 도로'였다. 제국주의 일본이 놓은 철도 경의선**의 종점이 바로 이곳인데, 일본이 이 철로 근처 지역을 떼어내 새로 붙인 이름이 신의주이다. 경의선은 의주대로 위에 건설한 노선으로 서울역에서 신의주역까지이다.

이 지역은 역사적으로 언제나 통행 곧 교류의 장이며 상업의 장이며 종종 침략전쟁의 터가 되었다. 이러한 다층적인 정체성은 지정학적 위치에서 오는 것으로, 어느 시대에나 유사시든 평시든 늘 중요한 곳이 되도록 한다. 고려시대에는 용만현(龍灣縣)인데 용만이라는 이름은 다음 왕조인 조선시대에도 이어져서 의주의 별칭이 곧 용만이다. 이곳을 앞마당인 양 활약한 상인을 만상(灣商)이라 하는데 여기서 '만(灣)'이 용만을 뜻한다. 북한은 신의주를 '국제 교통 관문 도시'라고 하고 있다. 대륙을 향해 활짝 열린 곳, 용 같은 기상의 도시가 바로 신의주이다.

* 조중친선다리: 중국 측은 '중조우의교(朝中友誼橋)'라고 적어 놓았다. 문화어로는 '조중친선다리'이지만 남한에서는 흔히 '압록강철교'라고 부른다. 길이는 944m이다. 열차, 자동차, 사람이 다 건너다닌다.

** 경의선: 북한은 이름을 평양 중심으로 바꾸었다. 평양에서 신의주 구간은 평의선, 평양에서 개성 구간은 평부선(평양-부산)이라고 하고 있다.

위치와 지형

신의주시는 평안북도 안에서는 서쪽 끝에 위치하지만 이 도 행정의 중심지(도 인민위원회 소재지)이다. 제국주의 일본에 의해 계획된 신도시로 출발했다. 압록강 하류 강안에 위치하며 동북쪽으로 의주군, 동쪽으로는 피현군, 남쪽으로는 룡천군(용천군)과 붙어 있고, 다리를 사이에 두고 중국의 단둥과 마주보며 이웃해 있다.

압록강에 섬들이 있는데, 오랜 세월 퇴적 작용으로 형성된 하중도(河中島)들이다. 신의주시 관할의 큰 섬으로 위화도(威化島, 12.2㎢), 다지도(多智島, 13.4㎢)■, 류초도(柳草島, 5.3㎢), 임도(荏島 깨섬, 6.2㎢)가 있다. 우리에게 가장 익숙한 것은 위화도인데, 고려 말 장수 이성계가 명나라를 치러 가다가 말 머리를 돌렸다는 그 장소이다. 중국으로 향하는 중대한 길목으로 조선시대 사행단의 기록에도 종종 등장하는 섬이다. 중간 기착지로 이것저것 점검하는 곳이다. 오늘날은 그 섬 바로 남쪽에 놓인 현대적인 다리가 모든 기능을 대신한다. 류초도는 봄가을로 철새가 지나는 통로로 중요하다.

■ 다지도: 남쪽 다지리는 신의주시, 북쪽 서호리는 의주군 관할이다.

🔺 압록강의 하중도

십년이면 강산도 변한다는 말처럼, 섬이나 모래톱(사주 沙洲)의 모양 역시 지난 백년 동안 꽤 많이 변했다. 압록강 줄기에 있는 섬과 모래톱이 어느 나라 영토이냐 하는 문제는 1962년에 체결한 조중변계조약(朝中邊界條約, 북중 국경 조약)에서 정한 바를 따른다. 압록강 상에 크고 작은 섬이 128개, 모래톱이 77개인데, 그 중 사람이 사는 큰 섬 10개를 포함해 섬 83개와 모래톱 44개가 북한 영토로 정해졌다.

신의주시 전체 면적은 약 180㎢, 경도는 동경 124°25′, 위도는 북위 40°06′이다.

신의주시는 충적평야로 이루어진 저지대가 넓게 퍼져 있고 야트막한 구릉들이 이어져 있다. 농경지는 이 시 면적 전체에서 55%를 차지하며, 그중 1/3은 압록강 상의 섬 지역과 삼교천 연안의 충적평야에 있다. 산림 면적이 전체 면적의 8% 정도로 좁고 산에는 소나무와 신갈나무가 자란다.

800㎞가 넘는 압록강이 이 시 영역을 적시는 구간은 21.4㎞이다. 남쪽 룡천군(용천군)과의 사이로 삼교천(三橋川, 15.5㎞)이 흐른다. 삼교천은 이 시의 구간에서는 밀물의 영향을 받는다. 삼교천의 지류로 여하천이 있는데 석하천이라고도 한다.

조중친선다리. 중국과 북한을 잇는 다리 중 가장 통행량이 많다. 철도, 자동차, 보행자가 다 이용한다.

압록강의 퇴적 현상은 현재도 계속되고 있다. 강물이 범람하는 것을 막기 위해, 락원제방, 삼룡제방, 류초제방, 연하천제방 등을 쌓았으며 꾸준히 관리 중이다.

기후

신의주는 량강도나 자강도에 속하는 지역들보다는 덜하지만 역시 추운 지역이고 연교차가 큰 지역이다. 남한 지역들처럼 가장 추운 달은 1월, 가장 더운 달은 8월이다. 1991~2020년 평년값❶으로는 연평균기온 10.1℃, 최한월인 1월 평균기온 -6.2℃, 8월의 평균 기온 24.5℃로, 연교차는 30.7℃이다. 지구 온난화로 이 지역도 그전보다 기온이 높아졌으며, 2023년도에는 좀더 높아져서 1월 기온 -5.8℃, 8월 25.4℃, 연교차도 31.2℃를 기록했다.

❶ 기후 평년값: 0으로 끝나는 해를 기준 30년간 기온, 강수량 등의 기상요소 평균값을 말한다. 세계기상기구(WMO)의 권고에 따라 10년마다 산출한다.

강수량은 연간 평균 1,020.9㎜이며, 여름철 강수량은 615.8㎜, 겨울철 강수량은 34.5㎜이다. 겨울 가뭄이 심하다. 2023년도에는 여름철 742㎜, 겨울철 22.3㎜를 기록했다. 이 해에는 11월 강수량이 많았는데 서해안 지방들이 다 비슷하여서 해주는 136.2㎜, 신의주는 120.1㎜의 비가 내렸다.

남동풍이 불어오며 평균 풍속은 1.9㎧이다.

신의주시 기후 그래프   (1991~2020년)

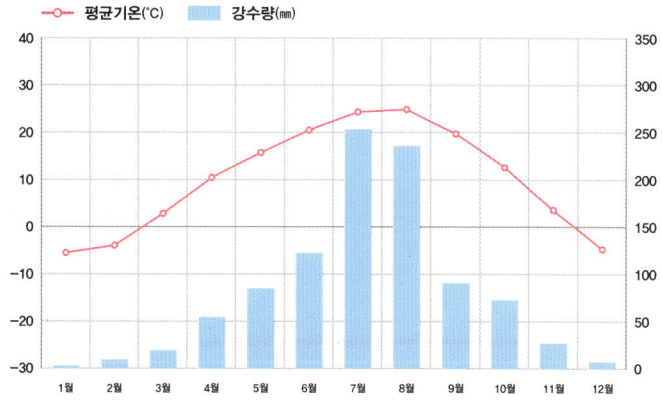

	30년 평균	2023년
연평균기온(℃)	10.1	11.4
최한월(1월) 평균기온	-6.2	-5.8
최난월(8월) 평균기온	24.5	25.4
연교차	30.7	31.2

	30년 평균	2023년
연강수량(mm)	1020.9	1143.0
여름 강수량 (6, 7, 8월)	615.8	742.0
겨울 강수량 (12, 1, 2월)	34.5	22.3
평균 풍속(m/s)	1.9	1.7

출처: 대한민국 기상청 〈북한 기상 연보〉

행정구역과 인구

평안북도 행정 중심지일 뿐 아니라 북한 전체에서 매우 중요한 곳이다. 정치적으로나 경제적으로나 여러 면에서 매우 중요한 도시이다. 한때는 3개의 구역 제도를 실시한 적이 있으나 현재는 동과 리로 편제돼 있다.

압록강 가까이에 '신의주청년역'이 있는데 예전 이름은 '신의주역'이었다. 이역을 중심으로 도심이 형성되어 있다. 도로는 바둑판처럼 반듯반듯하게 구획되어 있는데, 20세기 초 제국주의 일본에 의해서 이렇게 만들어졌다. 그때부터 교통과 행정 기능의 중심이었는데, 이는 오늘날에도 마찬가지이다. 동 이름

신의주시 인구 현황 개괄   (단위: 명)

인구수	남자	여자	도시	농촌
359,341	170,004	189,337	334,031	25,310

출처: 2008년 북한 중앙통계국 발표 인구 센서스

신의주시 인구 피라미드

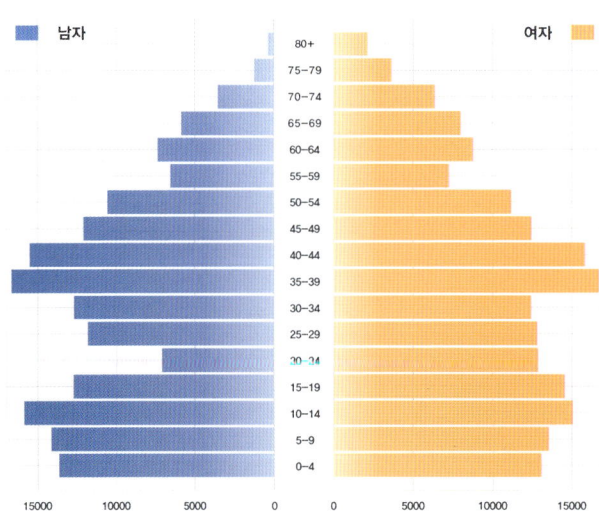

* 위 인구 피라미드는 2008년 북한 중앙통계국 발표 인구 센서스 자료를 바탕으로 연령대별 인구를 추산하여 작성한 것으로 참고용이다.

이 관문동, 본부동, 역전동, 방직동 등으로, 여느 고장처럼 자연발생적이지 않고 신도시다운 기능형 이름이 많다. 오늘날 고층 건물이 지어지는 등 개발 열기가 고조되어 있는 곳도 다 이 도심지 일대이다.

신의주역으로부터 4㎞ 떨어진 곳에 '남신의주역'이 있고 그 아래쪽을 위쪽 도심지와 구별하여 '남신의주'라고 한다. 시인 백석이 1948년 10월호 《학풍(學風)》(서울 을유문화사 발행)에 발표한 시 〈남신의주 유동 박시봉 방(南新義州 柳洞 朴時逢方)〉을 쓴 곳이 바로 이 동네이다. 백석은 강 건너 안동(安東, 오늘날의 단둥)에서 살다가 해방 뒤 신의주로 들어와 이 고장에서 얼마간 살았다. 행정구역이 개편되면서 유동(柳洞)이 류상동으로 고쳐졌고 뒷날 또 분화되어 류상1동과 류상2동으로 나뉘었다.

남신의주역 남쪽에 '포향역'(구 락원역)이 있는데, 이 근처에도 인구가 좀 몰려 있다.

전체 면적이 크지는 않지만 인구는 많은 도시로 35만 9,341명(2008년 현재)이다. 그중 도시 인구 33만 4,031명, 농촌 인구 2만 5,310명이다. 북한에는 30만 이상의 도시가 평양 포함 모두 10곳인데, 신의주시는 이 중 6위이다. 평양, 함흥, 청진, 남포, 원산 다음가는 인구를 품고 있다.

신의주청년역[1], 남신의주역, 포향역 근처, 이렇게 3군데가 인구 밀도가 높은 도시 지역이고, 다른 곳은 대체로 농촌 지역이다. 신의주청년역 근처 도심지에 전 인구의 약 65%가 밀집해 있고 특히나 각종 기관과 교육기관과 문화기관과 공장과 기업소 등 시설들이 들어서 있다. 남신의주역 근처에는 인구의 약 11.4%, 포향역 근처에 약 8.2%가 거주하고 있다.

[1] 북한의 역 이름이나 철도 노선 이름에 '청년'이라는 단어가 들어 있는 것을 자주 보는데, 청년들의 노력 봉사 덕에 건설할 수 있었음을 잊지 않는 뜻이다.

신의주역(1912~1950). 이탈리아 르네상스 풍의 벽돌조 3층 건물. 2층과 3층은 식당과 호텔로 쓰였다.

신의주청년역. 2015년에 새롭게 단장했다.

'신압록강대교'가 남쪽 룡천군 가까이에 건설되어 있는데 아직 개통 전이다. 이 대교가 개통되면 세관이 남신의주 지역에 건설되는 것으로 알려져 있다. 따라서 앞으로는 남신의주도 더욱 발전하고 인구 밀도도 높아질 것으로 예상된다.

행정구역은 52동(개혁동, 고성동, 관문동, 근화동, 남민동, 남상동, 남서동, 남송동, 남중동, 남하동, 동상동, 동중동, 동하동, 락원1동, 락원2동, 락청1동, 락청2동, 련상1동, 련상2동, 류상1동, 류상2동, 마전동, 민포동, 방직동, 백사동, 백운동, 백토동, 본부동, 석하1동, 석하2동, 선상동, 성중동, 송한동, 수문동, 신남동, 신선동, 신원동, 신의주동, 신포동, 압강동, 역전동, 연하동, 오일동, 와이동, 채하동, 청송동, 친선1동, 친선2동, 평화동, 풍서1동, 풍서2동, 해방동)과 9리(다지리, 류초리, 삼교리, 삼룡리, 상단리, 성서리, 중제리, 토성리, 하단리)로 구성되어 있다. 섬 지역과 시 외곽에 리가 있다. 상단리와 하단리는 위화도에 있다.

교통

서울과 의주를 잇는 '의주대로'는 매우 중요한 길로 조선시대에는 국가 차원의 간선 도로였다. 그리고 이 길을 따라서 제국주의 일본은 철도 경의선을 놓았다. 1904년 2월 러일전쟁이 발발하자 3월 31일부터 용산~마포 구간 공사를 시작해 속성으로 밀어붙여 1년도 못 된 1905년 3월에 어찌어찌 의주까지 운행을 하였다. 전쟁 때의 임시변통형이었다. 전쟁에서 이긴 뒤 일제는 공사를 지속해서 1906년 4월 3일 완전한 용산~신의주 간 직통 운행을 하기 시작했다. 이렇게 단기 속성 건설이 가능했던 것은 본래 의주대로가 있었기 때문이다. 그

길을 좀더 넓히고 닦은 뒤 침목을 놓고 철로를 깐 것이다.

철도

🗿 경의선 철길은 지금 분단으로 잘린 상태이다. 분단 뒤 경의선 평양~신의주 구간은 🗿 평의선으로 이름이 바뀌었는데, 북한에서 매우 중요한 간선 철도 가운데 하나이다. 중국과의 교역에서도 중요한 지점이어서 잘 관리되고 있다.

신의주역은 1978년에 **신의주청년역**으로 개칭되었는데, 북한에서는 시단역이라고 하고 있다. 국제 열차가 통과하는 역으로 평양~베이징, 평양~모스크바 간 여객 수송과 수출입 물자를 취급하고 있다. 신의주시를 중국과의 경제협력의 특별지역으로 관리하고 있기 때문에 이 역의 중요성은 나날이 커지고 있다. 철길로 신의주에서 평양까지 225㎞, 개성까지 410㎞, 서울까지 460㎞이다.

신의주청년역사를 2015년에 대대적으로 정비하였다. 약 4,200㎡의 넓은 대지 위 3층 건물에, 역사 건물 안에는 강화석을 깔고 외부에는 잔디를 심는 등 조경 관리에도 공들였다. 출입구와 이동 경로 등을 편리하게 개선하였고, 상가도 새로 배치하고 재단장하였다.

평의선 남신의주역 다음역은 포향역으로 역시 신의주시 영역 안에 있다. 남신의주역에서 지선 2가지가 갈라져 나온다. 🗿 **백마선**은 인근 피현군과 염주군으로 이어지는, 길이 44.3㎞ 노선이다. **남신의주역**(련상1동 소재), **석하역**(석하1동 소재)을 지나 피현군으로 들어가 **백마역, 룡계리역, 피현역, 량책역**을 지나서 염주군의 **염주역**까지 간다. 백마선은 염주까지 가므로 🗿 **염주선**이라고도 한다. 또다른 지선 🗿 **덕현선**은 남신의주역을 출발해서 **정문리역**을 지나 의주군의 **의주역**을 거쳐 종착역 **덕현역**까지 운행하는, 길이 37.3㎞의 노선이다. 정문리역 근처에 ✈ 의주비행장이 있다.

그리고 신의주청년역에서 압강동까지를 오가는 🚉 강안(江岸)선이 있는데, 길이는 1.8㎞이다. 이름에서 알 수 있듯이 강기슭에 있다. 압록강을 거의 눈앞에서 보고 있는데 직선거리로 200m도 안 된다. 이 노선의 화물 물동량이 많다. 강가에 선착장이 있다.

북한에서 육상 교통 중 철도의 역할은 절대적으로 중요하며, 거점 지역 5곳에 철도국을 두어서 철도 전반을 운영해 가는데, 평양·개천·함흥·청진·라선이다. 그리고 그 아래에 철도분국을 두고 있다. 개천철도국 산하에 신의주철도분국이 있다.

도로

주요 도로는 평의선 철로 옆을 평행해서 달리는 🛣 평양~신의주 간 도로, 🛣 신의주~라선 간 도로, 🛣 신의주~피현 간 도로가 있다. 여객사업소 그리고 버스 정류장이 민포동과 신포동 사이에 있다. 평성 가는 버스가 있고 평양 가는 버스도 있다.

남북 분단으로 허리가 잘린 상태에서 북한에는 험준한 산악 지형이 많아서, 서쪽과 동쪽이 너무 멀다. 역대 북한 정부의 관심사에 내륙 수운이 들어 있으며, 운하 건설 등을 포함해 동서를 서로 소통시키는 데에 관심을 기울여왔다.

북한의 육로 교통의 특징을 표현하기 위해 '주철종도'란 말을 쓴다. 철도를 주된 수단으로 삼고 도로를 단거리용으로 쓴다는 말이다. 그런데 조만간 개통 예정인 **신압록강대교**는 자동차를 이용하는 물류를 증가시킬 것이다. 도로 신설, 버스편 확대 등이 이어질 것으로 예상된다.

해운과 항공

압록강 연안에 ⬇ 신의주항이 있는데 2급 항구로 일반항이다. 여객선의 기항으로, 압록강변 인근 군까지를 오간다. 신의주~하단~상단 간, 신의주~류초도~황금평~비단섬 간, 그리고 신의주~룡암포 간에 수상통로가 개설되어 있다.

✈ 의주비행장은 국제 기구로부터 코드를 부여받은 6대 공항 중 하나이다. 군민 공용공항으로, 평안북도 유일의 여객기 취항 비행장이다. 길이 2,493m의 콘크리트 활주로를 갖추고 있다. IATA(International Air Transport Association, 국제항공운송협회) 코드는 UJU이고, ICAO(International Civil Aviation Organization, 국제민간항공기구) 코드는 ZKUJ이다. 시의 북부 지역인 고성동에 있는데, 의주군 가까운 곳이다. 근처에 덕현선이 지나며 정문리역까지 약 4km이다. 이 덕현선을 이용하면 남신의주역에 와서 평의선으로 갈아 탈 수 있다. 도로 교통편도 좋은 편으로, 신의주~만포 간 도로를 이용하면 신의주 도심까지 30분이면 닿을 수 있고 룡천군까지도 1시간이면 도착한다.

북한의 주요 6대 공항

	위치	IATA 코드	ICAO 코드
의주공항	평안북도 신의주시 고성동	UJU	ZKUJ
평양국제공항	평양직할시 순안구역	FNJ	JKPY
삼지연공항	량강도 삼지연시 신무성동	YJS	ZKSE
어랑공항	함경북도 어랑군 회문리	RGO	ZKHM
선덕공항	함경남도 정평군 선덕리	DSO	ZKSD
갈마공항	강원도 원산시 갈마동	WOS	ZKWS

역사와 문화

고대

🏛 백토동 화석 보호구

백토동에서 중생대 조류 화석이 발견되었다. 김일성종합대학 지질학부 고생물학강좌 연구진은 2021년 2월에 신의주시 백토동의 동굴 속 중생대 백악기 하세층에 속하는 지층에서 새의 뼈와 깃털 화석을 발견하여 보존하게 되었다고 발표하였다. 이 시기의 조류 화석은 매우 드물어서 가치가 높다. 더욱이 이 백토동의 것은 형태가 온전하고 선명하여 학술적 가치가 한층 더 높다. 새의 이름은 '백토새'로 명명되었다.

백토동 일대는 1990년대 초부터 발굴이 시작되어 '조선시조새' 화석이 보고된 바 있으며 2014년에는 공룡 발자국 화석, 원시 포유류 화석, 물고기 화석 등이 보고되면서 나날이 연구가 심화돼 왔다.

신의주는 의주 땅의 한쪽이었던 것이 제국주의 일본에 의해 개발되면서 새로 구획되어 명명된 도시이다. 고대로 올라가면 의주 땅은 단군조선이나 위만조선, 북방의 여러 민족이 두루 넘나들며 살아간 땅이다. 압록강(鴨綠江)만 해도 이 강 양편에서 삶을 영위한 민족이 여럿이니 만큼 이름도 다양하다. '얄류장',

'아리나레' 등 여러가지로 불리고 표기된다. 고려 말의 정몽주 시에는 '말갈수'라고 적혀 있다. 말갈족, 여진족, 만주족은 크게 보아 같은 민족이다. 오늘날 지도에서 압록강을 영어로는 Yalu River로 적고 있다.

압록강

1780년(정조 4), 연암(燕巖) 박지원(朴趾源, 1737~1805)은 청나라 황제 생일 경축 사절단 일행이 되어 기쁨에 겨워 어쩔 줄 몰랐다. 6월 한여름 드디어 중국으로 향했다. 통군정 아래 나루터에서 압록강을 건너가는데, 장마가 져 물이 불어나 위험천만이었다. 건너가지 못하고 시간만 흐르고 있었다. 며칠째 발이 묶여 초조한 상태에서, 연암은 압록강과 백두산에 관해《열하일기》도강록(渡江錄) 첫머리에서 다음과 같이 적었다.

> 압록강은 발원지가 끔찍이도 멀다.
>
> 《당서(唐書)》를 보면, "고려의 마자수(馬訾水)는 그 근원이 말갈(靺鞨)의 백산(白山)에서 출발했으니 물빛이 오리 대가리 빛처럼 푸르다 하여, '압록강(鴨綠江)'이라고 한다" 했다. 백산은 장백산(長白山)을 가리키는데,《산해경(山海經)》에는 '불함산(不咸山)'이라 쓰여 있고, 우리나라에서는 '백두산'이라 한다. 백두산은 여러 강물의 발원지로, 서남쪽으로 흐르는 물이 압록강이다.
>
> 《황여고(皇輿考)》에는, "천하에 큰 강 셋이 있는데 황하, 장강, 압록강이다" 하였고, 진정(陳霆)이 쓴《양산묵담(兩山墨談)》에는, "회수(淮水) 이북으로부터는 북쪽 가닥물이 되어 모든 물들은 대하를 조종

으로 삼고 있으므로 강으로 이름 붙인 물이 없으나, 북쪽으로 흐르더라도 고려에서는 압록강이라고 이름을 지었다." 하였으니, 곧 이 강을 말한 것이다.

이처럼 큰 강은 상류 쪽이 가무는지 장마인지 천리 밖 일이라 헤아릴 길 없으나, 오늘 이 강물이 불어넘친 형세로 미루어보아 백두산 일대가 장마임을 알 수 있다. ―박지원의《열하일기》중에서

이 압록강 일대의 첫 번째 주인으로 우리가 분명히 아는 나라는 고구려이다. 그리고 고구려 계승을 표방한 고려 때로 오면 군사적 요충지로서 역할은 더욱 중요해졌다. 고려 때는 이 고장을 용만(龍灣) 또는 화의(和義)라고 했다.

'화의'에서 '의'자를 고르고 거기에 주를 붙여 '의주(義州)'라고 부르게 되었지만, '용만'이라는 이름도 오래오래 통용되었다. 조선시대 때 이 고장 상인을 '만상(灣商)', 이 고장 원님을 '만윤(灣尹)'이라고 하는 것도 다 용만이라는 이름에서 유래하였다. 만(灣) 자는, 바닷물이 육지로 들어오면서 생기는 곡선의 지형을 가리키기도 하고, 활등의 모양 또는 활시위를 당길 때 생기는 곡선 모양을 가리키기도 한다.

고려

고려는 이 지역의 방비를 튼튼히 하기 위해 덕종 1년(1032)에 압록강 하구 지금의 신의주 부근에 8성을 쌓았고, 곧이어 이곳을 시작점으로 해서 함경도 영흥 동해안의 도련포(금야군 련동리와 정평군 동호리)에 이르는 '천리장성'을 쌓았다. '고려장성'이라고도 한다. 이후 🏛 정주동성(正州洞城) 보존 유적 제171호과 같이 전략적

요충지에는 새로 독립적인 성을 쌓아 기존 장성에 이어놓기도 하였다. 정주동성 북문과 동문 사이에는 🏯 녀구성 보존 유적 제759호이라는 돌출형 성도 축성하였는데 오늘날에도 옛 모습을 짐작해볼 수 있다. 현재의 선상동에 있다.

공민왕 15년(1366)에 의주목으로 승격되고 만호부(萬戶府)를 두니 이곳 상주인구가 늘었다. 원-명 교체기에 이성계는 원나라를 도와 명을 공격하라는 명령에 따라 출병했다가 위화도에서 포기하고 군사들을 회군시켰는데, 위화도는 중국으로 가는 길에 반드시 거치는 길목과도 같은 섬이다.

조선

조선시대 들어서 이곳의 중요성은 더욱 커졌다. 조선 정부는 북쪽 방비에는 성공했으나, 임진년에 남쪽 바다를 건너 쳐들어온 일본을 막지는 못했다. 임진왜란(1592)을 당해 선조 임금이 이곳으로 피난하였는데, 통군정에 올라 압록강 물을 내려다보며 통곡하였다고 한다. 환도 후 의주부로 승격시켰다. 정묘호란 때(1627)는 가장 먼저 함락되었으며, 당시 의주부윤 이완(이순신의 조카)이 전사하였다. 병자호란 때(1636)는 임경업이 4백명 병사들과 함께 백마산성을 지켰다. 덕분에 의주 일대는 관련 전설이 내려오는 곳으로 임경업 장군의 고장이라 할 만하다. 통군정부터 임경업 사적지까지 현재의 행정구역상으로는 의주군 의주읍에 속하지만, 신의주시와 붙어 있는 곳이다.

🏯 의주읍성 보존 유적 제153호과 의주남문 국보 유적 제52호

옛 성터. 읍성이란 읍을 빙 둘러싸서 축조한 성이다. 둘레 약 8.3km, 성벽의 높이는 5m 되는 곳도 있다. 이곳은 언제나 중요한 곳으로 고구려 때부터 요새가 있었을 것으로 추측된다. 현재 남아 있는 읍성은 조선시대 것으로 1520년에 단단히 개축한 것이다. 《신증동국여지승람》에 의하면 이때 개축된 성의 둘레는 27,531자로서 종전 성 둘레의 거의 2배가 되었으며 동서남북에 옹성이 있는 성문들이 설치되었고, 성 안에는 1개의 못과 43개의 우물이 있었다 한다.

현재 의주읍성에는 성벽의 일부가 남아 있으며, 성문 중 남문이 남아 있다. 서문인 안파문 터에는 홍예문과 그 위에 섰던 문루의 주춧돌이 원래 모습대로 보존되어 있으며 포루이던 환학정(침교대), 관어정(세병루)의 터를 확인할 수 있다. 또한 의주읍성 남문 문루에는 '해동제일관(海東第一關)'이라는 편액이 걸려 있으며, 북쪽 장대로 세워진 통군정(統軍亭)이 남아 있다. 통군정 근처에 임경업 장군을 기리는 비석도 있다. '충민림공(忠愍林公) 유적비'라고 적혀 있는데 1825년(순조 25)에 세워졌다.

의주읍성의 남문

통군정

통군정(統軍亭) 국보 유적 제51호

압록강 기슭 삼각산(三角山) 봉우리에 자리잡고 있는데, 서북 방위의 거점이었던 의주읍성의 북쪽 장대(將臺)이다. 북쪽 외적의 동태를 살피는 곳이다. 통군정이란 군사를 통솔하는 정자라는 뜻으로 요새 말로는 군사 지휘처이다. 조선 초기 기록에도 의주성의 봉수대 이름으로 나오는 것으로 보아 고려 때부터 쓰던 이름을 물려받은 것으로 짐작한다. 임진왜란 때 밀리고 밀려서 여기까지 피신 온 선조가 이곳에 올라 통곡을 했다 하여 통곡정이라고도 불린다.

전시가 아닌 평시에는 쉼을 누리는 매우 아름답고 품위있는 누각이다. 통군정에 올라서면 서쪽으로는 멀리 신의주와 룡암포(龍巖浦) 일대가 바라보이며, 남쪽으로는 '의주금강(義州金剛)'으로 불리는 석숭산(石崇山)과 백마산(白馬山) 일대의 크고 작은 산봉우리들이 한눈에 들어와 예로부터 관서팔경(關西八景)의 하나로 꼽혔다. 의주에 오는 이는 누구나 여기에 올랐다. 근대에도 마찬가지로 신의주에 오는 이는 누구나 이 누각에 올라 사방을 둘러보며 정취를 즐겼다. 아래로는 압록강의 섬들과 건너편 단둥이 보인다. 마찬가지로 강을 건너 중국 쪽에 가서도 이쪽을 볼 때 통군정을 눈으로 찾게 되고 배웅나온 사람들을 바라다보게 된다. 정면 4칸, 측면 4칸의 합각지붕건물로 조선조의 누각 건축을 살피는 학술 자료로서도 귀중하다.

백마산성(白馬山城) 국보 유적 제58호

평안북도의 철도 백마선은 백마산성에서 이름이 유래한 노선이다. 지명 관련해서 '백마'가 자주 등장하는데, 백마산성의 역사가 면면히 흐르고 있는 셈이다. 산성은 지금의 북한 행정 구역으로는 피현군에 속하지만 신의주 바로 옆에 붙어 있으며, 해방 당시에는 신의주 관할이었고, 그보다 더 오래 전에는 의주에 속했다. 백마가 놀던 곳이라는 고지에서 내려다보면 북으로는 의주와 그 너머 중국이, 남으로는 룡천군과 피현군 일대를 다 굽어볼 수 있다. 예전에 이 일대는 군사적 요충지였고, 지금은 중국으로 가는 길이자 평양으로 가는 길에서 교통의 요지이다.

산성의 역사는 고구려 때로 거슬러올라간다. 고구려는 평안도·함경도 일대에 산악 지형을 이용하여 산성 쌓는 기술을 발전시켰고, 그것은 고려와 조선에도 이어진다. 군사적 요충지인 강동 6주 지역에는 많은 산성이 축성되었고 이후 개축되었다. 대체로는 다 내성과 외성이 있는 성곽들인데, 어디에는 토성 어디에는 석성을 쌓아서, 시대별 성곽 건축술을 살필 수 있어 학술적으로 중요한 자료이다.

백마산성은 고구려 때의 것을 기초로 고려 강감찬 장군의 지휘로 내성을 쌓고, 조선조 때에 외성을 쌓았다. 임경업 장군이 1633년 개축했으며 병자호란(1636~1637) 때 이 성에서 청나라 군대를 물리쳤다. 병자호란은 가슴 아픈 역사인데, 백성들은 임경업을 소재로 한 전설이나 민담, 소설들을 들으면서 슬픔을 달래었다.

백마산성과 압록강에 얽힌 전설

백마산에는 용마(龍馬)가 매일 한 번씩 나아와서 울고 수풀 속으로 들어가는데 그 용마를 본 사람도 물론 많다는 것인데, 옛적에 한 장수가 용마를 타고 백마산 마루턱이에 올라서 섰는데, 그때는 여름 더운 때라 장수가 목이 몹시 말라서 압록강이 얼마나 머냐고, 그 옆에서 땀을 들이며 쉬던 어떤 행인에게 물었다. 그런데 불행히 그 행인은 무지하여서 압록강이 삼십리밖에 아니 되는 것을 백리라고 대답을 하였다. 가령 사실상 백리가 되더라도 삼십리라고 하였더면 장수는 용마를 달려서 금시에 갔을 터인데, 알지 못해서 하는 거짓말을 들은 장수는 그만 기가 막혀서 곧 용마에서 죽어 떨어졌고, 용마는 발굽을 치면서 얼마 울다가 수풀로 들어갔는데, 그때부터 지금까지 그 장수가 죽은 시각이 되면 매일 그 자리에 나아와서 운다고 한다.

그러면 그 장수가 압록강을 왜 물었는가. 그것은 장수는 목이 말랐을 때에 보통 물을 마시는 것이 아니고 감람수를 먹어야 한다고 한다. 그런데 장수가 먹는 감람수는 압록강 한가운데 삼갈기만치 굵게 흘러가는데 장수는 그 물을 마시러 가는 길이었다.

―이일(李一)의 〈백마산성의 용마〉 중에서, 《신동아》 1936년 2월

연두봉 봉수 터 보존 유적 제781호

군사 도시였던 만큼 봉홧불을 올리던 봉수대도 의주 일대에 여러 곳 남아 있다. 이 시의 토성리 산봉우리에는 연두봉(煙頭峯) 봉수 터가 있는데, 지름 7m, 높이 2.5m의 원형 축대를 놓고 그 위에 봉수대가 놓였다.

의주대로는 평시에는 교류의 길이고 무역의 길이었다. 조선 후기에 청나라 연경을 방문하고 온 선비들이 쓴 연행기록을 읽노라면, 의주 일대와 위화도, 강 건너 구련성과 책문(柵門, 또는 고려문) 너머까지, 그러니까 압록강 양안이 다 여러 민족이 다 같이 어울려 사는 공동의 터전임을 볼 수 있다. 의주만이 아니라 평안도 일대가 비슷했을 수 있다. 18세기 중반에 쓰인 이중환의 《택리지》를 보면 평양과 안주에는 중국 물건이 넘쳐난다고 적혀 있다.

그로부터 백년쯤 뒤인 19세기 여성 문인 김금원(金錦園, 1817~?)의 글《호동서락기(湖東西洛記)》에 그려진 의주 생활도 마찬가지다. 물건이 많고 재화가 풍부하다 했는데, 그 풍요로움이 다 중국산 덕이다. 중국에서 들여온 백령조라는 새를 새장에 넣어 기른다고 하였으며, 먹을거리 묘사는 한층 더 흥미롭다.

> 겨울이면 봉황성에서 사과를 사왔는데 맛이 상큼하고 변하지 않았다. 포도 같은 것들은 겨울이 지나도 색이나 맛이나 변하지 않으니 참으로 신기하다. 배 맛도 우리나라 봉산에서 나는 것보다 훨씬 맛있는데 삼사월에 책문(柵門)에서 사왔다. 무며 배추며 우리 것보다 큰데, 배추는 서너 곱 크다. 무는 색이 청강석 같고 연하기는 배 같다. ─김금원의《호동서락기(湖東西洛記)》중에서

근대

이곳은 대륙과 연결되는 신문명이 건너오는 길목이므로, 천주교나 개신교나 사람도 이 길을 따라왔고 종교 서적도 이 길을 따라 들어왔다. 1882년에 스코틀랜드 출신 존 로스(John Ross, 1842~1915)는 한국어 최초의 신약성서인《예수성

교 누가복음젼셔》를 만들어 조선사람들에게 보급하였고, 다른 문서들도 하나씩 번역 제작 보급하다가, 1887년에는 마침내 신약성경 전체를 묶어서 《예수셩교젼셔》를 펴냈다. 그리고 의주와 평안도 일대에 보급했다.

존 로스는 고려문이라는 곳에서 이응찬, 서상륜 등에게 조선어를 배워가며 성경을 조선말로 번역했다. 인쇄는 심양 문광서원에서 하였다. 그의 협력자 이응찬, 서상륜 등이 의주 상인이다. 그는 이 상인들 손에 성경을 들려서 조선 땅으로 들여보냈다. 여기서 '고려문'은 박지원이 《열하일기》에서 책문(柵門)이라고 한 곳이다. 지금의 단둥시에서 좀더 들어간 곳으로 청나라 영역으로 들어가는 관문이니 오늘날의 세관 겸 출입국관리소에 해당한다. 좀더 가면 봉황성이 나오고 더 가면 심양이다. 지금도 조선사람이 많이 사는 곳으로 예전에는 의주와 하나의 생활권을 이루고 있었다.

조선 후기 상업의 큰 주체 중 하나인 의주 상인들과 보부상들은 길과 지리의 전문가이므로 의병 운동에 적극 가담했지만, 제국주의 침탈을 막아내기에는 역부족이었다. 이 고장은 20세기 들어 큰 변화를 맞게 된다. 1904년 2월 러일전쟁이 발발한 직후 제국주의 일본은 '임시군용철도감부'를 설치하고 불법으로 경의선 부설을 강행하여 결국 1906년에 철도를 완공한다. 곧이어 조선을 강제 합병한 뒤 1914년 이 지역을 의주로부터 분리 독립시켜서 '신의주'로 명명하였다. 경의선 철길은 이후 수십년 간 군수 물자를 운송하고 서북 지역의 우리 자원을 약탈당하는 길이 되었다.

1919년 3·1 운동 때는 삼엄한 치안 경계를 뚫고 3월 30일 많은 시민이 일어나 시위를 벌였으며, 일본 군경의 발포로 사상자가 많이 나왔다. 시위에 5천명 이상이 나섰고, 사망자 수 5명, 부상자 수 25명, 투옥자 수 954명이었다.

제국주의 일본이 식민지 수탈의 거점으로 삼아서 여러가지 공업 생산시설을 세우고 근대적 기반을 놓았다. 신도시의 기능을 위해 먼저 우편국이 생겼고 곧이어 세관을 비롯 각종 행정 관서가 생겼으며 치안시설, 형무소 등이 생겨난다. 저들이 파악한 바 이곳의 가장 가치있는 자원은 삼림자원, 곧 목재였다. 나무를 베어내 목재를 빼가는 일을 위해 영림서(營林署)가 세워지고 전기회사도 세워진다. 만주 지역을 식민화하고 수탈하면서는 더더욱 신의주는 중요해졌으며 강 건너 안동(安東, 오늘날의 단둥)과 쌍둥이 도시로 개발되었다.

독문학자 전혜린(田惠麟,1934~1965)은 평안남도 순천에서 태어났지만 일본 행정부 관료인 아버지를 따라 신의주에서 어린시절을 보냈다. '고향' 하면 신의주가 떠오른다고 적은 바 있는데, 이 글은 1930~40년대의 신의주의 특징을 매우 잘 보여준다.

> 신의주는 소위 신흥 도시로서 일본인들이 계획적으로 만든 합리적이고 관념적인 지금 생각하면 숨 갑갑한 도시였는지도 모른다. 도로가 꼭 자를 대고 그린 듯 정확하고 구획이 정연했으며 집의 크기도 똑같았고 재료는 모두 붉은 벽돌이 사용되어 있었다. 그러나 내가 좋아한 것은 그 깨끗하고 체계적인 주택가가 아니었고 중국인촌과 압록강이었다.
>
> 중국인촌은 도심지에서 조금 떨어진 곳에 있었고 갈대밭이 무성해서 물이 흐르는 것도 보이지 않게 덮여 있는, 폭이 좁은 강이 흐르는 곳에 있었다. 강가의 갈대를 헤치면서 따라 올라가면 중국인들의 오두막들이 죽 즐비하게 서 있었고 신비스러운 억양의 중국어가

대소음을 이루고 있었다. (……)

아버지는 가끔 나를 데리고 부둣가에 가셨다. 내 눈에 바다보다도 더 넓게 보였던 압록강이 녹색으로 흐르는 것을 바로 눈앞에 볼 수 있는 곳엔 백러시아인이 경영하는 다방이 많았다. 벽돌 페치카가 놓인 다방에서는 축음기를 틀고 금발이 허리까지 오는 러시아 처녀가 음악에 따라서 노래하고 있었다. 스텐카라진 같은 러시아 민요였던 것 같다. 거기에서 나는 아이스크림을 먹었다.

어떤 날 나는 부둣가에서 뗏목이 떠내려오는 것을 본 일도 있었다. 집채보다 큰 뗏목에는 수 명의 남자들이 타고 있었는데 모두 검붉게 탄 건강한 체구들이었고 큰 소리로 노래를 부르고 있었다. 나는 뗏목이 안 보이게 될 때까지 부둣가의 콘크리트 바닥에 앉아서 바라보고 있었다. 무언지 전신이 뒤흔들리는 듯한 감동이 내 어린 마음을 찔렀다. (……) ― 전혜린, 〈홀로 걸어온 길〉 중에서

이 글에 묘사된 목재 집하장으로서 그리고 그 목재를 다듬거나 가공하는 등 모든 일을 관리하는 곳이 영림서이다.

한국 전쟁 때 이 도시도 대단히 많이 상했고, 전후 복구에 엄청난 노력을 기울여야 했다.

현대

신의주시는 역사의 고장일 뿐만 아니라, 평안북도 행정 소재지로서 여러가지 문화시설과 편의시설이 두루 갖추어져 있다. 신문사, 방송국, 극장(공연 극장),

은덕원(종합복지관)[1], 경기장 등이 있다.

신의주 역사박물관이 신원동에 있다. 처음 문을 연 것은 1947년 11월 30일. 박물관에는 원시시대로부터 1919년 3·1운동에 이르기까지의 유물과 자료들이 전시되어 있으며, 특별히 평안북도의 역사를 보여주는 자료들을 갖추고 있다.

고조선의 단군 자료를 볼 수 있다. 고구려 때의 롱오리산성(籠五里 농오리산성, 태천군 소재) 유물인 성돌, 칼, 활촉, 갑옷, 패쪽, 말 띠고리 등을 보존하고 있다. 광개토대왕비 탁본, 수나라 군대를 물리친 대형 벽화그림을 볼 수 있다.

발해·고려관에는 발해의 막새기와 유물과 유적지 표시 지도, 유물 사진, 고려의 자기류와 고려-거란 전쟁을 그린 귀주대첩 회화 등이 있다.

조선관에서는 백자, 장신구류, 문무관 복식이 있다. 교육 자료로 국경 경비를 볼 수 있는 '역참 봉수 체계도'가 있으며, 평안도지방의 의병대장이 사용한 갑옷과 칼도 전시돼 있다. 특별한 자료로, 19세기 중엽 평안도 정주 지역의 납청 놋그릇(유기 鍮器) 장인의 제작 도구를 볼 수 있다.

신의주시에는 공원 또한 많다. 민속공원, 백운공원, 동하공원, 남상공원, 락원공원 등이 있는데, 대부분의 공원에 배구장, 농구장, 정구장, 로라스케트장이 있다. 2023년 12월에는 평안북도 승마 구락부(클럽)가 만들어졌다.

백운공원에 2018년 1월 어린이 교통공원이 만들어졌다. 어린이들이란 대부분 탈것을 좋아하는 것은 물론이고, 신의주시가 교통도시라는 데서 착안된 공원이다. 교통 관련 상식을 알려주거나 교통안전교육을 재미있게 전달하는 것을 목표로 하여 만들었다. 지능계발구역, 자동차놀이장, 련못구역 물놀이장도 있으니, 일종의 놀이공원이기도 하다. 사실 공부보다는 그냥 이것저것 타고 놀

[1] 은덕원은 예전에 쓰던 말로 남한에서는 거의 사라졌으나, 북한에서는 여전히 널리 쓰인다.

신의주 어린이 교통공원

아야 신난다. 정보화시대에 걸맞게 컴퓨터를 이용하여 화면을 보면서 운전하는 '모의훈련실'도 있고, 특수안경을 끼고 보는 '입체영화 상영실'도 있다. 가상현실을 접목한 '률동체험실'도 있다. 〈교육신문〉 2019년 5월 16일자에는 이곳을 탐방하고 자세히 소개한 기사가 실렸는데 제목이 "동심에 푸른 신호등을 새겨주는 배움터"이다.

신의주는 현재도 압록강 양안을 나 살필 수 있는 국제 관광지이지만, 앞으로 더욱 발전할 수 있다. 가능성이 큰 관광지이다.

압록강려관, 관문려관 등이 있는데, 영어로는 Hotel로 적고 우리말로는 '려관'으로 적는다. 신의주려관(백운동)도 있다. 강가에 압록강각이라는 초대소가 있는데 이곳 식당에서 강 풍경도 즐기고 맛있는 음식도 먹는다. 큰 상점으로 신의주백화점, 아동백화점 등이 있다.

　불고기는 평양, 갈비는 신의주라고도 하고, 신의주의 암소갈비가 유명했다는 말이 있는데, 현재 북에서는 소는 대체로 농사짓는 데 쓴다. 소고기를 즐겨 먹지는 않는다.

　2019년 '태양절 료리축전'에 출품된 요리 목록 중에는, 신의주 사회급양관리소 신원맥주집이 내놓은 '도라지김치'와 '유채버섯찜'이 들어 있다.

산업

신의주는 '국제자유경제지대'로 지정돼 있다. 현재는 주로 중국과의 경제협력이 전부이지만, 장차는 더욱 커질 것이다. 사통팔달이라는 말에 꼭 들어맞는 교통 도시로서 중국횡단철도(Trans-China Railway, TCR), 몽골종단철도(Trans-Mongolian Railway, TMGR)를 타고 유럽으로 갈 수 있는 곳이니 국제도시로 성장할 가능성이 크다. 또한 새로운 실크로드라고 하는 '아시안 하이웨이 1번' 도로의 관문인데, 아직 현실화되지는 않았지만, 한 번 생긴 길은 없어지지 않는 법이니, 언젠가 유용해질 것이다.

신의주는 평양으로 가는 교통망도 갖추어져 있다. 아직 고속도로는 없지만 신압록강대교가 개통되면 고속도로가 건설될 것이라는 전망이 있다. 현재도 평양 다음으로 무역회사가 많으며 무역회사가 자체적으로 운영하는 작은 무역항들이 많다. 신의주청년역 앞에 신의주세관이 있으며 근처에 물류 창고가 많다. 이를 뒷받침하기 위해 주변에 서비스 업체가 들어서 있다. 신압록강대교가 개통되면 그에 맞추어 교통 및 물류 관련 산업이 확대 재편될 가능성이 매우 크다. 무역 및 관련 서비스업은 특수한 분야로 관리되고 있으므로 그것을 제외하고 살펴본다.

신의주시는 교통도시이지만 생산도시와 소비도시의 면면도 고루 갖추고 있다. 특히 경공업 모든 분야가 고루고루 발달한 도시로 평안북도 소재지답게 이 도 전체에 많은 것을 공급하고 있다.

농림어업

① 농축산업

농경지는 시 전체 면적의 55%이며 그중 30% 이상은 압록강의 섬들과 삼교천 연안의 평야에 분포되어 있다. 곡식 생산물은 벼, 옥수수, 콩, 수수 등이다. 벼는 외곽의 모든 농촌지역들에서 재배한다. 채소로는 배추, 무, 가지, 오이, 호박, 가두배추(양배추), 고추 등을 재배한다. 이 시에 있는 협동조합형 농장으로는 석하 협동농장, 락원 협동농장, 상단 협동농장 등이 활발하다. 과일로는 배와 복숭아를 많이 가꾸며 삼룡리에 과수농장이 있다. 옛적의 여성 작가 김금원은 의주에 살면서 중국에서 건너온 배가 맛있다고 적었지만, 현재는 '신의주 배'가 자랑거리이다. 신맛이나 단맛은 적고 수분 함량이 높은 게 특징이니, 매우 시원하고 건강에도 좋은 배이다.

축산업 종목으로 젖소, 닭, 돼지, 오리 등이 있다. 닭이나 오리 기르는 곳을 공장이라고 한다. 선상동에 닭공장과 돼지목장이, 하단리에 오리공장이 있다. 신의주 청년염소목장과 신의주 젖소목장이 있다. 염소목장은, 염소를 기르는 곳일 뿐만 아니라, 유제품 생산공장이다. 2022년에 새로운 건물을 세우고 생산 설비도 최신식으로 갖추었다.

잠업에도 공을 들이고 있는데 삼교리, 삼룡리 등에 뽕밭이 있다. 북한은 경공업성 아래 '잠업비단공업국'을 두고 있으며 견사(실크) 및 견직 부문을 관리한다. 농촌 주민에게 양잠업을 장려하고 있으며 평안북도에도 잠학연구소를 두고 있다.

신의주 초물협동조합❗이 있는데 공예품 생산 조합이다. 북한의 농촌 곳곳에 초물 제품 만드는 협동조합이 있

❗ 초물(草物)은 짚이나 부들, 칡넝쿨 등을 재료로 해서 생산하는 물건을 말한다. 바구니, 광주리, 방석, 자리 등 다양하다. 우리의 짚풀 공예품이나 같다.

석하농장

젖소목장

신의주 초물협동조합에서 만든 세간살이

는데, 주민들이 다 같이 모여서 풀 재료들을 가지고 생필품을 만든다.

② **수산업**

평안북도 앞바다는 회유성 물고기와 정착성 물고기 여러 종이 다양하게 어울려 살고 있으며, 새우도 많은 좋은 어장이다.

신의주는 평안북도의 주요 수산 기지로 관련 업체가 여럿 자리잡고 있다. 신의주 수산물가공사업소, 신의주 수산협동조합, 압록강 수산협동조합이 있다. 주요 수산물로 가자미, 준치, 빈즈미(밴댕이), 멸치, 까나리, 숭어, 전어, 바스레기(바지락), 새우 등이 있다. 수산물 가공사업소에서는 냉동 제품, 젓갈 제품, 가공 식품 등을 만든다. 동하동에 규모가 큰 양어장이 있다.

광업

신의주 지역에는 갈탄이 매장되어 있다. 신의주 구멍탄공장이 있다.

경공업

북한은 전력 공급이 원활하지 못한데, 가까이 있는 수풍댐(삭주군 소재)의 전기를 쓸 수 있어서 다른 지역보다 상당히 유리하다. 수풍댐은 1943년 11월에 완공되었다. 당시 동양 최대 수력발전소였다. 6·25 전쟁 때 발전 시설의 70%가 파괴되어 전후 복구하였다. 압록강이 북한과 중국의 공동 하천이므로 이 발전소도 공동 관리 하에 있다. 이 댐이 생기기 전까지는 신의주는 목재, 펄프, 제지업 중심이었다. 현대에는 수풍댐의 전력을 이용하는 경공업의 도시로 바뀌

신의주시 광공업 현황 (2023년 12월 기준)

	업종	기업 수(개)
경공업	가구, 목재, 종이 및 잡제품	8
	섬유의류	17
	음식료품 및 담배	9
중화학공업	1차 금속	1
	건재	5
	기계	11
	수송기계	2
	전기전자	3
	화학	13
광업	탄광	1
합계		70

출처: KIET 북한 산업·기업 DB

었다. 경공업이 분야별로 고루고루 다 발달되어 있으며 특별히 피복류와 신발류는 북한 전체에서 큰 비중을 담당하고 있다.

① **일용품 공업**

주민들이 일상에서 필요로 하는 일용품을 종류별로 생산 공급하여 불편함이 없도록 하고 있다. 신의주 가정용품공장, 수지❶ 일용품공장, 목재가공공장 등에서 세간살이도 만들고, 학용품이나 학교 비품, 가정용 플라스틱 용기와 도구들을 생산하여 공급한다. 북한도 우리처럼 제품의 질뿐만 아니라 다종화, 다양화하면서 소비자의 기호를 우선시하고 있다. 점

❶ 수지(樹脂): 본래는 나무에서 나오는 진액을 말하는데, 어느덧 플라스틱 같은 합성수지를 가리키는 말이 되었다. 북한에서는 '파수지'라는 말도 쓰는데, 재활용할 폐(廢)플라스틱을 뜻한다

신의주 법랑철기공장

점 맵시있는 제품을 중시하고 있다. 신의주 법랑철기공장에서는 세면기, 냄비류, 접시류, 식기류 등을 만드는데, 법랑철기는 특산품으로 널리 알려져 있다. 2023년 12월에는 신의주 방역의료품공장이 세워졌다.

② **식료품 공업**

신의주 기초식품공장(된장, 고추장 같은 장류 생산), 밀가공공장, 김치공장, 술공장, 콩우유공장 등이 있다.

③ **방직, 피복 공업**

신의주 방직공장을 중심으로 방적, 직조, 염색, 열처리에 이르기까지 종합적인 생산공정에 기초하여 방적사와 고급 양복천을 생산하고 있다. 신의주 편직공장, 은하피복공장 등에서 편직물, 수건 등을 생산한다. 2023년에 신의주 학생교복공장을 새로이 준공하였다.

④ **신발 공업, 가방 공업**

신의주 신발공장은 천 신발을 생산하는 곳으로 평양의 신발공장과 함께 북한 전체 천 신발의 약 47%를 생산하고 있다. 북한의 대표적인 신발공장이다. 기술 혁신을 통해 집산화, 표준화하고 있으며 질 좋은 제품을 생산함은 물론, 다품종화하고 있다. 신의주 구두신발공장도 있다.

신의주 가방공장은 학생들 가방을 만드는 곳으로, 북한의 교육 중시 정책을 뒷받침하기 위해 2017년에 설비를 현대화, 과학화하고는 생산에 더욱 박차를 가하고 있다.

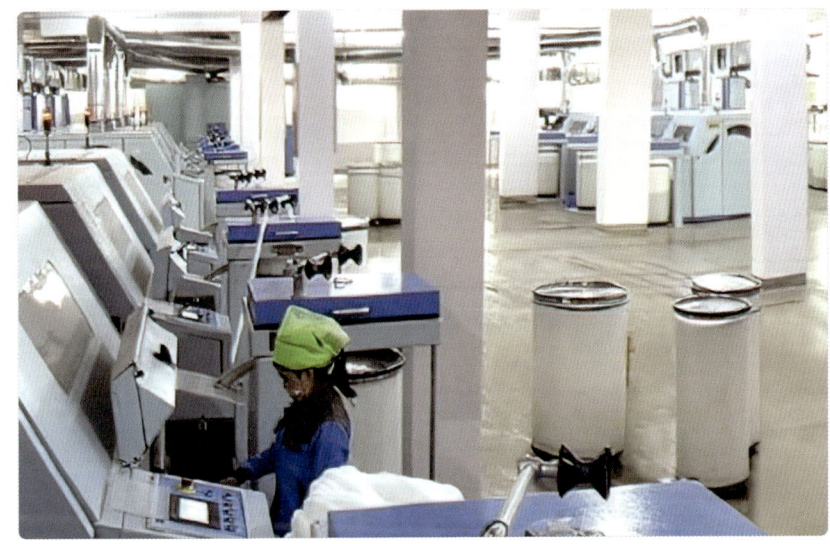

신의주 방직공장

중공업

① 기계 공업

락원기계련합기업소는 북한의 대표적인 기계공장이다. 굴착기와 산소 분리기를 비롯 대형 기계들과 설비를 생산하는 공장이다. 신의주시는 방직, 피복 공업 등이 발달한 지역인데, 이를 뒷받침하는 공장으로 신의주 방적기계공장이 있다. 그 밖에도 신의주 광산기계공장, 신의주 측정계기공장, 신의주 공작기계공장, 신의주 관개기계공장, 신의주 철도부속품공장 등이 있다.

② 화학 공업

신의주 화학섬유공장(마전동 소재)이 있다. 펄프 및 종이 생산, 가성소다 생산 등을 하고 있다. 북한은 펄프를 자체적으로 생산하면서 점차 기술력을 높여왔

락원기계련합기업소에서 생산한 굴착기

다. 이 공장은 교과서 용지 생산에 전문성을 가지고 있다. 국가과학원 종이공학연구소 소속 연구진과 이곳 노동자들이 지혜와 힘을 모아 좋은 품질의 종이를 생산하고 있다. 18세기 홍대용(洪大容, 1731~1783)의 《을병연행록(乙丙燕行錄)》을 보면 위화도에 '갈'이 가득하다는 기록이 보이는데, 현재도 압록강변 일대에는 갈대가 많고 이를 적극 이용하고 있다. 특히 비단섬(압록강 하구, 신도군에 딸린 섬)에 갈대가 많다. 이 공장에서는 또한 스프(인조 섬유, 스테이플 파이버staple fiber)를 생산하고 있으며 인견 섬유 연구를 지속해가고 있다.

의약품을 생산하는 신의주 제약공장이 있고 신의주시 고려약가공공장도 있다. 압록강 치약공장이 2023년에 준공되었다. 신의주 화장품공장은 비누, 세제, 화장품 등을 만들어왔으며 근래에는 화장품 쪽으로 특화되어 가고 있다. 뒤에서 자세히 다룬다.

신의주 화학섬유공장. 갈대에서 펄프를 생산하는 모습.

그 밖에 건재 공업의 판유리공장, 돌가공공장, 벽돌공장, 타일공장 등이 있다. 갈가공 공장도 있다. 전기전자공업의 신의주 축전지공장, 신의주 자동화기구공장이 있다. 그리고 신의주 철도부속품공장, 신의주 선박공장도 있다.

상업

채하동에 채하시장이 있는데, 이곳은 중국산 제품들의 집결지이자 배분 본부 같은 곳이다. 의주 지역은 조선조 내내 상업과 교류의 장이었다. 오늘날에도 중국과의 교역에서 대단히 중요한 지역으로, 신의주~단둥 간 열차는 국제 열차 중 가장 규칙적이고 원활하다. 현재 북중 무역의 50% 이상이 이 길을 통해 이루어지고 있으며, 채하시장이 중심에 있다.

또 한 가지 특별한 것으로, 신의주를 앞서가는 도시로 만들어가는 정책이 추진되는 중에 미래상점이라는 화려한 쇼핑센터가 만들어졌다는 점이다. 2023년에 만들어졌으며, 과학자와 기술자들을 위한 상업봉사 시설이다.

신의주 화장품공장

2022년 12월 26일 이 공장에 '봄향기 연구소'가 준공되었다. 나노 재료, 머리칼 화장품 등을 연구하는 실험실, 분석실 등을 갖춘 첨단 연구소이다. '봄향기'라는 명칭은 남과 북이 다 같이 좋아하는 이야기 속 주인공 춘향(春香)을 연상시킨다. 이 화장품은 '대동강맥주'와 함께 중국에서도 가장 인기 있는 북한 제품[Made in DPRK]이다.

이 공장의 역사는 상당히 길어서, 처음 문을 연 것이 1949년 9월이다. 많은 공장과 기업소가 신의주청년역 근처 곧 도심지에 있는데, 이 공장은 남신의주 지역에 위치해 있다. 공장 부지 면적은 9만㎡(약 3만평)이다.

이 공장의 목표는 3가지로 압축할 수 있다. 우리 원료와 기술력으로 좋은 물건을 생산하는 것, 소비자 요구에 부합하는 기능성 화장품을 생산하는 것, 그리고 세계적 경쟁력을 가진 화장품을 생산하는 것이다.

신의주 화장품의 '봄향기 연구소'와 생산 현장 모습.

원료와 자재를 수입하지 말고 화장품의 내용과 포장 등도 자체적으로 해결하자는 목표는 어느 모로 보나 지극히 합당한 목표이다. 과학화, 선진화하는 추세도 우리와 비슷하다. 가루비누 생산 원료인 층상규산염 생산 공정과 기능성 화장품 생산에 필요한 약초 추출 생산 공정을 설립하였다. 흐름식 설비(컨베이어벨트)로 자동화한 공정을 자랑한다. 무균화 등 위생설비를 완벽히

노란색 병에 든 제품을 살펴보면, '봄향기'라는 로고 아래 '개성 고려 인삼 살결물'이라는 제품명이 붙어 있다. 뒷면에는 "POMHYANGGI", "Kaesong Koryo Insam Nutritional Essence"라고 적혀 있다.

갖추었다고 한다. 생산품은 치약, 비누, 화장품 등으로 대표적인 것으로 '백학'이라는 치약과 '봄향기'라는 화장품을 들 수 있다. '봄향기'는 브랜드화에 성공해서, 이제 그 이름의 연구소까지 설치되었다. 평양에도 화장품공장이 있는데 '은하수'라는 이름이다. '봄향기'와 '은하수'가 경쟁중인 셈이다.

화장품 생산도 종수를 늘리며 다변화하고 있는데, 일반화장품, 노화(로화) 방지 화장품, 치료용 화장품, 미백용 화장품 등을 생산하고 있다. 천연재료로 저자극의 기능성 화장품 개발은 북한 업계에서도 몹시 중요하다. 그리고 점점 모든 화장품에 기능성이 중요해지고 있다. 보습작용이 강하고 피부의 탄성과 광택, 유연성을 잘 유지시킨다고 홍보하고 있다. 미백, 보습, 노화 방지는 남북 공통의 연구 주제이다. 우리의 '스킨로숀'을 '살결물'이라고 하는데 이것도 '자외선방지 살결물'이라고 해서 자랑하고 있다. 기능성 분크림, 노화 방지용 다기능성 영양액, 눈부위 보호막, 입술보호연지 등이 세계적 제품들과 겨룰 수 있다고 설명하고 있다. 여드름 방지 크림도 있다. 검버섯죽은깨 제거 크림도 내놓았고, 머리칼 성장액과 염색 크림도 인기가 많다. 북한 뉴스에 따르면 염색 크림은 여성들만이 아니라 남성에게도 인기를 모으고 있다고 한다. 여기서도 남성용 화장품이 적극 개발 판매되고 있다.

《로동신문》 2019년 9월 23일자 보도에 따르면, '봄향기' 화장품의 노화방지 효과가 유럽산 화장품보다 높다는 해외보도가 있었다고 하며, "불로초 배양물과 그를 리용한 로화방지 영양액"에 '세계지적소유권기구(WIPO)'에서 발명가 메달과 증서를 보내왔다고 한다. 노화 방지 기능 화장품 개발에서 상당히 선진적이다. 그리고 북한 당국은 2023년 4월 26일, '세계지적소유권의 날'을 맞아, 신의주화장품공장 지배인 김혜영에게 상을 수여하였다.

교육

북한은 전반적 12년제 의무교육을 시행하며, 우리나 대동소이하다. 유치원 1~2년, 소학교 5년, 초급중학교 3년, 고급중학교 3년으로 편성되어 있다.

각급 교육기관들이 곳곳에 알맞게 설립되어 있다. 육아원, 애육원이 있으며, 본부 유치원, 동하 유치원 등에서 어린 새싹들을 교육하고 있다. 광복 소학교를 비롯 남송 소학교, 남하 소학교, 동중 소학교, 백사 소학교, 본부 소학교, 청송 소학교, 토성 소학교 등이 있다. 본부 유치원과 본부 소학교는 신의주 교원대학 부속 기관이다.

광성 초급중학교를 비롯 근화 초급중학교, 신원 초급중학교, 압강 초급중학교, 영광 초급중학교, 풍서 초급중학교 등이 있다. 또한 락원 고급중학교를 비롯 광복 고급중학교, 대석 고급중학교, 련상 고급중학교, 백토 고급중학교, 성서 고급중학교, 송안 고급중학교, 신남 고급중학교, 신비 고급중학교, 신포 고

신의주시 본부동의 본부유치원. 교원대학 부속 유치원이다.

급중학교, 김금순 고급중학교 등이 있다. 농촌 지역 학교들을 현대화하는 것에 노력을 기울이고 있는데, 신비 고급중학교와 대석 고급중학교는 이 정책의 본보기 학교로 지정되어 혁신되었다. 신남 고급중학교는 축구, 배구를 잘하기로 유명하다. 신의주 제1중학교가 있는데 수재 양성을 목표로 하는 학교이다. 제1중학교는 평양에 여러 곳이 있고, 각 도에도 1곳씩은 두고 있다.

북한은 음악 교육과 체육 교육을 중시하고 있으며 방과후 활동인 '소조'를 통해 학생들의 전인적인 발달을 지도하고 있다. 학생들 저마다가 악기 하나씩을 다룰 수 있도록 하고 있고 체육도 한 가지 종목은 잘 할 수 있게 하고 있다. 근래에 서해안 지역의 학교들에서는 수영 교육이 한창이다. **영광 초급중학교** 등에서는 7월과 8월 두 달을 해양체육월간으로 정해놓고 수영 교육에 열정을 쏟고 있다.

신의주에는 항공 체육을 위한 **항공구락부**(클럽)가 있다. 항공 체육은 국방 실용 체육 중 한 분야로, 주 종목은 모형항공기와 낙하산이다. 항공구락부가 2015년 이후 도마다 만들어지고 있는데, 본래 평양과 신의주에 있는 항공구락부가 모체이다. 해마다 태양절(4월 15일, 김일성 주석 생일) 즈음하여 도 대항 전국 경기가 개최된다.

신의주시가 평안북도 소재지인 만큼 평안북도 전체를 이끌어가는 교원들을 **신의주 교원대학과 차광수 신의주 제1사범대학**[1], 신의주 제2사범대학에서 배출하고 있다. 교원대학은 유치원과 소학교 교원을 양성하는 곳이고, 제1사범대학은 초급중학교 교원, 2사범대학은 고급중학교 교원을 양성한다. 북한은 교육에 굉장히 열의를 쏟고 있

[1] 사범대학 이름에 헌정된 '차광수'는 항일혁명투사로 이 이름에 헌정된 기관이 이 대학 말고도 더 있을 정도로 중요한 인물이다. 대성산 혁명열사릉에 차광수 기림비가 있는데, 1905년생으로 1927년부터 혁명에 참가하였으며 1932년에 전사하였다고 적혀 있다.

다. 북한 역시 '인재 강국'이라는 이상을 내걸고 있으며, 교원들을 가리켜 애국자, 혁명가라고 부르며 대단히 높이 평가한다.

고등교육 기관들도 각분야에 걸쳐 다양하게 설립되어 있다. 신의주 예술학원(기악, 성악, 무용 등 현대 예술), 신의주 청소년체육대학, 신의주 외국어학원, 신의주 재정경제전문학교, 신의주 의학대학, 신의주 농업대학, 신의주 공업대학, 신의주 공업기술대학, 신의주 정보기술대학, 신의주 경공업대학, 신의주 상업봉사대학 등이 있다.

과학기술 중시 정책에 따라 이곳 신의주에 신의주 **첨단기술교류소**가 세워졌고, 2023년에는 평안북도 **과학기술도서관**도 완공하여 문 열었다. 과학기술도서관은 우리 전통 건물처럼 청기와 합각지붕을 얹었다. 동화상 열람실들과 토론회장, 과학영화관 등이 있고 방대한 양의 과학기술자료와 과학기술도서를 구비하고 있으며, 망(온라인)을 통하여 과학기술전당과 평양 인민대학습당의

신의주 교원대학. 인재 중시, 과학 중시 정책에 따라, 최근 '전자도서관'을 완공하여 연구 역량을 높여가고 있다.

자료를 실시간으로 열람할 수 있게 하였다.

이 지역의 특성과 관련지어 두 곳을 살펴본다.

신의주 외국어학원

실천 실기 능력을 높이는 데 주안점을 두며, 그 방법으로 호흡 조절 능력, 두뇌의 사유 속도와 정확성, 영상화 능력 등 교수법을 개발하여 가르친다. 순간기억 능력과 속셈 훈련을 강화하고, 그림그리기 훈련 지도에 품을 많이 들이고 있으며, 속독 지도도 열심히 하고 있다.

신의주 경공업대학

본디 3년제인 '신의주 고등경공업전문학교'를 1982년에 개편 승격하여 5년제 대학으로 만들었다. 식료공학부, 방직공학부, 일용화학공학부, 기계공학부를 비롯 실제 생산 분야와 관련된 것들이 학부와 강좌 등으로 다양하게 마련돼 있다. 제지(製紙) 강좌도 개설 중이다. 전공별 실습실과 연구소, 출판사 등이 설치되어 있다.

북한 당국은 근로자들에게 '일하면서 배우는' 것의 중요성을 꾸준히 가르치고 있고, '지식경제시대'라는 말을 자주 사용하고 있다. 전반적으로 문화적·지식적 기반을 조성하려고 하며 근로자가 과학기술인재이어야 함을 강조한다. 화학 같은 기초과학을 튼튼히 가르치는 것은 물론이고, 현대의 과학기술 성과를 반영하는 강좌가 늘고 있다. 컴퓨터 수치 제어법(CNC)을 비롯 업무정보화 등도 지속적으로 연구하고 개선해가고 있다.

또한 근로자들에게 규정이나 법령을 잘 읽고 이해하고 숙지하는 것을 강조하는데, 이를 위한 강좌 등을 마련하고 있다. 표준화되고 균일한 생산의 질을 보장하기 위해서임은 물론이고, 상표권 등을 존중하여 다른 생산 단위와의 마찰이나 갈등의 소지를 없애기 위해서이기도 하다.

인물

신의주는 일본제국주의 아래 개발된 근대의 신도시이다. 의주나 룡천(용천), 피현 등 인근 고장은 물론이고 평안북도에서 나고 자라서 신의주에서 학교를 다닌 인물은 매우 많을 것이다.

〈성황당〉이라는 소설에서 개발되기 전의 의주 지역을 잘 묘사한 정비석(鄭飛石, 1911~1992)은 룡천 생으로 신의주 중학교를 다녔다.

《사상계》를 발행한 언론인 장준하(張俊河, 1918~1975)가 기림비에 의하면 의주 생이라 하는데 현재 행정구역으로는 신의주 지역인 듯하다.

앞서 보았듯 이곳서 유년기를 보낸 독문학자 전혜린(田惠麟, 1934~1965)이 있다.

이 고장에서 태어나고 자라서는 마침내 자신의 이름은 물론이고 신의주까지 널리 알린 인물은 마라토너 손기정(孫基禎, 1912~2002)이다.

손기정

손기정은 신의주시 민포동에서 태어났다. 2km 떨어진 약죽보통학교까지 달려서 갔고 쉬는 시간에도 압록강변을 달리는 것을 좋아했다. 신의주가 평북도청 소재지니 만큼 육상대회가 열리곤 했는데, 그는 장거리에서 두각을 나타냈다. 서울의 육상 명문인 양정고보에 입학했고, 1936년 도쿄에서 열린 올림픽 대표 선수 선발전에서 남승룡과 함께 선발되었다. 8월 9일 베를린 올림픽에서 마침내 금메달을 따서 우리나라 최초의 월드 스포츠 스타가 되었다.

손기정과 남승룡은 6월 1일 도쿄에서 출발하였다. 도쿄 ~ 베를린이라고 적힌 열차표를 쥐고 떠났다. 기차를 갈아타면서 대륙을 가로질러 베를린까지 가는 여정인데, 일본의 시모노세키[下關]와 부산(釜山) 사이 바다는 '관부(關釜) 연락선'이라는 배로 건넜다. 6월 2일에 시모노세키, 3일 새벽에 부산, 3일 오후에 경성(서울)에 닿았고 여기서 하룻밤 쉬었다. 4일에 경성 ~ 펑텐(봉천奉天) 간 열차에 올라 오후 11시 49분에 신의주역에 잠깐 내려 가족과 친지, 동포들에게 인사를 하고 다시 올랐다. 5일 새벽 펑텐, 6일 아침 하얼빈, 7일 아침 만주리에 도착해서 새로운 열차인 시베리아 횡단열차로 갈아탄다. 열차의 종착역인 모스크바에 도착한 것은 6월 14일 밤이었다. 폴란드 기차로 바꾸어타고 16일 밤 바르샤바에 도착했다. 베를린 동부중앙역인 프리드리히역에 도착한 것은 1936년 6월 17일 아침 8시 20분이었다. 경성역(서울역)을 떠난 지는 13일

만이었다. 티켓 하나로 도쿄에서 베를린까지 갈 수 있었다.

오늘날 비행기로 여행하는 사람들에게는 별 감흥이 없는 이야기일지 모르나, 당시로서는 놀랍다 못해 기적 같은 일이었다. 배로 가면 2개월 이상 걸릴 길을 열며칠 만에 유럽에 닿다니 굉장한 일이었다. 이 같은 방식으로 유럽을 간 것은 화가 나혜석(羅蕙錫, 1896~1948)이 먼저이다. 그는 1927년에 같은 방식으로 파리에 갔는데, 6월 19일에 부산진역을 출발해서 7월 19일에 파리 북역에 도착하였다. 중간에 지인들을 만나고 안부를 물으며 잠깐씩 지체하였다. 나혜석이나 손기정의 유럽행 철도여행은 당시로서는 '기적' 같은 일이었는데, 눈에 보이고 손에 잡히는 기적이다. 이게 다 신문명인 철도 덕분이고, 국경을 넘어서 외국 철도를 이용하는 것이 가능하

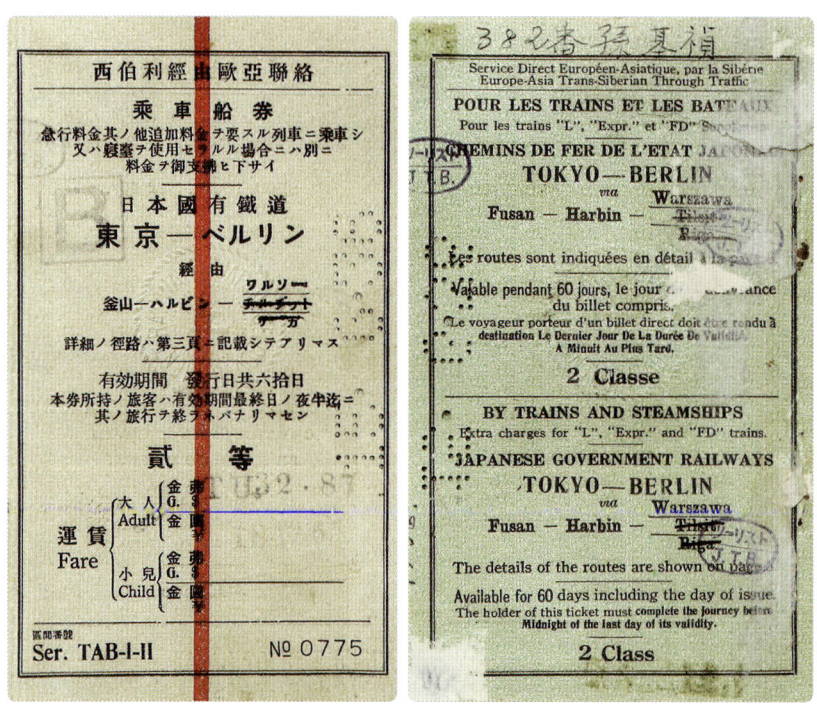

서백리 경유 구아 연락(西伯利經由歐亞聯絡) 승차선권(乘車船券). 10x13cm. 5장(10면)으로 된 책자형 티켓의 첫 면과 마지막 면. 시베리아 경유 유럽과 아시아를 연결하는 기차와 배의 승차권이라는 뜻. 손기정이 직접 '382번 孫基禎'이라고 적어놓았다.

도록 한 국제협약에 가입한 나라들의 권리였기 때문이다. 오늘날도 인류의 여행 방법 중에 철도 여행이 단연 최고이다. 탈것으로는 철도를 이용하는 것이 가장 낭비가 적고 환경과 에너지를 보존하는 길이라고 한다.

교류협력

2018년 남북 정상 회담 이후, 지방자치단체들이 남북 교류 방안을 모색할 때 목포~신의주간 국도 1호선을 연계한 스포츠 교류가 제안된 바 있다. 이 신의주~목포 사이 1번 국도의 길이는 1,068km이다. 목포와 신의주는 1번 국도라는 인연은 물론 서해안의 주요 항구이자 교통의 요지라는 공통점이 있다.

  1936년 베를린 올림픽에 손기정과 함께 참가해 역시 메달을 딴 남승룡은 전라남도 순천 생이다. 남쪽 끝의 남승룡과 북쪽 끝의 손기정이 만나 한평생 오랜 친구로 우정을 나누었듯이, 달리기 행사를 공동 개최해 보면 뜻깊을 듯하다.

아시안 하이웨이

경부고속도로 표지판에 보면 '아시안 하이웨이 1 / AH1 '라고 적혀 있다.

  아시안 하이웨이(Asian Highway)는 아시아 32개국을 지나는 국제 도로 망이다. 전체 길이 140,000km에 이른다. 유엔의 아시아태평양 경제사회위원회(Economic and Social Commission for Asia and the Pacific, ESCAP)에서 추진하는 일로, 1992년 아시아 육상교통기반 개발계획(Asian Land Transport Infrastructure Development, ALTID)의 하나로 시작되었으며 현대판 실크로드라 하고 있다. 정치적인 문제 등 해결과제가 많아서 실제 연결되어 사용되기까지는 많은

시간이 걸릴 것으로 예상된다.

주요 노선을 간선, 지선 다 합하면 노선은 약 60여 개이다. 우리나라를 지나는 주된 간선이 2가지로 다 중요한데, 그중 AH1은 일본 ~ 부산 ~ 서울 ~ 평양 ~ 신의주 ~ 단둥을 지나 프놈펜 ~ 이스탄불 ~ 불가리아에 이른다. AH6은 부산을 출발해서 강릉 ~ 원산 ~ 청진 ~ 선봉 ~ 하산을 지나 하얼빈 ~ 치타 ~ 옴스크 ~ 모스크바 ~ 벨라루스까지 간다.

남북철도 다시 잇다

1945년 7월: 일제 강점기 때 건설된 철도 노선들은 남이나 북이나 모두 지금도 주요 노선이다. 그중 지금은 남과 북으로 나뉜 지역을 운행한 노선은 4가지이다. 경의선, 경원선, 금강산선, 동해선이다.

1945년 9월 11일: 소련군이 평양에 들어오고 미군이 인천으로 들어와, 남과 북에 외국 군대에 의한 군정이 실시되면서 철도도 중단되기 시작되었다. 이후 한국전쟁으로 완전히 두 동강 났다.

1991년 12월 13일: 독일 통일을 보면서 우리도 변화가 시작되어 대화를 진행해오던 중 '남북 기본 합의서'를 채택했다. 당시 노태우, 김일성 양쪽 행정부는 남북 간의 화해, 불가침, 교류와 협력을 진전시켜 가자고 합의하고 문서로 담아냈다. "제19조, 남과 북은 끊어진 철도와 도로를 연결하고 해로, 항로를 개설한다."고 했으며, 부속합의서 3조에 "경의선 철도를 연결한다."고 합의했다. 이후로도 김일성 주석은 남과 북이 모두 경의선 연결을 통해 많은 경제적 이득을 볼 수 있다고 여러 차례 강조한 바 있다.

2000년 6월 15일: 2000년 김대중-김정일 정상 간의 6·15 선언 뒤부터 철도 연결 사업이 시작되었다. 9월 18일, 임진각에서 경의선 복원 및 도로 연결을 위한 기공식이 열렸다.

2003년 6월 14일: 경의선과 동해선의 군사분계선 상에서 남북의 철도 궤도를 연결하는 행사를 했다. 이 해 남측은 문산~장단 간 12km, 북측은 장단~봉동 간 8km를 이어서 총 20km를 복원하였다.

2006년 3월 17일: 남한, 북한, 러시아 3국의 철도 책임자가 블라디보스토크에서 만나 3국의 철도 연결을 위한 회담을 열었다.

2007년 5월~2008년 11월: 복원된 철로를 이용하여 경의선의 문산~봉동 간 화물열차가 매일 12회 편성으로 오갔다. 편도 기준 총 222회를 오고 갔다. 동해선도 2007년 5월 17일에 금강산역~제진역 간 25.5km의 구간에서 열차 시험운행을 진행하였다.

2007년 12월 12일: 개성~신의주 간 412km 거리의 철도 개보수 현지조사가 있었다. 2008년 베이징 올림픽 남북 공동 응원단을 열차로 수송하자는 기획도 있었다. 응원단 수송을 위한 실험 운행도 하는 데까지는 성사되었지만, 결국 실제 운행은 불발되고 말았다.

2018년 6월: 한국이 국제철도협력기구(OSJD) 정회원으로 가입하였다. 이로써 국제 노선 운영에 참여할 수 있게 되었다. 이 절차가 없었으면 문 대통령의 구상은 애초에 꿈도 꿀 수 없는 일이다.

2018년 8월 15일: 문재인 대통령은 8·15경축사에서 '동아시아철도공동체'라는 비전을 발표하였다. 북한을 거쳐 대륙을 관통하여 유럽을 가는 구상으로, 남북한과 일본과 중국, 러시아, 몽골 이렇게 6개 주체가 마음을 모으고 실천에 나서자고 호소하였다.

2018년 11월 30일~12월 17일: 동아시아철도공동체 구상의 실현을 위해 남과 북의 실무진이 협의한 끝에 11월 30일~12월 5일 경의선(개성역~신의주청년역, 413km), 12월 8일~17일 동해선(금강산청년역~두만강역, 777km) 구간을 조사하였다.

❗ 2024년 현재 경의중앙선 객차 안에서는 이 '동아시아철도공동체' 비전을 담은 홍보영상이 상영되고 있다.

"내가 프랑스 파리에서 기차를 타고 차장에게 나를 남대문역(서울역)에서 내릴 수 있게 해달라고 말할 때가 빨리 왔으면 좋겠습니다."

지금으로부터 120년 전에 주한 미국공사 앨런(H. Allen)이 한 말이다. 문재인 대통령이 발표한 '동아시아철도공동체' 비전과 똑같다. 1905년 5월 25일 경부선 개통식이 열렸고, 경의선은 아직 개통되지 않았을 때인데도 이 자리에서 앨런은 우리 철도가 대륙에 연결될 것을 예상하고 있었다.

경의선의 역사는 지난 120년 동안 파란만장하였다.

1906년 4월 용산에서 신의주까지 개통되었다. 1911년 11월 1일에는 압록강 철교가 개통되어 만철(滿鐵)의 안봉선(安奉線, 안동에서 봉천, 지금의 단둥에서 선양을 오가는 노선. 안봉선의 현재 이름은 선단철로審丹鐵路)과 연결되었다. 부산에서 중국 단둥까지 갈 수 있게 된 것이다. 곧이어 장춘(長春)까지 연장되었다. 1938년 10월에는 베이징까지 이어졌다. 부산~베이징 간 직통 급행열차도 운행되었는데 38~39시간쯤 걸렸다.

경의선은 우리 국토를 종단하는 철도로 한국의 대표 철도라 할 수 있다. 이 소중한 철도가 잘리고 끊어지는 바람에 아주 답답한 모습이다. 우리는 지금 남한이나 북한이나 다 섬처럼 고립되어 있으며 혹자는 북이 아니라 남이야말로 섬 같아졌다고 한다.

북한은 철도를 매우 중시하며 철도 교통을 '동맥'이라고 표현한다. 남한에서도 남북철도를 잇는 일을 '민족의 혈맥'을 하나로 잇는 일이라고 표현한다. 남과 북의 표현이 서로 통하는 셈이다. 철도를 잇는 것은 철도만 잇는 것이 아니다. 철도가 이어지면, 남과 북이 이어지고, 우리는 대륙에 연결된다. 대륙을 향해 웅비한다.

남신의주 유동 박시봉 방 (南新義州 柳洞 朴時逢 方)

백석(白石)

어느 사이에 나는 아내도 없고, 또,

아내와 같이 살던 집도 없어지고,

그리고 살뜰한 부모며 동생들과도 멀리 떨어져서,

그 어느 바람 세인 쓸쓸한 거리 끝에 헤매이었다.

바로 날도 저물어서,

바람은 더욱 세게 불고, 추위는 점점 더해오는데,

나는 어느 목수네 집 헌 삿을 깐,

한 방에 들어서 쥔을 붙이었다.

이리하여 나는 이 습내 나는 춥고, 누긋한 방에서,

낮이나 밤이나 나는 나 혼자도 너무 많은 것같이 생각하며,

질옹배기에 북덕불이라도 담겨 오면,

이것을 안고 손을 쬐며 재 위에 뜻없이 글자를 쓰기도 하며,

또 문 밖에 나가지도 않구 자리에 누워서,

머리에 손깍지 벼개를 하고 구르기도 하면서,

나는 내 슬픔이며 어리석음이며를 소처럼 연하여 쌔김질하는 것이었다.

내 가슴이 꽉 메어올 적이며,

내 눈에 뜨거운 것이 핑 괴일 적이며,

또 내 스스로 화끈 낯이 붉도록 부끄러울 적이며,

나는 내 슬픔과 어리석음에 눌리어 죽을 수밖에 없는 것을 느끼는 것이었다.

그러나 잠시 뒤에 나는 고개를 들어,

허연 문창을 바라보든가 또 눈을 떠서 높은 천장을 쳐다보는 것인데,

이때 나는 내 뜻이며 힘으로, 나를 이끌어가는 것이 힘든 일인 것을 생각하고,

이것들보다 더 크고, 높은 것이 있어서, 나를 마음대로 굴려가는 것을 생각하는 것인데,

이렇게 하여 여러 날이 지나는 동안에,

내 어지러운 마음에는 슬픔이며, 한탄이며, 가라앉을 것은 차츰 앙금이 되어 가라앉고,

외로운 생각만이 드는 때쯤 해서는,

더러 나줏손에 쌀랑쌀랑 싸락눈이 와서 문창을 치기도 하는 때도 있는데,

나는 이런 저녁에는 화로를 더욱 다가 끼며, 무릎을 꿇어보며,

어느 먼 산 뒷옆에 바위 섶에 따로 외로이 서서,

어두워오는데 하이야니 눈을 맞을, 그 마른 잎새에는,

쌀랑쌀랑 소리도 나며 눈을 맞을,

그 드물다는 굳고 정한 갈매나무라는 나무를 생각하는 것이었다.

―《학풍(學風)》, 1948년 10월

* 삿: 삿자리. 갈대로 엮은 자리
* 쥔을 붙이다: 하숙 들다
* 질옹배기: 질흙으로 만든 옹배기. 질화로.
* 다가 끼며: 다가오게 하여 끼고
* 나줏손: 저물 때

자강도

중강군

中江郡

중강(中江)은 백두산에서 발원하는 압록강 중상류 지역에 자리한다. 한반도에서 가장 추운 중강진(中江鎭)의 이름으로 더 잘 알려진 고장이다. 군의 북부와 서부를 굽이굽이 휘돌아 흐르는 압록강은 중국과의 경계를 이룬다. 군 가운데로 랑림(낭림)산맥이 지나가 산이 높고 골짜기가 깊다. 신생대 백두산 분출 활동으로 형성된 현무암 대지가 대규모 둔덕 형태로 발달하여 독특한 풍광을 그려내기도 한다. 압록강의 침식 및 퇴적작용으로 형성된 중강벌이 있는 곡물 생산지이자, 북한 최대 유색 금속 광물을 생산하는 광산지대이다.

이 고장은 고구려와 발해인들이 말 달리던 곳이고, 또 한동안은 여진에 속한 땅이기도 하였다. 조선시대 북방정책의 상징인 4군 6진*의 한 곳으로 국가 방위의 중요한 요충지가 되었다. 일제 강점기에는 압록강을 사이에 두고 중국과 접해 있는 국경 지역으로 교통의 중심지이자 동시에 독립운동가들의 항일 무장투쟁의 거점이 되었다. 국제질서가 평화와 호혜의 물줄기로 크게 바뀌는 날이 오면, 중국과 다리 하나를 사이에 두고 있는 국경 지대로서 교통과 무역의 거점이 될 수 있는 곳이다.

* 4군 6진(四郡六鎭): 조선 세종 때 여진족을 막기 위해 압록강 상류(4군)와 두만강 중하류 남안(6진)에 설치한 국방상의 요충지이다.

위치와 지형

중강군(中江郡)은 자강도의 가장 북쪽 내륙에 있다. 자강도는 1949년 당시 평안북도 북동부 지역과 함경남도 일부 지역을 합쳐서 새로 만든 도(道)이다. 이 지역의 중심 지역인 자성군(慈城郡)의 '자'와 강계시(江界市)의 '강'을 따서 자강도(慈江道)라 하였다. 강계시가 자강도 행정 소재지(인민위원회 소재지)이다.

중강군은 남쪽으로 자성군, 동쪽으로 량강도 김형직군(옛 후창군)과 접하고 있고, 서쪽과 북쪽은 압록강을 사이에 두고 중국과 마주하고 있다. 중강은 압록강 중부에 있다고 붙여진 이름이다. 군 소재지인 중강읍의 중심은 동경 126°52′, 북위 41°47′에 있다. 면적은 668.673㎢이다. 중강읍에서 강계시까지는 126㎞이고, 평양까지는 382㎞이다.

지형은 대체로 남부에서 높고 북쪽으로 갈수록 차츰 낮아진다. 크게 산지, 현무암 대지, 압록강과 그 지류에 형성되는 골짜기로 구성되어 있다. 태백산맥과 함께 한반도의 등줄기가 되는 랑림산줄기(낭림산맥)가 중지봉에서 시작하여 남쪽으로 뻗으며 군의 중앙을 지나간다. 랑림산줄기 위에 중지봉(中支峯, 1,086m), 딸기봉(1,231m), 신덕남산(新德南山, 1,310m), 만시루봉(1,023m), 산두산(1,283m), 금창산(1,132m), 향내봉(香內峯, 1,365m) 등 해발 1,000m 이상의 산이 솟아 있다. 산과 산 사이 낮은 곳에 건하령(乾下嶺, 811m), 금창령(金昌嶺, 875m)과 같은 고개가 있다.

학성산줄기(학성산맥)가 자성군과의 경계를 이루는데 산두산에서 시작하여 북서 방향으로 뻗어 있다. 학성산줄기에 백설봉(白雪峯, 1,222m), 학성산(鶴城山, 1,276m), 제일봉(1,093m), 삼정고개(875m)가 있다. 삼정고개는 호남고개라고도 하는데 중강군으로 들어가는 관문이다. 학성산줄기 중간 부분에서 북동쪽으로

가지산줄기가 갈라져 뻗어 있는데, 그 위에 작은두응봉(1,018m), 곰덕산(1,001m)이 솟아 있다. 산줄기가 호내강과 압록강 작은 지류들 사이의 분수령이 된다. 군에서 제일 높은 곳은 향내봉(1,365m)이고, 제일 낮은 곳은 토성리의 압록강 골짜기(309m)이다.

군의 동북부 압록강과 중강천 사이에 오수덕 현무암 대지가 놓여 있다. 중강군의 산과 마을에는 오수덕, 룡암데기, 큰오봉수데기 등 '덕'이나 '데기'가 들어간 이름이 많다. '덕'은 '더기'의 준말이고 '높은 고원의 평평한 땅'을 말한다. 우리말인데, 문헌에는 한자 德(덕)으로 적었다. 이 지역 말로 '데기'라고도 한다. '덕' 지형은 일반적인 언덕과는 달리 턱이 진 대(臺) 모양을 한다. 자성군에 있는 소반덕(811m)과 같이 산꼭대기는 평탄하고, 둘레가 소반(밥상)처럼 급경사면을 이루는 지형이다. 이런 '덕' 지형은 함경남북도와 량강도, 자강도에 집중적으로 분포하는데, 중강군 동북부에 있는 오수덕이 특별하다.

🔺 오수덕(烏首德) 대지

중강군 동북부에 현무암 대지가 펼쳐진다. 대지는 깊은 골짜기로 끊겨 오수덕, 룡암덕, 서수덕 등으로 갈라진다. 대지 전체 면적은 약 30㎢이다. 이 가운데 오수리, 장흥리, 상장리 일대에 걸쳐 있는 가장 전형적인 '덕'이 오수덕이다.

오수덕의 면적은 17㎢이며 높이는 800m이다. 경사도는 약 5° 정도로 평탄하며 10~15m 정도의 높이 차이로 잔잔한 물결 모양을 이룬다. 하지만, 오수덕 기슭은 50~100m의 계단 모양으로 몹시 가파른 절벽이다. 특히 압록강에 면한 곳은 수직에 가까운 협곡 지형을 이루고 있다. 오수덕은 백두산 화산 분출 활동과 관련 있는데, 중생대 트라이아스기~쥐라기 퇴적암과 백악기 암층을 뚫고 올라와 덮은 제4기 현무암으로 되어 있다. 그 후 융기되면서 오늘날과 같은 높이의 대지가 되었다.

오수덕 유래비에 따르면 1910년 향내봉에 산불이 나면서 이 고원의 빽빽한 숲이 몽땅 불타게 되었다. 나무 그루터기만 꺼멓게 남아 있는 것이 까마귀 대가리[烏首]처럼 보인다고 오수덕, 오수데기라 하였다. 대륙성 기후 특징을 보이며, 바람이 세게 불고 안개가 자주 낀다. 맑은 날이면 압록강 너머 중국 땅이 보인다. 덕 변두리에는 피나무, 잣나무, 자작나무 등이 자라고, 골짜기에는 참나무, 사시나무, 황철나무와 관목 등이 자란다. 박하를 비롯한 약초 재배지이기도 하다. 북서부에 있는 잣나무림이 예로부터 유명하다.

하천은 압록강 본류와 압록강 지류인 중강천과 호내강이 중요하다. 군의 북부와 서부를 휘감아 흐르는 압록강은 굴곡이 심하다. 특히 호하로동자구 일대가 구불구불하다. 굴곡진 곳에는 작은 충적지가 형성되는데, 지류가 합류하는 곳에 더 많이 만들어진다. 중강천(44.8㎞)은 오수리 남쪽 금창산에서 발원하여 중

까마귀 머리를 닮은 현무암 대지 오수덕(烏首德)

강읍과 중상리에서 압록강으로 흘러 들어간다. 호내강은 학성산에서 시작하여 호하로동자구에서 압록강으로 흘러든다. 군에는 중강천, 호내강, 건하천을 비롯한 길이 5㎞ 이상의 하천이 10여 가닥 흐른다. 중강천을 비롯한 강들은 유량이 많고 물살이 빠른 전형적인 하천 중상류의 산악 하천이다.

중강천이 합류하는 중강읍과 중상리 일대의 압록강 기슭에는 중강벌이 펼쳐진다. 우리 쪽에서 '평야'라고 하는 것을 북에서는 '벌'이라고 한다. 압록강의 침식 및 퇴적작용으로 만들어진 중강벌은 자강도 3대 평야 중 하나이다. 중강벌은 북동에서 남서 방향으로 길게 형성되어 있는데, 압록강 연안을 제외한 나머지 둘레는 해발 600m의 구릉과 산으로 둘러 막혀 있다. 이곳을 중강분지라고도 한다. 중강분지 서쪽과 북쪽으로는 압록강이 흐르고 남쪽으로는 중강천이 흐른다. 자강도의 주요 곡물 생산지 중 하나이다.

지질은 하부원생대의 규암과 편암, 상부원생대의 규암과 석회암, 중생대의 역암, 사암, 점판암, 분암, 응회암 등이 분포되어 있다. 여기에 철, 석탄, 동, 몰리브덴, 명반석 등의 지하자원이 매장되어 있다.

🔺 중강 식물화석 천연기념물 제113호

중덕리에서 오수덕 방향의 주머니골 칠학산 기슭에 있는 화석이다. 1961년 중강지구에 관한 지질조사 과정에서 주머니골의 고비동지층에서 여러 화석과 함께 속새류인 마디식물의 화석이 발굴되어 지층 시기를 결정하게 되었다. 이때 이 부근의 쥐라기 하부층을 '중강통(중강층)'이라 이름 지었다.

속새류는 주로 습한 지대에서 자라는 다년생 식물이다. 이 식물화석은 분사암과 점판암 안에 두껍게 깔려 있고, 이와 함께 석탄층이 나타난다. 이것은 이 지역이 약 2억 년 전 중생대 쥐라기

전기에 분지를 이루고 식물 성장에 유리한 조건이었다는 것을 알려준다. 속새류 화석은 쥐라기 전기를 보여주는 표준화석으로 다른 지층과 구분하는 데 귀중한 자료로 학술적 의의가 있다.

기후

중강군은 겨울이 길고 여름이 짧다. 연평균기온은 5.6℃로 자강도의 중앙에 있는 강계시(7.4℃)보다 1.8℃ 낮고, 가장 남부에 있는 희천시(9.0℃)보다 3.4℃ 낮다. 가장 추운 1월 평균기온은 -15.9℃, 가장 더운 7월 평균기온은 22.9℃로 기온의 연교차가 한반도에서 가장 큰 38.8℃나 되는 뚜렷한 대륙성 기후를 보인다. 겨울철 기온이 몹시 낮고 여름철 기온이 상대적으로 높아 대륙도가 크다는 점이 중강군 기후의 가장 큰 특징이다.

■ 대륙도: 대륙이 기후에 미치는 정도를 수치로 나타낸 것. 일반적으로 해안에서 먼 대륙의 내부일수록 값이 크며 기온의 연교차(최난월 평균기온 - 최한월 평균기온)와 밀접한 관련이 있다.

중강군은 1933년 1월 최저기온 -43.6℃를 기록해 한반도에서 가장 추운 고장으로 알려졌다. 그러나 1984년 2월 백두산 천지 기온이 -47.5℃까지 내려가면서 최고로 추운 지역의 기록이 새롭게 쓰여졌다. 천지가 있는 량강도 삼지연시의 겨울철 평균기온은 -15℃로 중강군의 겨울철 평균기온 -12.8℃보다 2℃ 이상 낮다.

한해 평균강수량은 673.7㎜로 도에서 강수량이 제일 적은 소우지이다. 도에서 가장 강수량이 많은 희천시(1051.1㎜)보다 377.4㎜나 적다. 한해 평균상대습도는 75.3%이다. 평균 풍속은 0.4㎧로 북한 내에서 풍속이 가장 약한 곳에 속한다. 바람 방향은 골짜기 방향에 따라 여름철에는 주로 남서 바람이 불고 겨울철에는 북동 바람이 우세하다.

서리는 평균 9월 말경부터 내리기 시작해 다음 해 5월 초순 무렵에 끝난다. 눈은 10월 중순부터 내리기 시작하여 다음 해 4월 중순 무렵에 끝난다. 황사는 연간 0.4일, 천둥 번개 일수는 연간 0.2일로 북한에서 가장 적게 발생하는 지역이다.

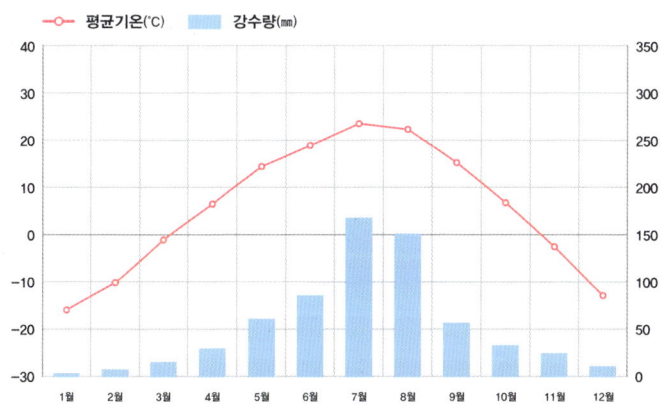

	30년 평균	2023년
연평균기온(℃)	5.6	7.3
최한월(1월) 평균기온	−15.9	−14.8
최난월(7월) 평균기온	22.9	24.8
연교차	38.8	39.6

	30년 평균	2023년
연강수량(mm)	673.7	746.6
여름 강수량 (6, 7, 8월)	412.6	496.5
겨울 강수량 (12, 1, 2월)	27.1	12.9
평균 풍속(m/s)	0.4	0.4

출처: 대한민국 기상청 〈북한 기상 연보〉

행정구역과 인구

중강군 지역은 조선 초기에 삼수군 려연촌(閭延村, 여연촌)이었다. 15세기에 려연촌 일대가 삼수군에서 분리되어 려연군이 되면서 평안도에 속했다. 15세기 중엽에 려연군의 서남부를 떼어 우예군(虞芮郡)을 신설하자 그 아래 속하였다. 19세기 후반 자성군이 만들어지면서 대부분의 지역이 여기에 속하게 되었다. 자성군은 1896년 조선 팔도가 13도로 편성될 때 평안북도에 속했다.

해방 전까지 평안북도 자성군의 일부였는데, 1949년 1월에 자강도가 신설되면서 자강도 자성군의 지역이 되었다. 1952년 자성군의 중강면과 장토면을 통합하여 새로이 중강군을 만들고, 압록강 중부의 중강면을 중심으로 이루어진 군이므로 중강군이라 명명하였다. 2003년 기준 1읍(중강읍), 1구(호하로동자구[*]), 8리(건하리, 상장리, 오수리, 장성리, 장흥리, 중덕리, 중상리, 토성리)의 행정구역

중국 린쟝[臨江]과 중강군 중덕리 사이 압록강에 세워진 인도교

으로 이루어져 있다. 군 소재지는 중강읍이다.

중강읍은 군의 북쪽 압록강 연안 넓은 중강벌(중강평야)에 있다. 예전에는 국경 경비의 요충지라 하여 중강진(中江鎭)이라 불리던 곳이다. 군의 정치, 경제, 문화의 거점으로 학교, 문화회관, 도서관, 병원 등이 있다.

중강읍과 호하로동자구를 비롯한 모든 리가 압록강을 사이에 두고 중국 동북 지방 지린성[吉林省] 지역과 마주하고 있다. 지린성 바이산시[白山市] 린장[臨江]과 중강군 중덕리 사이 압록강 인도교가 놓여 있다.

중강군은 국경 지방으로 예로부터 군사적으로 매우 중요한 고장이었는데, 지명에 이 지방의 특징이 드러난다. 장성리는 군의 서쪽에 있는데, 예로부터

❶ 북한은 1952년 행정구역 개편 때에 '면'을 없앴다. 그리고 군 소재지가 있는 곳은 '읍'으로 나머지는 다 '리(里)'로 편성하였다. 군 소재지를 옮기면, 읍이라는 명칭도 떼고 새로운 곳이 '읍'이 된다. 그리고 노동자(농업 부분 제외)가 400명 이상 거주하는 지역으로, 인구 중 65%가 산업노동자로 구성된 지역을 '로동자구'로 지정하였다. 위계상 읍과 리의 중간, 시의 동(洞)과 동격으로 볼 수 있다.

호하로동자구 마을

나라의 북방을 지키는 긴 성이 있는 마을이어서 장성리라 했다. 토성리는 북방을 방비하는 토성이 있으므로 토성리라 하였다.

중강군 인구 현황 개괄 (단위: 명)

인구수	남자	여자	도시	농촌
41,022	19,344	21,678	18,793	22,229

출처: 2008년 북한 중앙통계국 발표 인구 센서스

중강군 인구 피라미드

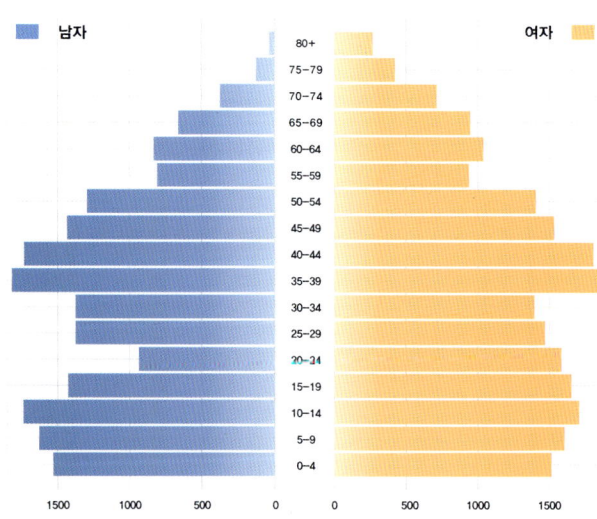

* 위 인구 피라미드는 2008년 북한 중앙통계국 발표 인구 센서스 자료를 바탕으로 연령대별 인구를 추산하여 작성한 것으로 참고용이다.

전설이 내려오는 지명이 많은 것도 특징이다. 중강읍에 있는 려연마을은 외적과의 싸움에서 공을 세운 려동과 연옥의 이름에서 한자씩 따서 려연이라 했다. 장성리 도매봉 꼭대기에 있는 자그마한 운림못은 마을을 위해 물속으로 뛰어든 운림 부부 이야기에서 비롯되었다. 한량봉, 바우메기골, 룡바위데기, 룡소, 솔삼평 샘물 등에도 이야기가 전해 내려온다.

자강도는 일제 강점기까지만 해도 경제 발전 수준이 가장 낮은 지역이었다. 해방 후 인구가 빠르게 증가하여 2008년 현재 자강도 전체 인구는 129만 9,830명이다. 그중 중강군 인구는 4만 1,022명이다. 남자가 1만 9,344명, 여자가 2만 1,678명이다. 도시 인구 1만 8,793명, 농촌 인구 2만 2,229명이다.

도시 주민의 32%는 중강읍에 살고 있고, 68%는 호하로동자구에 산다. 농촌 주민의 밀도가 높은 곳은 중상리와 중덕리이다. 이곳에 농촌 인구의 44%가 살고 있는데, 중강읍과 바로 잇닿아 있고 중소규모 지방공업 공장들이 많이 들어서 있기 때문이다.

교통

도로

중강군에는 철도가 놓여 있지 않아 도로교통이 기본을 이룬다 ■ 중강~혜산 간 도로와 위원~중강(45.2㎞), 중강~포평(15.8㎞)에 놓여 있는 도로가 중요하다. 위원~중강 도로는 호하로동자구에서 중강읍까지 뻗어 있다. 중강~포평 도로는 중강읍에서 오수리까지 뻗어 있다. 이 도로는 강계~김형직 간 도로와 이어지므로 강계시로 가는 데서 중요하다. 위원은 자강도 위원군, 포평은 바로 옆 량강도 김형직군에 있다.

군에서 리 지역을 연결하는 데 중요한 도로로 중강~진평(38.5㎞) 간 도로가 있다. 이외에 장성~토성(11㎞), 호하~장성(13.6㎞), 중상~진평(26㎞), 중덕~장흥(21.1㎞)의 산골 도로가 있다. 이 밖에 중강군 안에 있는 리와 작업반, 마을을 연결하는 도로가 있다. 중강읍에서 모든 리에 정기적으로 버스가 운행되고 있다. 주요 화물은 양곡, 석유, 석탄, 금속제품 등이다.

수운

중강군에서는 도로교통 외에 수상교통이 중요한 역할을 한다. 자성군 운봉~중강군 호하(79.9㎞) 사이에는 수상 교통로가 만들어져 있다. 뱃길을 통해 압록강 상류 지역에서 생산한 통나무 그리고 3월5일청년광산으로 오는 화물 등을 운송한다. 운봉~중강 사이에는 여객선도 정기적으로 운행되고 있다.

역사와 문화

고대

장성리와 토성리에서 신석기, 청동기, 고구려 시대의 주거지와 유물이 발견되었다. 장성리 유적은 주거지와 고구려 돌각담무덤으로 나눌 수 있다. 주거지 유적에서 새김무늬그릇, 각선무늬그릇, 흑요석기, 돌도끼, 반달칼 등 600여 점의 유물이 발굴되었다.

고구려 돌각담무덤은 강돌 돌각담무덤과 산자갈 돌각담무덤으로 나눌 수 있다. 산자갈 돌각담무덤에서 쇠낫과 도끼날, 부채형 활촉을 비롯한 다양한 모양의 쇠 활촉이 나왔다. 부채형 활촉은 삼국시대에 널리 쓰인 활촉으로 고구려벽화에서 흔히 볼 수 있는 것이다.

토성리에서 발견된 청동기시대의 유적에서는 돌단검, 돌도끼, 대패날, 끌, 그물추, 흑요석기, 가락바퀴, 반달칼, 활촉 등의 석기와 질그릇이 발굴되었다. 질그릇은 대접, 보시기 등인데 갈색 민무늬토기가 대부분이다. 이런 유적들로 보아 압록강 중상류 지역에 신석기시대부터 사람이 정착해 살았다는 것을 알 수 있다.

고려

고대에는 이 일대와 강 건너 지역까지 고구려, 발해의 영역이었다. 발해가 멸망한 후에는 오랫동안 거란과 여진족에 속한 땅이었다. 고려 때 북진정책을 써서 성종 때 청천강 이북, 압록강 이남의 평안북도 서쪽과 평안남도 전역을 수복하였다. 1044년(정종 10)에 서쪽의 압록강 하구와 함경남도 도련포(都連浦)를 동서로 연결하는 천리장성을 완성하여 방위를 견고하게 했다. 하지만 천리장성 이북인 지금의 중강군 지역에는 고려의 세력이 미치지 못하였다.

조선

조선 초기까지 여진족에 속한 땅이었다. 조선 초기 중국에서 새로 건국된 명(明)나라와의 관계도 맞물려 여진족과는 불편한 관계가 된다. 결국 여진이 조선 국경을 침범하는 일이 발생하고 1410년(태종 10) 여진 정벌을 단행한다. 여진과의 갈등은 계속되었다. 세종에 이르러 압록강 상류에 4군(四郡), 두만강 중하류 남안에 6진(六鎭)을 설치하고 북진정책을 시행한다.

서북 방면의 여진족을 막기 위해 설치한 4군이 려연군(閭延郡), 자성군(慈城郡), 무창군(茂昌郡), 우예군(虞芮郡)이다. 1416년(태종 16)부터 1443년(세종 25)까지 27년에 걸쳐 설치되는데, 려연군이 가장 먼저 신설되었다. 려연군 위치가 지금의 중강읍 부근이다. 이때부터 국방상 요충지로 부각되었다.

이때 '군'이란 큰 고을을 가리키는 말이다. 4군 개척과 동시에 행성(行城) 축조와 사민(徙民) 정책이 진행되었다. 행성은 산성이나 읍성처럼 거점 지역에 정해진 크기로 지은 성이 아니라 방어선을 따라 길게 축조된 성을 말하는데, 군데군데 산과 강의 지형지물을 활용해 성을 쌓았다. 이때 쌓은 성터와 봉수(烽燧)가 유적으로 남아 있다.

려연성(閭延城) 보존 유적 제203호, 우예성(虞芮城) 보존 유적 제202호, 장성리 행성(長城里行城) 보존 유적 제823호

려연성 성터는 중덕리 칠학산 기슭에 있다. 둘레 길이가 약 1,200m 되는 석성인데 반원형을 이루고 있다. 동문, 서문, 북문 터가 있고 서문에는 적대(敵臺)가 있었다. 성벽은 돌로 쌓았는데 밑너비는 6m, 현존 높이는 3m이다. 지금은 그 일부만 남아 있다.

우예성은 토성리에 있어 도성이라고도 한다. 외성과 내성으로 되어 있는데, 내성은 350m의 방형(사각형 또는 네모) 모양 성이고, 외성은 2km의 반원형이다. 성벽은 돌로 쌓았는데 밑너비는 4m, 높이는 1.8m이다.

장성리 행성은 장성리에 있는데 압록강 강가를 따라 반원형으로 만들어졌다. 외성과 내성으로 되어 있으며, 외성의 길이는 14km이다. 외성에서 1.5km 떨어진 곳에 내성이 있다. 내성은 앞면 220m, 측면 180m의 방형을 이루고 있다. 서문과 북문 터가 있다. 성벽은 돌로 쌓았는데 밑 너비는 3.5m, 높이는 1.5m 정도이다.

봉수는 려연성 앞의 중덕리 봉수를 비롯해 만흥리, 상장리, 장성리, 장흥리, 중상리, 토성리, 호하리 봉수가 있다.

사민정책은 긴 세월에 걸쳐 여러 차례 이루어졌는데, 남쪽 지방 백성들을 새로 만든 4군으로 옮겨 살게 했다. 새로 개척한 지방으로 이주한 주민들은 농사를 지어 군대를 부양하고 병력으로도 동원되었다. 처음에는 토지와 관직을 주고 세금을 면제하는 조건으로 지원자를 모집했다. 지원하는 사람이 많지 않자, 나중에는 미리 옮길 호수(戶數)를 정해놓고 경상도, 전라도, 충청도 지역에 할당량을 내려보냈다. 사민정책에 대한 백성들의 저항이 심하여 옮겨 살게 된 이후에도 도망자가 속출했다.

4군을 설치한 후에도 북방 개척 사업을 유지하기 어려워지자 1455년(단종 5) 려연, 무창, 우예 3군을 폐지하고 주민도 주변 지역으로 이주시킨다. 1459년 자성군마저 폐지되면서 이후 오랫동안 '폐사군(廢四郡)'이라 불렸다. 주민의 거주도 금지하였다.

1712년(숙종 38) 백두산정계비를 둘러싸고 조선과 청나라 사이에 국경 문제가 불거졌다. 이때 국토에 관한 민족의식이 높아지면서 함경도, 평안도, 서북 지방은 물론 만주 일대를 담아낸 지도들이 많이 제작되었다. 18세기 후반에 이르러 이 지역이 군사 방어의 거점으로 다시 제안되고, 19세기 후반에 진보(鎭堡)가 설치되었다.

근대

1869년(고종 6) 자성군이 복구되었고, 중강 지역은 이후 오랫동안 자성군의 일부였다. 중강(中江)은 압록강을 사이에 두고 중국과 접해 있는 국경 지역으로 국방상 요지이다. 동시에 중국으로 통하는 길목에 있는 교통의 요지이기도 하다. 겨울이 되면 꽁꽁 언 압록강 위를 걸어서 넘나들었다.

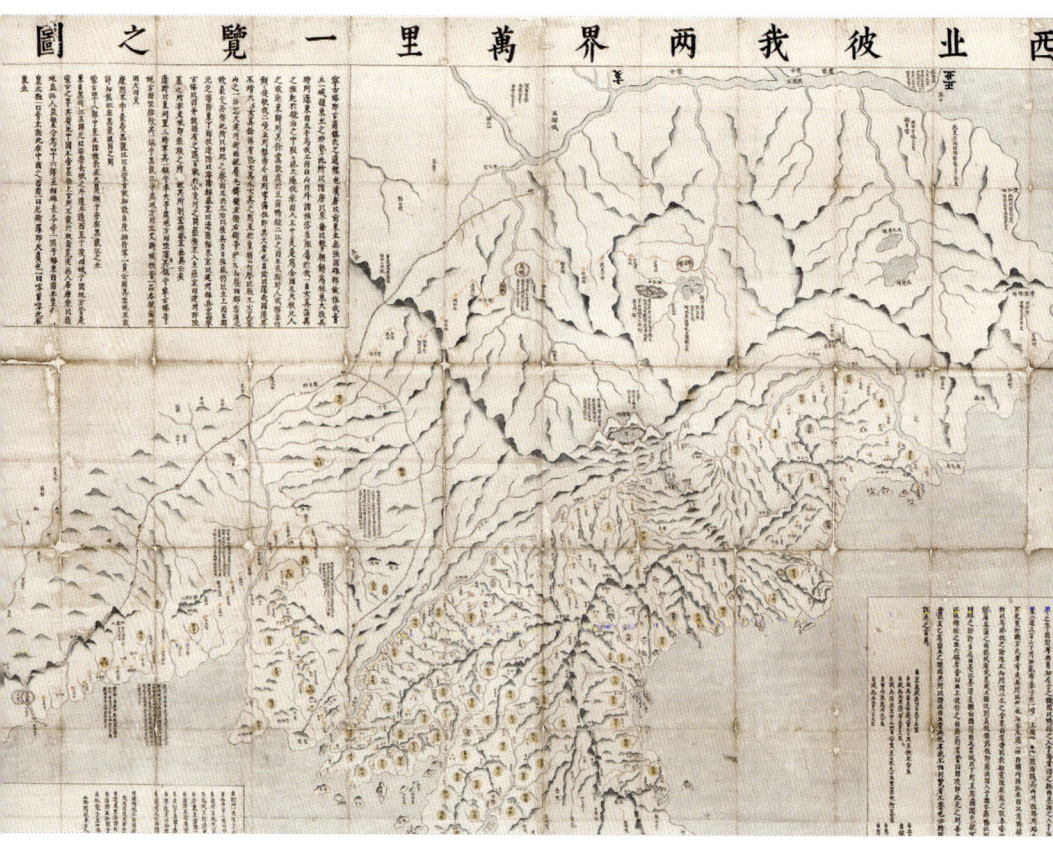

18세기 전반에 제작된 대표적인 군사용 지도, 서북피아양계만리일람지도(西北彼我兩界萬里一覽之圖). 조선의 서북지방과 청나라 만주 일대의 산천, 성책, 도로, 군사 요지 등을 자세히 묘사하고 있다.

1880년대 들어서면서 조선인들은 압록강과 두만강을 건너 중국 동북 지역으로 이주하여 한족(漢族), 만족(滿族), 비적(匪賊)들과의 치열한 갈등과 투쟁 끝에 비로소 터를 잡을 수 있었다. 이 지역이 간도(間島)인데 북간도와 서간도로 구분한다. 북간도는 두만강 건너편 연길(延吉)현, 화룡(和龍)현, 왕청(汪淸)현, 훈춘(琿春)현을 묶어서 이르는 말이다.

서간도는 압록강 건너편이자 백두산 서쪽의 집안(集安)현, 통화(通化)현, 유하(柳河)현, 환인(桓仁)현, 관전(寬甸)현, 임강(臨江)현, 장백(長白)현, 무송(撫松)현, 안도(安圖)현, 흥경(興京)현, 해룡(海龍)현 등을 이른다. 간도의 한인사회는 독립운동의 발판이자 거점이 되었다.

서간도와 마주하는 중강진은 일찍부터 무장 독립운동의 근거지가 되었다. 무장 독립단체들의 활동은 치열했다. 1921년 7월 20일 《조선일보》에는 "중강진 경찰서 순사 4명은 광복단 독립군 변창근 부하 6명과 격투하여 독립단 2명을 쏘아죽이고 화승총 1개를 압수하고 아직껏 수색하고 있다"는 기사가 실려 있다. 1920년에서 1925년까지 중강진에서 일어난 독립단 관련 기사는 17건 이상이다.

한편, 1906년에 중강진을 거쳐 혜산에 이르는 국도가 건설되었고, 압록강을 이용한 수로 교통이 열렸다. 1910년대 이 지역에 발을 들여놓은 일제는 중강진에 거류민 지역을 만들고 삼림자원을 약탈하며 군용도로와 비행장을 건설했다. 중강진은 간도로 연결되는 교통의 중심지가 되었다. 1930년대 일제는 대륙 침략을 위한 발판을 닦기 시작했다.

특히 벌목한 목재의 집산지가 중강진이었다. 이곳에서 나무들을 뗏목으로 묶어 물에 띄우거나 육로를 이용해 신의주로 반출했다. 압록강 상류 지역에는 홍송, 삼송, 낙엽송 등의 천연림이 무성하여 그 축적량이 2억 척체(尺締)에 달했다. 해마다 위원, 강계, 중강진, 후창의 각 영림서 관내에서 산출하는 목재만도 백수십만 척체에 달했다고 한다.

> 척체(尺締): 부피를 재는 일제 강점기의 도량형으로 1척체는 0.3339㎥이다.

1902년 중강진에 근대식 그리스도교 교육기관인 신성학교(信聖學校)가 처음으로 설립되었다. 이 밖에도 중강공립보통학교, 중강농업실수학교가 있었다. 중강진을 중심으로 그리스도교가 번창했는데, 1908년에 중강진이 속한 자성군에는 중강교회를 비롯 13개의 교회가 있었다. 1935년 천주교 중강진성당이 세워졌다. 시장도 번성하게 되었는데 1926년경에는 4일과 9일에 오일장이 열렸다.

주민들은 대부분 압록강 연안과 중강천, 호내강 골짜기에 마을을 이루고 부

압록강 떼몰이. 뗏목꾼이 맨 앞에서 돛단배의 풍향을 이용해 뗏목의 방향을 잡아주고 있다.

대기(화전) 농사를 지었다. 해방 전에는 주로 중강읍, 중덕리, 중상리, 장성리, 토성리, 오수리 지역에 주민 거주지가 있었고, 다른 산골짜기에는 드물게 농가가 있었다.

해방 전 이 고장 사람들의 생활은 비참했는데, 특히 오수리 오수덕에 사는 주민들을 제일 괴롭힌 것은 물이 없는 것이었다. 지대가 높아 여름에는 빗물을 받아먹고, 겨울에는 눈을 녹여 먹었다고 한다. 그런 탓에 이 지방에는 종종 무서운 병이 돌았고 한 집안에서도 연이어 두세 사람씩 한꺼번에 장례를 지내야 하는 일이 있었다. 물과 관련한 전설이 있다.

> 솔삼평 샘물에 내려오는 이야기
>
> 오수리 남쪽 솔삼평 마을 후미진 곳에 샘물이 하나 있다. 옛날 전라도에서 온 젊은 부부가 이곳을 지나다가 하룻밤 묵게 되었다. 오갈 데 없는 부부의 처지를 들은 마을 사람들은 같이 살자고 권했다. 부부는 솔삼평 위쪽에 초막을 짓고 샘을 파고 살게 되었다. 남편과 아내는 산을 일구고 밭을 일구며 부지런히 살았다. 어느 날 산불이 크게 났는데, 산불을 끄던 남편이 그만 목숨을 잃고 말았다. 아내는 샘터 옆에 쪼그리고 앉아 하염없이 울었다. 그날부터 샘물은 말라버렸다. 세월이 많이 흘러 아내는 아들을 장가보내고 마음 착한 며느리를 맞이하게 되었다. 마음이 무척 기뻤다. 이상하게도 이날부터 샘물이 다시 솟기 시작했다. 마을 사람들은 아내가 기뻐하면 샘물이 솟고, 슬퍼하면 샘이 말라버리므로, 남편의 혼이 샘터에 깃들어 아내의 마음을 알아주는 것이라고 했다.

현대

해방 후 오수리와 같이 물이 부족한 마을에는 양수장과 여과장, 배수장 등을 건설하고 압록강 물을 끌어올려 수도로 공급하고 있다. 중강읍과 호하로동자구를 중심으로 큰 공장과 기업, 중소규모의 지방공업 공장들이 들어서면서 경제와 문화가 급속하게 발전했다.

중강읍은 압록강 기슭을 따라 넓은 도로를 가운데 두고 2~3층의 현대적인 주택들과 기와집들이 들어서면서 아담한 산간 소도시로 변모했다. 군 안에는 주민들을 위한 교육기관과 다양한 문화시설, 의료시설, 편의시설이 갖추어져 있다.

650석의 중강군 문화회관을 비롯하여 10여 개의 문화회관이 마을마다 있다. 중강군 도서관, 도서실, 출판물보급소 등이 있다. 중강군 인민병원을 비롯

압록강려관

한 20여 개의 의료봉사시설과 1개의 정양소, 2개의 요양소가 꾸려져 있다. 의사, 약제사, 준의사 등의 의료집단이 의료봉사를 하고 있다. 물이 귀해 종종 무서운 병이 돌던 오수덕에도 현대적 설비를 갖춘 병원이 들어섰다.

주민 편의를 위한 상업시설도 중강읍과 호하로동자구뿐만 아니라 각 농촌마을에 골고루 배치되어 상품을 공급하고 있다. 군 안에는 50개 이상의 식당, 목욕탕, 이발소, 여관 등의 시설이 들어서 있다.

이외에도 김일성 주석 일가의 항일 사적을 기리는 **중강혁명사적관**이 건립되어 있다. 중상리에 신성학교, 동구 약방, 동구 예배당과 중덕리에 무기 이관 장소, 중강 나루터 등의 사적지가 있다.

중강군 인민병원

옛 신성학교

압록강 강변의 항일 사적지

산업

농림어업

① 농축산업

농업이 중강군 경제에서 큰 비중을 차지한다. 산간 지역이 많은 자강도에서 중강군은 농경지 비율이 비교적 높은 편이다. 중강벌이 있기 때문이다. 전체 면적에서 농경지 비율이 6.6%이다. 그 농경지의 80% 이상이 밭이며, 대부분 해발 300~1,000m 사이에 있고, 15° 이하의 경사면에 86%가 놓여 있다.

대부분이 산지인 지형 조건에서도 30여 개의 양수장, 140여 개의 물길을 건설하고 논과 밭의 관개수로를 정비하여 가뭄 피해에서 벗어날 수 있었다. 군 안의 모든 하천과 골짜기마다 저수지와 우물, 굴포(웅덩이)를 만들고 땅속에서 물을 퍼올리는 졸짱을 박아 지하수도 적극 이용하고 있다.

또한 비료와 농약을 공급하여 농산물의 생산량을 늘려 왔다. 최근 주목할 만한 친환경농법은 '니탄(이탄)'을 거름으로 사용하는 것이다. 북한에서는 겨울철에 강과 하천 바닥에 축적된 비료 성분이 많은 니탄을 파내어 논밭에 뿌리는 작업을 진행해 오고 있다. 니탄에는 무기질 성분도 많이 축적되어 있어 농작물을 재배하는 데 좋은 거름이다. 여름에는 전답 가까이에 퇴적장을 만들어놓고 계획적인 풀베기와 풀거름 생산에 애쓰고 있다.

중강군에서는 곡식, 채소, 공예작물, 과일, 누에고치, 꿀 등을 생산한다. 곡식은 옥수수, 쌀, 밀, 보리, 콩의 순서로 생산량이 많다. 옥수수는 군 안의 모든 지역에서 재배한다. 이외에도 수수, 팥, 녹두, 메밀, 완두콩, 줄당콩(동부) 등도 심는데 생산량은 많지 않다.

채소는 호하로동자구와 중강읍에 채소 전문 작업반을 두고, 채소밭에 분수식 수관을 비롯한 기술 설비를 갖추어 사시사철 채소를 생산하고 있다. 주로 배추, 무, 양배추, 고추, 시금치, 호박, 오이, 가지, 파 등을 생산한다. 특히 고추를 비롯한 양념감 채소를 많이 재배하는데, 상장리와 장흥리는 고추 산지로 잘 알려져 있다.

공예작물은 들깨, 박하, 역삼, 약초 등을 생산한다. 특히 박하를 많이 심는다. 오수리에 박하 재배를 전문으로 하는 국영 9월21일농장과 박하 연구소를 설립하고 과학 기술적으로 박하를 재배하고 있다. 약초는 호하로동자구에서 많이 심는데, 여기에 오미자 사업소가 있다. 감자와 고구마도 많이 심는다.

국영 9월21일농장

오수덕에 있는 농업기업소로 1952년 국영 중강종합농장으로 발족하였다. 농장은 길이 1,350m나 되는 양수장을 건설하여 물 문제를 해결했다. 농경지 면적은 약 14㎢이다. 뜨락또르(트랙터), 자동차, 농기계, 석회공장, 원예작물 생산시설 등 기계화 시설이 갖추어져 있다. 농장 산하에는 농산반, 축산반, 수리반을 비롯한 작업반이 있으며, 소학교, 중학교, 문화회관, 병원 등이 있다.

농장에서는 해마다 많은 박하 기름을 생산하고, 여러 공예작물과 곡물, 양털 등을 생산하고 있다. 농경지 주변에는 0.45㎢ 정도 되는 방풍림을 조성했다.

자강도는 1950년대부터 양잠업을 꾸준히 발전시켜 왔다. 누에고치 생산시설의 표준화와 생육조건 보장, 잠업기구 전시회 개최 등 정책적으로 누에고치 증산에 애쓰고 있다. 중강군 또한 뽕밭 면적을 꾸준히 늘리고 불리한 기후조건에 맞는 누에치기 방법을 도입해 해마다 생산량을 높이고 있다. 누에고치는 장흥리, 상장리, 중덕리, 건하리, 장성리에서 많이 생산하고 있다.

해방 후 과수원을 새로 조성하기 시작하고 과수 품종도 다양해졌다. 배, 포도, 사과, 추리(자두)를 주로 생산한다. 배밭과 포도밭이 군 과수원 면적의 73%를 차지한다. 배와 포도는 중강읍, 건하리, 중상리, 중덕리에서 많이 생산하고 있다.

중강군은 자강도에서 꿀벌을 많이 치는 지역에 속한다. 피나무, 아카시아와 같은 밀원식물을 이용해 양봉을 하며 해마다 많은 꿀을 생산하고 있다. 중강군 안의 모든 지역에서 꿀을 치는데, 특히 중상리, 중덕리, 건하리, 장흥리, 오수리에서 많이 한다.

축산업은 주로 돼지, 소, 양, 토끼, 닭, 오리 등을 기르고 있다. 중덕리에 **돼지종축장**이 있다. 소는 주로 장흥리, 건하리, 토성리에서 많이 기른다. 돼지와 오리는 주민 수가 많은 중강읍, 호하로동자구, 중덕리, 중상리에서 많이 기른다. 양은 협동농장과 개인 부업으로 많이 기르며, 닭은 협동농장 탈곡장과 정미소에서 많이 치고 있다. 중강읍에 있는 **배합먹이공장**에서 사료를 생산하여 공급하고 있다. **수의방역소**가 있고 정연한 수의방역 체계로 축산업 발전을 촉진하고 있다.

주요 농장으로 중강읍 협동농장, 건하 협동농장, 상장 협동농장, 오수 협동농장, 장흥 협동농장, 장성 협동농장, 중덕 협동농장, 중상 협동농장, 토성 협동농장 등이 있다. 농업 관련 기관으로 **중덕관개관리소** 등이 있다.

② **임업**

삼림이 군 전체 면적의 84%를 차지하고 있다. 피나무림과 참나무림을 비롯한

중강읍협동농장

오수리 양떼

활엽수 혼성림이 우세하다. 소나무림은 극히 제한된 지역에 분포한다. 해발 800~1,200m 지역에 가문비나무, 분비나무, 종비나무, 전나무, 잣나무, 이깔나무(잎갈나무), 노가지나무(노간주나무) 등이 분포한다. 해발 800m 아래 지역에는 가래나무, 신갈나무, 피나무, 사스래나무, 고로쇠나무, 단풍나무, 황경피나무, 자작나무, 소나무 등이 분포한다.

숲에는 오미자, 족두리풀, 승마, 삽주 등의 약용식물도 풍부하다. 특히 오미자는 전국적으로도 제일 많은 곳이다. 고사리, 참나물, 더덕, 도라지, 두릅과 같은 산나물이며 도토리, 머루, 다래와 같은 산 열매가 흔하다.

해방 전에 일제의 약탈과 화전으로 삼림이 무참하게 파괴되었다. 해방 후 149㎢ 정도의 면적에 나무 심기를 진행하여 참나무, 이깔나무, 잣나무숲을 조성했다. 중강군은 조선 잣나무의 분포 중심지이며 자원량이 제일 풍부하다. 이 군의 자연조건이 잣나무 생장에 유리하여 나무들이 높고 굵다. 자연생 잣나무림은 오수리의 '덕' 지대와 건하리, 중상리에 많이 분포한다. 중강읍 앞산과 중지봉 등에도 잣나무숲을 조성했다.

오수덕 잣나무림 천연기념물 제114호

북한에서 가장 오래된 잣나무숲 중 하나이다. 잣나무숲은 1920년경부터 가꾸기 시작했다. 잣나무의 평균 높이는 30m, 뿌리목 둘레는 2m, 가슴높이 둘레는 1.5m 정도 된다. 면적은 0.44㎢이다. 토양은 현무암 지대에 생긴 갈색산림토양이다. 해마다 많은 잣이 달린다.

광업

중강군 산업에서 광업이 중요하다. 북한에서 유력한 유색금속광물 생산기지이다. 중강군의 광업 기지는 호하로동자구에 있는 3월5일청년광산이다. 이곳에서 1만 톤의 동과 몰리브덴, 금을 생산하고 있다. 여기서 채굴된 정광은 호하~구중영(자성군) 사이(50㎞)에 건설된 삭도 수송선을 통해 수송한다. 구중영역에서 북부내륙선(구 혜산만포선)을 이용해 남포제련련합기업소로 운반한다.

호하~구중영 사이 삭도 수송선에는 견인소 9개와 중계장 12개도 설치되어 있다. 한해 20만 톤 이상의 동을 비롯하여 몰리브덴, 금정광, 석탄, 비료를 수송한다.

3월5일청년광산 몰리브덴공장 내부

경공업

방직 및 피복공업, 식료공업, 일용품공업, 제약공업, 기계공업, 건재공업이 이루어지고 있다. 중강읍에 자리한 직물공장은 1958년 조업을 시작했으며 오늘날에는 현대적인 설비를 갖추었다. 일반 천과 스프, 인견을 생산하고 있다. 피복공장은 1974년에 조업을 시작했다.

식료공업에서는 중강 식료공장이 중요하다. 이곳에서는 군 안의 여러 지역에서 생산되는 농산물과 산나물 등을 이용하여 된장, 간장, 기름, 과자, 청량음료 등 30여 가지의 식료품을 생산한다. 특히 군에서 나는 참나물과 고사리 등 산나물로 만든 갖가지 절임 식품은 독특하고 신선하여 특산물로 알려져 있다. 이외에도 중강읍에 양곡가공공장, 중상리에 중강 장공장, 채소가공공장, 고기가공공장, 호하로동자구에 식료공장이 있다.

중강 장공장

일용품 공장에 중강 일용품공장, 중강 철제일용품공장, 중강 공예품공장, 중강 토기공장, 화학공장 등이 있다. 중상리에 농기구와 트랙터, 자동차, 농기계를 수리하는 농기구공장, 기계수리공장, 농기계작업소 등이 있다. 중덕리에 중강군 건재공장과 영예군인 제약공장이 있다. 제약공장에서는 아드레포스주사약, 영신환, 오미자환, 건위산 등 30여 가지의 의약품을 생산한다.

해방 후 제재공업과 종이공업도 발전했다. 중상리에 있는 중강군 종이공장에서는 해마다 10여 톤의 창호지와 학습장, 사무용지, 화장지를 생산한다. 종업원 수는 20여 명이다. 이곳은 최근 자원의 재자원화에 큰 성과를 내고 있다. 군 내의 파지(폐지)를 수거하여 종이의 생산 원료로 사용한다. 파지 수거는 공장 가까이 수매품 교환소를 마련하고 주민들이 수집해온 파지를 새 제품과 교환해주는 방식이다.

중강군 목재가공공장도 목재 가공에서 생기는 부산물인 톱밥을 재이용한 사업으로 전국적으로 유명해졌다. 톱밥을 버섯 기질(基質)로 이용해 버섯을 생산하고 있다. 800㎡에 달하는 버섯 재배실, 3,000㎡에 달하는 버섯 기질 생산장, 30,000㎡에 달하는 야외 버섯재배장에서 한해 100~150톤의 버섯을 생산하고 있다. 버섯 재배에 쓰인 기질은 공장 보일러 연료로 다시 이용한다.

교육

북한은 어려울수록 교육사업에 더욱 힘을 기울여야 한다고 강조하며 교육 강국, 인재 강국 건설에 노력하고 있다. 교원의 역량 강화가 교육사업 발전의 선결 조건이라 주장하며, 교원들에 대한 원격교육 체계 확립, 재교육 사업을 추

중강읍 중강유치원

중강읍 중강제1중학교

진하고 있다. 또한, 고급중학교 졸업생 가운데 성적이 좋은 학생들에게 교육대학 입학을 추천하고 있다. 산간 벽지 교육 지원에도 노력하고 있다.

중강군에는 중강 유치원과 호하로동자구의 광산 유치원을 비롯한 35곳 이상의 유치원과 50여 개의 탁아소가 있다. 중강 소학교, 호하 소학교, 김옥근 소학교를 비롯한 16개의 소학교가 있다. 중강 제1중학교, 중강 고급중학교, 오수 고급중학교, 오수 고급중학교 석주 분교, 원동 고급중학교, 중상 고급중학교, 중상 고급중학교 안도리 분교를 비롯한 16개의 중학교가 있다. 중강 농업전문학교가 있고, 호하로동자구에는 공장전문학교가 있다.

인물

이 고장은 혹한의 산간벽지로 사람이 살기 힘들었다. 중앙으로 가는 교통이 불편했으므로 조선시대에 과거에 오른 사람이 없었다. 옛사람 중에 걸출한 인물이 없지만, 근대에 들어와 많은 독립운동가를 배출했다.

1910년 한일 강제 병합 이후 수많은 독립운동가는 간도 등지에 독립운동 기지를 건설하고 국내 진입 작전을 전개하였다. 당시 평안북도 자성군에 속했던 이 고장 일대는 국외 무장 독립군과 일제 군경이 맞붙어 싸우는 접전지였다. 많은 독립운동가가 이 고장을 근거지로 싸우다가 순국했다.

이자해(李慈海, 1900~1967)는 지금의 중강군 호하로동자구에서 태어났다. 박삼일(朴三一, 1892~?)

이자해

은 중강군 중상리에서 출생했다. 둘은 뜻과 힘을 합쳐 1919년 3월 16일 학생과 종교인들을 중심으로 만세운동을 계획하고 전개했다. 박삼일은 주모자로 체포되어 옥고를 치렀다. 의사였던 이자해는 이후 대한독립단에 합류하였고, 독립운동에 헌신했다. 김천두(金天斗, ?~1920)는 중강군 출신으로 대한독립단에서 활약하다가 린장현[臨江縣] 팔도강(八道江)에서 전사하였다.

배홍주(裵弘周, 1857~1922)는 지린성[吉林省] 린장시[臨江市]에서 거주하며 대한민국 임시정부에서 활동했다. 1922년 중강경찰서에서 고문과 학대를 당하던 중 진술을 거부하자, 일제에 의해 압록강에 던져져 익사하였다. 이시을(李時乙, ?~1925)은 린장시에 거주하며 독립단체 광정단(匡正團)에서 활동하였다. 1925년 중강경찰서로 압송되던 중 총에 맞고 압록강에 떨어져 사망하였다.

김병삼(金炳三, ?~1922)은 간도에서 광복군총영에 가입하여 독립군으로 활동하였다. 김세환(金世煥, ?~1923)은 서간도 지역에서 독립군으로 활동하였다. 김재하(金在河, ?~1921)는 린장현[臨江縣] 중심으로 활약한 독립단체 태극단(太極團)에서 주로 군자금 모금과 친일파 처단 활동을 했다. 김호도(金浩道, ?~1921)는 간도에서 독립군으로 활동하였다. 이 네 사람 모두 중강진경찰서 소속 일본 경찰과 교전 중 전사하였다. 봉오동전투의 홍범도(洪範圖)를 비롯해 변창근(邊昌根), 박창식(朴昌植), 강병두(姜秉斗), 강일봉(姜一奉) 등의 독립운동가들도 중강군과 인접한 서간도 일대에서 활약했다.

교류협력

정북진 중강군과 정남진 장흥군의 만남

광화문을 기준으로 동서남북 방위를 가리키는 정동진, 정서진, 정남진, 정북진이 있다. 정동진, 정서진, 정남진은 해돋이와 해넘이 명소로 잘 알려져 있다. 정남진은 전라남도 장흥군이고, 정북진에 해당하는 곳이 중강군이다.

장흥군은 정남진 타워를 '통일기원 탑'으로 단장하고, 정남진 평화역을 중심으로 평화열차를 운행하는 등 다양한 통일사업을 추진해 왔다. 정남진 장흥군과 정북진 중강군의 만남은 한반도의 지정학적 상징을 반영한 체험 관광, 계절별 교환 방문 등의 사업을 기대할 수 있다. 장흥군은 정남진의 평화 상징성을 활용하여 정북진인 중강군과 교류하고 협력하는 날이 오기를 기다리고 있다.

강이 풀리면

김동환(金東煥)

강 이 풀리면 배 가 오겠지
배 가 오면은 님 도 탔겠지

님 은 안 타도 편 지 야 탔겠지
오늘도 강가서 기다리다 가노라
*
님 이 오시면 이 설움도 풀리지
동 지 섣달에 얼 었 던 강물도

제멋에 녹는데 왜 아 니 풀릴까
오늘도 강가서 기다리다 가노라

— 《시가집》, 1929년

* 발표 당시의 띄어쓰기를 존중하였음.

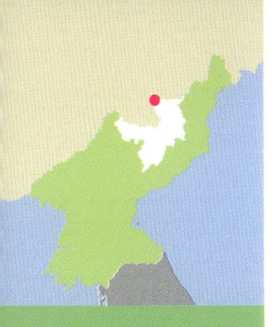

남북이 모두 사랑하는 우리 민족의 산, 백두산 바로 아래 자리한 숲과 눈의 고장이다. 시 안에는 백두산을 지키듯 높은 산들이 사방에 솟아 있다. 백두산 천지에서 두 위대한 강이 발원하였다. 압록강이 서남쪽으로, 두만강이 동북쪽으로 흐른다. 비등비등한 기세의 산들이 만들어 내는 광활한 고원 위에 띄엄띄엄 마을이 흩어져 있다. 고원 위의 자연 호수 삼지연(三池淵), 냉대 원시림, 백두산만의 독특한 생태 환경이 아름다운 풍광을 만들어 낸다. 백두산호랑이와 곰, 독립군과 항일전사, 감자 농사 화전민 등 수많은 전설과 이야기를 간직한 고장이다.

혹한의 추위 속에 귀틀집 몇몇이 드문드문 있던 산간벽지가 깜짝 놀랄 만큼 천지개벽했다. 최근 10년 사이 상업시설, 문화시설, 공공시설, 주택단지 등을 잘 갖춘 신도시로 탈바꿈했다. 아름다운 고산 풍경 속에서 겨울 스포츠를 즐길 수 있는 산간 문화도시이다. 특산물 들쭉과 량강도(양강도) 감자의 대량 생산지이기도 하다. 지금 삼지연은 발전된 지방 도시의 본보기가 되고 있다. 향후 삼지연은 천지를 품은 백두산에 기대어 그리고 이웃 나라들과 인접한 국경도시로서의 매력을 살려 장차 관광도시로 변모할 가능성이 매우 크다.

위치와 지형

량강도(양강도)의 북동부에 있다. 량강도는 1954년 백두산 부근에 새롭게 만들어진 행정구역이다. 압록강과 두만강이 흐르는 곳이라 해서 량강도(兩江道)이다. 백두산에서 압록강과 두만강의 물줄기가 시작된다. 삼지연시는 백두산의 동남부에 있다. 시의 이름은 시 중심에 있는 유명한 자연 호수 삼지연(三池淵)에서 유래한다. 삼지연은 호수 셋이 나란히 있어 붙여진 이름이다

삼지연시 중심부는 북위 41°48′, 동경 128°19′에 위치한다. 시의 면적은 1,326㎢이다. 시는 지도상으로 보면 역삼각형 모양을 하고 있는데, 왼쪽 꼭짓점에 백두산이 있다. 시의 동북부로는 두만강이, 서남부로는 압록강이 길게 흐른다. 두만강과 압록강은 자연스럽게 중국과의 국경이 된다. 시의 동부는 대홍단군과, 남부는 보천군과 접하고 있다.

백두산에서 시작하는 백두산줄기(마천령산맥)가 동남 방향으로 비스듬하게 시의 중앙을 지나간다. 백두산줄기에 백두산(白頭山, 2,750m)[1]을 비롯하여 대연지봉(大臙脂峯, 2,358m), 소연지봉(小臙脂峯, 2,114m), 간백산(間白山, 2,162m), 소백산(小白山, 2,171m), 정일봉(正日峯, 1,798m), 북포태산(北胞胎山, 2,288m)이 솟아 있다. 이외에도 시의 북부에 쌍두봉(雙頭峯, 1,532m), 간삼봉(間三峯, 1,431m), 무봉(茂峯, 1,318m)이, 서부에 삼포산(三浦山, 1,502m), 청봉(靑峯, 1,456m)이, 남동부에 남포태산(南胞胎山, 2,433m) 등이 솟아 있다.

백두산줄기 위의 소백산과 북포태산 사이에 완만한 허항령(虛項嶺, 1,401m) 고개가 있다. 허항령 가까이에 삼지연시의 중심지가 형성되며, 고개 정상에 세

[1] 백두산 높이: 백두산 높이에 대해 남한은 2,744m, 북한은 2,750m로 다르게 정한다. 이것은 해발 고도를 측정하는 기준(수준원점, 水準原點)이 다르기 때문이다. 남한은 인천 앞바다를 북한은 원산 앞바다의 평균 해수면을 수준원점으로 한다.

개의 호수 삼지연이 있다. 백두산줄기를 경계로 북동 방향으로 낮아지는 신무성~무봉 대지와 남서 방향으로 낮아지는 소백산~포태 대지로 이루어진다. 시의 평균 해발 높이는 1,300m이다. 가장 높은 곳이 백두산(2,750m)이고, 가장 낮은 곳이 남부 끝에 있는 통남리의 압록강 기슭(800m)이다. 시 전체의 77.7%가 해발 1,000~1,500m로 높다.

시의 서부지역에 압록강 지류인 소백수(小白水), 리명수(鯉明水), 포태천(胞胎川), 보서천(宝西川) 등의 하천이 흐르다가 다시 압록강 본류와 합류하여 남서 방향으로 흐른다. 북동부지역에는 두만강 지류인 석을천(石乙川), 소홍단수(小洪湍水) 등의 하천이 흐르다가 다시 두만강 본류와 합쳐져 북동 방향으로 흐른다. 하천들은 수원이 풍부하고 물이 맑고 차다. 토양은 대부분 지역에 백두산 화산활동으로 생긴 부석층 토양이 분포되어 있다. 부분적으로 고산습초원 토양, 표백성 토양이 분포되어 있다.

삼지연 천연기념물 제347호

삼지연시 안에는 백두산 천지(天池)와 삼지연(三池淵)을 비롯한 30여 개의 크고 작은 자연 호수가 있다. 삼지연은 이름처럼 세 개의 둥근 못이 나란히 있다. 삼지연은 서북쪽의 소백산(小白山)을 등지고, 동남쪽으로 북포태산(北胞胎山)과 인접해 있으며, 동북 사이에 삼봉(三峯)이 있고 서남쪽에 베개봉(침봉 枕峯)이 있다. 삼지연은 이렇듯 서로 비등한 기세의 산들이 평평한 지세를 이루는 가운데 물이 모이는 곳에 자리한다. 해발 1,395m 되는 백두 용암 대지의 평탄한 수림 속이다. 원래 큰 강이 흘렀으나, 백두산이 분화하면서 강바닥이 메워지고, 흐르는 물이 막혀 군데군데 못이 생겼다고 한다. 삼지연은 화산활동과 지형의 변화 발전을 보여주는 자연물이다.

삼지연 못은 흘러드는 강도 없고 흘러나가는 곳도 없이, 눈과 빗물, 샘물에 의해 물이 채워진다. 맑고 깨끗하며 물맛도 좋다. 바닥은 부석층으로 되어 있고, 못에는 수초와 붕어, 버들치가 산다. 고원 아한대 수역인 삼지연에 온수성 어류인 붕어가 자연 서식하고 있는 것은 드물고 특이한 현상이다. 붕어가 서식하게 된 유래와 원인에 관해서는 기록이나 자료가 없다. 1960년 7월에 처음 발견되었는데, 백두산 천지에 두만강의 산천어와 함께 첫 이식 실험을 진행했다. 특별 보호 대상 물고기로 철저하게 보호하고 있다.

   세 개의 연못 중 가장 큰 못은 둘레가 3.6㎞이고 너비는 최대 600m이다. 수량이 풍부하여 때로는 바다처럼 보인다. 호수 가운데에 작은 섬이 있는데 수목이 울창하다. 삼지연 못가에서는 백두산이 한눈에 바라보인다. 예로부터 백두산을 탐험하는 사람들은 이 못가에서 하룻밤 묵으며 백두산 오를 준비를 했다. 눈앞에 날아오르는 들오리 무리, 나무 그림자가 일렁이고 파랑이 끊이지 않는 호숫가의 노을 지는 풍경 등, 아름다운 경치는 나그네의 마음을 달래주었다.

삼지연 호수

🏔 백두산

백두산은 인간의 힘이 미칠 수 없어 하늘의 은혜를 보존하고 있는 자연이다. 해발 고도에 따라 뚜렷한 기후대의 변화를 보이며, 산악기후의 특성이 강하다. 기후변화가 얼마나 진행되었는지 측정할 수 있는 지표로 삼을 수 있다. 다종다양한 동물과 식물이 서식한다. 만주와 한반도 북부 일대의 동물과 식물군락이 천이(遷移)하는 장소이다. 백두산에는 백두산 천지를 비롯한 용암 대지, 고산초원 등 독특한 자연 지형이 많다. 이것은 지리학적으로나 지질학, 생물학 등 두루 학술 가치가 높다.

백두산에는 온대, 냉대, 한대에서 서식하는 동물 대부분이 살고 있다. 백두산을 대표하는 동물로 백두산호랑이(*Panthera tigris altaica*)가 손꼽힌다. 이외에도 표범, 곰, 이리, 늑대, 사슴, 백두산노루, 사향노루, 검은돈(검은담비), 산달, 스라소니, 쥐토끼 등의 희귀동물이 서식한다. 백두산에 사는 곰은 몸집이 큰 것으로 유명한데 몸무게가 480kg이나 되는 것도 있다. 그 밖에도 다람쥐, 황수리, 수달, 오소리, 멧돼지 등이 있다. 희귀종인 흰죽지쇠갈매기, 흰올빼미를 비롯해 꿩, 부엉이, 딱따구리 등 여름새, 겨울새, 텃새를 포함 300여 종의 조류가 산다. 산천어, 열목어 같은 냉수성 어류, 나비류 등 1,500종에 달하는 곤충이 살고 있다.

백두산에는 기후, 지형, 빙하 등의 원인으로 냉대, 한대식물뿐만 아니라 온대식물의 잔여종도 분포하는 등 식물 종류가 다채롭다. 백두산에서도 삼지연 지구에는 이깔나무(*Larix olgensis var. koreana*, 잎갈나무), 분비나무, 가문비나무, 흰 껍질이 북방의 풍치를 돋우는 봇나무(*Betula platyphylla var. japonica*, 자작나무) 등이 많이 자란다. 북한에서는 자작나무를 봇나무라 한다. 자작나무의 껍질이 '봇'이어서 봇나무이다.

이러한 대형 수종 아래로 물싸리나무, 개들쭉나무, 가는잎백산차, 털백산차, 가솔송, 월귤나무, 곱향나무, 까치밥나무, 긴잎매자잎버들, 덤불자작나무 등의 관목을 비롯해 600여 가지의 식물이 자란다. 산삼, 만삼, 왕대황, 족도리풀, 백차, 단너삼(황기) 등 100여 가지의 약용식물과 고

백두산

사리, 도라지, 더덕, 버섯 등 110여 가지의 산나물이 자란다. 그 밖에도 구름패랭이꽃, 덩이냉이, 두메솔자리풀, 산씀풀, 산좁쌀풀, 수염풀, 오리나무더부살이, 잔잎바구지, 큰금매화, 흰대바꽃 등의 식물이 자란다.

백두산지구는 1989년 유네스코가 지정하는 세계 생물권 보전지역으로 등록되었다. 보전지역에는 삼지연시에 속하는 백두산 생물권보호구와 포태산 동물보호구를 비롯하여 원봉호 자연공원, 대흥 동물보호구, 동계수 산천어특별보호구, 백암 간장늪식물보호구, 대홍단 철쭉보호구 등의 자연보호구들이 있다.

백두산 천지 천연기념물 제351호

천지는 화산이 분출할 때 생긴 분화구가 함몰된 자리에 물이 고여 만들어진 칼데라호*이다. 백두산 꼭대기에 있다. 백두산 최고봉 장군봉 해발 고도는 2,750m이고, 천지 수면의 높이는 2,257m로 세계 화산호 가운데 가장 높다. 분화구 둘레는 20.6km이고, 최대 너비는 3.55km이다. 면적은 9.16km²이며, 불규칙한 타원형으로 생겼다. 천지의 바깥 산줄기를 따라 장군봉(2,750m)을 비롯한 향도봉, 백운봉, 천문봉, 쌍무지개봉 등 10여 개의 봉우리들이 60° 이상의 급한 절벽을 이루며 솟아 있다. 봉우리는 현무암, 조면암, 유문암 등으로 이루어져 있고 표면은 부석으로 덮여 있다.

> *칼데라호: 칼데라호와 화구호는 화산 폭발로 생긴 분화구에 물이 고여 만들어진 호수이다. 백두산 천지는 분화구 함몰로 형성된 규모가 큰 칼데라호로, 한라산 백록담은 화구호로 분류된다.

백두산 천지는 물이 맑고 깊다. 천지의 가장 깊은 곳은 -384m이고, 평균 수심은 -213.3m이다. 물빛은 초록색이고, 12월 상순부터 6월 중순까지 평균 두께 1.5m의 얼음이 언다. 물의 양은 약 20억m³이다. 천지 물은 빗물, 지표수, 천지 바닥에서 솟아오르는 지하수로 이루어진다. 이 가운데 61.5%를 지하수가 차지한다.

또한, 천지 안에는 3개의 화산성 온천이 있다. 장군봉 서쪽 기슭에 위치하는 백두온천의 평균물 온도는 53℃이고, 락원봉 동쪽 기슭에 있는 락원온천의 물 온도는 52.5℃, 천문봉 남서쪽 기슭에 있는 백암온천의 물 온도는 46℃이며 모두 중탄산나트륨 천이다. 천지의 물은 여름철에 차고 시원하며, 기온이 떨어지고 눈으로 덮이는 겨울철에도 얼지 않고 끊임없이 흘러 내려간다.

천지에는 부유식물, 수중식물, 수생 곤충류와 인공 방류한 산천어와 붕어 등이 살고 있다. 천지 산천어는 일반 하천에서 자라는 산천어와 생김새는 비슷하지만, 몸길이가 큰 것이 특징이다. 일반 산천어가 15~20㎝인 것에 비해 천지 산천어는 40~50㎝이고 85㎝ 되는 것도 있다.

천지

기후

북한에서 연평균기온이 가장 낮은 곳은 삼지연시가 속한 개마고원 지대이다. 삼지연시는 남북을 통틀어 기온이 가장 낮은 곳이다. 사계절 중 겨울이 가장 길고, 다른 고장보다 서리가 일찍 내린다. 여름에 서늘하고 겨울에는 눈이 자

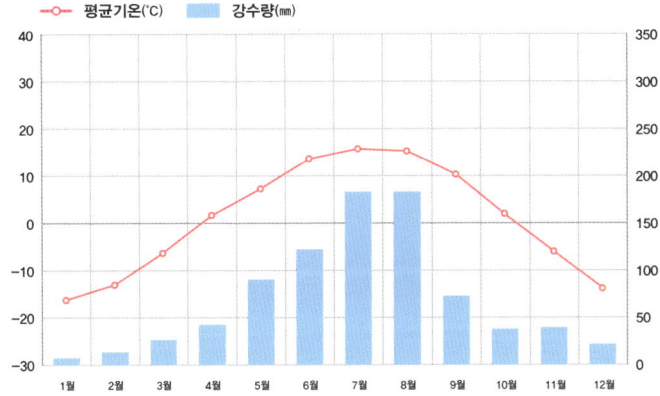

삼지연시 기후 그래프 (1991~2020년)

	30년 평균	2023년
연평균기온(℃)	0.8	2.3
최한월(1월) 평균기온	-16.9	-15.9
최난월(7월) 평균기온	16.8	18.3
연교차	33.7	34.2

	30년 평균	2023년
연강수량(mm)	891.1	859.5
여름 강수량 (6, 7, 8월)	506.3	567.5
겨울 강수량 (12, 1, 2월)	56.7	41.3
평균 풍속(m/s)	1.5	2.6

출처: 대한민국 기상청 〈북한 기상 연보〉

북한 겨울 평균기온 분포도 (1991년~2020년)

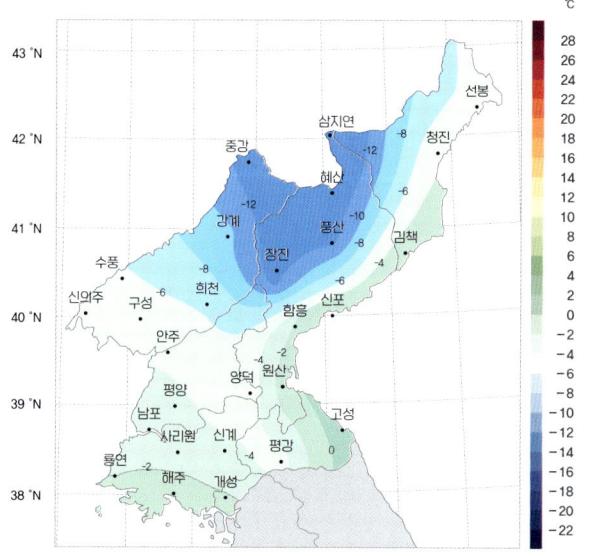

출처: 대한민국 기상청 (북한 기상 30년보)

주 내린다.

삼지연시의 연평균기온(1991~2020 평년값)**은 0.8℃이며, 겨울철 평균기온은 -15℃, 겨울철 최저기온은 -21.5℃이다. 영하일은 일 최저기온이 0℃ 아래인 날을 말하는데, 영하일수를 분석하여 겨울철 최저기온의 특성을 파악할 수 있다. 삼지연은 영하일이 190일이 넘고, -10℃ 아래인 날도 무려 130일로 나타난다. 여름철 최고기온은 21.5℃이다.

자강도의 중강군(중강진)과 강계시도 겨울철 평균기온이 -12.8℃와 -9.8℃

> **기후 평년값**: 0으로 끝나는 해를 기준 30년간 기온, 강수량 등의 기상요소 평균값을 말한다. 세계기상기구(WMO)의 권고에 따라 10년마다 산출한다.

로 추운 지역이지만, 가장 혹독하게 추운 곳은 삼지연시라 할 수 있다. 삼지연(북위 41°48′)과 청진(북위 41°47′)은 거의 같은 위도에 자리하지만, 동해 연안에 자리한 청진시의 연평균 기온은 8.7℃이다. 내륙지역과 해안지역의 기후 특성을 알 수 있다.

연강수량은 891.1㎜이며, 여름철 강수량이 506.3㎜이고 겨울철 강수량이 56.7㎜이다. 바람은 남풍, 남서풍이 우세하다. 평년값 평균 풍속은 1.5㎧로 나타났다. 삼지연시는 눈의 고장으로 눈이 내린 날이 연간 101.3일로 나타났다. 눈이 많은 고장이며 여름에도 눈이 내리곤 한다. 바람이 세게 부는 날, 구름이나 안개가 끼는 날이 많고, 하루에도 날씨의 변화가 심한 날이 많다. 북한은 연간 2.3일 황사가 발생하는데, 삼지연은 3.8일로 황사가 잦은 지역이라 할 수 있다.

행정구역과 인구

삼지연은 1961년에 군으로 신설된 행정구역이다. 그전까지는 량강도 보천군과 함경북도 연사군에 속한 지역이었는데, 각 군에서 일부를 떼어내서 삼지연군을 신설하였다. 이후에도 몇 차례 주변 보천군, 연사군, 대홍단군의 지역들과 합쳐지거나 분리되면서 1읍(삼지연읍) 10구 체제를 만들었다.

2019년 12월 삼지연시로 승격되면서 행정구역 개편이 이루어졌다. 현재 삼지연시의 행정구역은 10동(광명성동, 베개봉동, 봇나무동, 이깔동, 백두산밀영동, 리명수동, 오호물동동, 신무성동, 포태동, 무봉동), 6리(흥계수리, 중흥리, 보서리, 통남리, 소백산리, 백삼리)로 되어 있다.

광명성동, 베개봉동, 봇나무동, 이깔동은 전에는 삼지연읍에 속했던 지역으로 이제 이 시의 중심지이다. 해발 1,380m의 평탄한 백두고원 지대에 있다. 주변에는 울창한 숲이 펼쳐지는데, 이깔나무, 분비나무, 봇나무(자작나무)가 많다. 2019년 옛 삼지연읍을 허물고 새로운 건물들을 세웠다. 수십만 평의 부지에 수천 세대의 주택과 380여 동의 공공건물 및 산업용 건물이 건설되어 새로운 도시가 탄생하였다. 시의 서부에 있는 베개봉 전망대에 오르면 새롭게 태어난 도시의 모습이 한눈에 들어온다.

2020년에는 이곳 주요 도로에 새로운 거리 이름이 붙여졌다. 허항령에서 삼지연시 입구까지 뻗어 있는 중심 도로가 봇나무거리이다. 이외에도 각 구간의 특징을 반영하여 밀영거리, 청봉거리, 리명수거리, 못가거리, 베개봉거리라 하였다. 신도시답게 거리마다 고유한 특성을 갖추고 있다. 밀영거리의 광명성동에는 민족적 특성을 살린 단층 살림집들이 오붓하게 들어섰고, 리명수거리의 베개봉동에는 현대적인 주택들이 자리잡았다. 도로는 자전거 도로와 인도가 구분되어 조성되었다.

신무성동은 시 북쪽에 있는 백두산 아래 첫 동네이다. 백두산 등정의 길목이 되는 곳이다. 동의 서북쪽은 백두산을 사이에 두고 중국과 면해 있다. 1967년 무성에서 주민들이 집단으로 이주하여 새로 만든 마을이므로 신무성이라 하였다. 해방 이후 이 지역 일대의 삼림자원이 개발되면서 마을이 형성되었다. 간백산밀영, 소연지봉밀영, 무두봉밀영, 쌍두봉밀영, 대각봉밀영 등의 혁명사적지가 있다.

> 밀영(密營): 부대나 유격대 따위가 밀림이나 산악지대에서 활동하기 위해 비밀히 자리잡은 근거지를 말한다.

무봉동은 시의 북동쪽에 있다. 동의 북쪽은 두만강을 사이에 두고 중국과

새롭게 바뀐 삼지연시 중심가. 삼지연시에서는 어디에서나 백두산이 바라보인다.

접해 있다. 지명은 동의 서남쪽에 솟아 있는 무봉(茂峯, 1,318m)에서 비롯되었다. 해방 전에 이곳은 일제가 임산자원을 약탈하기 위해 통나무를 떼로 가지런히 엮어서 물에 띄워 운반할 수 있도록 만드는 유벌장(流筏場)이 있던 곳이다.

 포태동은 시의 남쪽, 포태산 기슭에 있다. 해방 이후, 고지대 농업이 급속하게 발전하면서 감자를 비롯한 고랭지 농업의 중심지로 부상하였다. 이웃 마을 중흥리와 더불어 대규모 감자 생산지이다.

 리명수동은 시의 남쪽 압록강 지류인 리명수 연안에 있다. 리명수(鯉明水)는 삼지연시 소백산 남쪽 경사면에서 발원하여 흐르는 압록강의 제1지류이다. 이 하천에 리명수라는 물고기가 많이 서식하고 있어 붙여진 이름이다. 해방 이후 지금까지 북한의 주요 목재 생산기지 중 한 곳이다.

백두산밀영동은 북쪽과 서쪽이 백두산과 압록강을 사이에 두고 중국과 접해 있다. 서북부에 정일봉(1,798m), 소백산(2,171m), 남부에 삼포산(1,520m) 등 높은 산들이 솟아 있다. 북한의 주요 통나무 산지이다. 항일투쟁 때의 밀영들이 이

삼지연시 인구 현황 개괄

(단위: 명)

인구수	남자	여자	도시	농촌
31,471	14,738	16,733	25,558	5,913

출처: 2008년 북한 중앙통계국 발표 인구 센서스

삼지연시 인구 피라미드

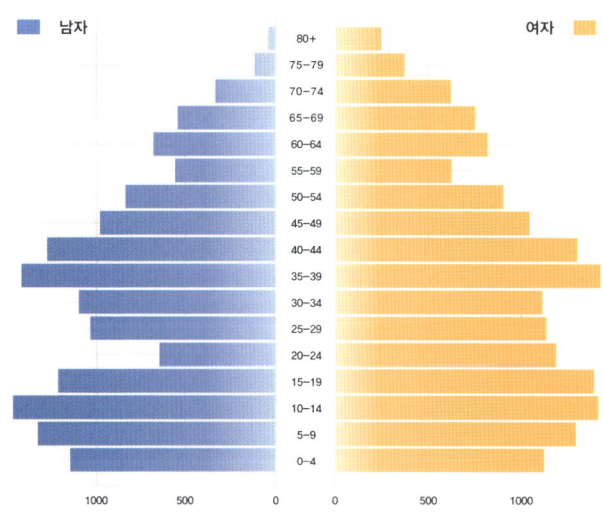

* 위 인구 피라미드는 2008년 북한 중앙통계국 발표 인구 센서스 자료를 바탕으로 연령대별 인구를 추산하여 작성한 것으로 참고용이다.

동에 있다.

2020년 '삼지연 꾸리기' 사업의 일환으로 각 동의 하천과 도로가 정비되고 지역의 자연환경과 조화를 이루는 수백 세대의 살림집이 신축되었다. 마을마다 특색있는 고원의 작은 마을로 다시 태어났다.

인구수는 2008년 현재 3만 1,471명이다. 남자 1만 4,738명, 여자 1만 6,733명이다. 도시 인구가 2만 5,558명이고, 농촌 인구가 5,913명이다. 량강도에서 가장 인구수가 적다. 관광도시로 발전하면 인구수도 늘어날 것으로 전망된다.

교통

삼지연시 전체를 계획적인 산간 문화도시로 개발하는 '삼지연 꾸리기'의 본격적인 시작에 앞서, 철도 건설이 먼저 이루어졌다. 그동안 삼지연에 가려면 주로 버스를 이용해야 했는데, 혜산과 삼지연 사이에 새로운 철도가 개통되면서 접근성이 획기적으로 좋아졌다.

철도

철도는 📍삼지연선(혜산~삼지연)이 통과하고 있다. 삼지연선은 📍백두산청년선의 지선으로 혜산시 위연청년역에서 시작된다. 해방 전에는 일제가 이 지대의 임산자원을 약탈할 목적으로 부설한 혜산~리명수 간 임산 철길이 있었다. 1948년 혜산청년역과 못가역을 연결하는 삼지연선이 놓였다. 이때의 삼지연선은 삼지연의 통나무와 가공 제품을 실어 내가고 동해안의 수산물과 농산물, 공업제품을 들여오는 기본 운송 수단이었다.

지금의 삼지연선은 기존의 협궤 대신 표준궤로 하여 새롭게 건설한 것으로 2015년 6월에 착공하여 2019년 10월에 개통했다. 길이 70㎞의 철길이다. 혜산시 위연청년역, 보천군의 화전역과 보천청년역, 삼지연시의 포태역, 리명수청년역, 삼지연청년역, 삼지연못가역 등이 있다.

울창한 침엽수림을 통과하는 노선으로 기차를 타고 가며 맞이하는 해돋이가 아름답다고 한다. 새로운 철도 건설과 더불어 혜산~삼지연 사이 철길 주변을 정리하고 주택들도 새롭게 건설하였다. 삼지연청년역사와 삼지연못가역사도 신축되었다.

삼지연청년역은 삼지연못가역과 함께 삼지연시의 관문이라 할 수 있다. 삼지연청년역의 역사는 연건축면적 5,280㎡에다 백두산의 울창한 숲과 어울리는 뾰족지붕의 3층 건물로 지어졌다. 중앙홀, 대합실, 매표소, 간이 매대, 도서 매대, 기념품 상점, 식당, 음료점 등이 갖추어져 있다. 1층 중앙홀과 2층 대합실까지 에스컬레이터가 설치되어 있다. 열차 시간을 실시간으로 볼 수 있는 영상표시장치와 어린이와 장애인을 위한 시설 등 현대적인 시설을 갖추었다.

삼지연못가역 역사

도로

도로는 압록강 하구와 두만강 하구를 이어주는 🚥 신의주~라선 간 도로가 통과하고 있다. 또한 삼지연~대홍단, 삼지연~혜산, 무봉~간삼봉 북부, 간삼봉 북부~신무성, 신무성~쌍두봉 국경, 신무성~백두산해돋이, 백두산해돋이~장군봉, 백두산해돋이~밀영 입구, 밀영 입구~백두산밀영, 밀영 입구~침봉, 침봉~삼지연, 간삼봉 북부~간삼봉 남부, 간삼봉 남부~삼지연, 삼지연~포태 입구, 침봉~리명수 입구, 리명수 입구~삼포, 리명수 입구~포태 입구, 포태 입구~포태, 포태~농산리, 농산리~간상봉역, 간상봉역~보천 간 도로가 있다. 삼지연~밀영 입구~백두산~신무성~삼지연으로 이어지는 순환도로는 혁명전적지 답사 도로로 개설되었다. 량강도 행정 소재지인 혜산시까지는 도로로 89km이다.

해운과 항공

량강도에서 유일한 국제공항인 ✈ 삼지연공항이 있다. 삼지연시 중심부에서 북동 방향으로 16km, 신무성동의 백두산 등반로 입구에서 11km 떨어져 있다. 삼지연선 삼지연못가역이 약 10km 거리에 있다. 해발 1,346m의 고원지대에 있다. 중소형 항공기가 이착륙할 수 있는 비행장으로 폭 50m, 길이 3,300m의 콘크리트 활주로가 있다. 민군 겸용으로 사용한다. IATA(International Air Transport Association, 국제항공운송협회) 코드는 YJS이다. ICAO(International Civil Aviation Organization, 국제민간항공기구) 코드는 ZKSE이다.

2014년 7월부터 평양 순안공항~삼지연공항 노선 운항이 시작되었다. 앞으로 백두산 관광의 주요 거점이 될 것으로 예상된다. ✈ 인천공항으로부터 항로 거리는 약 965㎞로 1시간 40분 걸린다.

역사와 문화

고대

웅장하고 장엄한 기상의 백두산은 한반도에서 가장 높고 큰 명산이다. 오랫동안 민족의 영산(靈山)으로 우리 겨레의 발상지로 여겨져 왔다. 백두산은 사시사철 골짜기마다 눈과 얼음이 쌓여 있고, 산등성이마다 흰 부석으로 덮여 있다.

용신비각

백두산은 태백산, 불함산, 개마대산 등 다양하게 불려 왔다. 백두산이란 이름은 늘 하얗게 보이는 산이 하도 높아서 하늘을 떠받들고 온 천하를 굽어보는 거인의 머리와 같다는 데서 유래한다.

백두산 천지 장군봉 기슭의 바위 둔덕에서 20세기 초에 세운 것으로 보이는 비석을 근래에 발굴하여 복원하고 국보로 지정했다. **대태백 대택수 용신비각**(大太白大澤守龍神碑閣)이라 쓰인 이 비석은 백두산 분출암을 다듬어 세운 것으로 높이 120㎝에 너비가 45~58㎝, 두께가 10~11㎝이다. 비와 눈바람에 풍화되었으나 글자는 그대로 보존되어 있다. 백두산을 지키는 천지의 용신(龍神)이 조선 사람들을 영원무궁토록 잘 살게 해줄 것을 기원하는 내용이다. 신비롭고 아름다운 백두산과 천지는 예로부터 수많은 전설과 이야기를 품고 있다.

> 백두산 천지와 백 장수 이야기
>
> 옛날 아주 먼 옛날, 풍요롭고 아름다운 백두산 아랫마을에 흑룡이 나타났다. 하늘에서 쫓겨난 심술궂고 못된 흑룡은 마을의 물줄기를 막고 사람들을 괴롭혔다. 사람들은 가뭄과 기근으로 죽을 지경이었다. 이때 백씨 성을 쓰는 장수가 나타나 겨우 물길을 찾아내는 데 성공했다. 하지만, 흑룡의 못된 짓은 날이 갈수록 심해졌다.
>
> 어느 날, 지쳐 있는 백 장수 앞에 아리따운 공주가 나타났다. 신선이 공주의 꿈속에 나타나 석 달 열흘 옥장천의 샘물을 마시면 흑룡과 대결할 힘이 솟는다고 했다는 것이다. 백 장수는 공주와 함께 백두산에 있는 옥장천의 샘물을 찾아 나섰다.
>
> 마침내 샘물을 발견한 백 장수는 석 달 열흘 샘물을 마시고 천하

장사가 되었다. 백 장수는 백두산 정상에 올라가 땅을 팠다. 열여섯 삽을 떠서 동서남북으로 던졌더니 16개의 봉우리가 생겼다. 땅이 파인 곳에서는 샘물이 솟아나 천지가 되었다.

　이때 흑룡이 나타나 불칼을 내뿜었다. 백 장수는 구름을 타고 만근도(万斤刀)를 휘두르며 흑룡에 맞섰다. 싸움은 끝날 줄 몰랐다. 공주가 나타나 단도(短刀)를 던지며 같이 싸웠다. 드디어 지칠 대로 지친 흑룡은 동해로 달아났다.

　백 장수와 공주가 기뻐할 때쯤 백두산 정상 천지에는 물이 가득 고였다. 백 장수와 공주는 흑룡이 다시는 방해하지 못하도록 천지 아래에 수정궁을 짓고 지금껏 살고 있다고 한다.

조선

백두산 아래 첫 동네인 삼지연시의 예전 모습은 백두산 탐험을 기록한 여러 문헌에서 살펴볼 수 있다. 1764년 함경도 어랑 지방에 살던 박종(朴琮, 1735~1793)이 18일 동안 왕복 1,322리를 걸어서 백두산에 다녀온다. 일기 형식의《백두산유록(白頭山遊錄)》으로 써서 남겼다. 이 기행문에 따르면 당시 이곳은 수림이 무성하여 해를 가려 지척을 분별할 수 없었다. 때때로 말머리를 멈추고 현지 길라잡이가 가리키는 대로 살 수밖에 없다. 또한 사람이 살지 않는 무인지경으로 들어가게 되는데 백두산이 가까워질수록 추워서 풀이 나지 않아 말을 먹일 수가 없다고 쓰고 있다.

'백두산정계비(白頭山定界碑)'에서 '조중변계조약(朝中邊界條約)'까지

백두산을 둘러싼 이 지역은 만주 벌판을 달리던 고구려인들의 활동무대이며, 만주족을 비롯한 북방 민족들과 대립하던 경쟁 지역이었다. 17세기 초 만주족이 청나라를 세우면서 간도(間島) 지역을 자국의 발상지라 선포하며 사람의 거주를 금한다. 이후 백두산을 포함한 압록강과 두만강을 사이에 두고 조선과 청나라 사이에 분쟁이 잦아진다. 불모지에 경계도 모호하던 이 지역에 인삼 캐는 사람, 사냥하는 사람들이 왕래하면서 충돌이 빈번해졌다.

이에 조선과 청나라는 1712년 백두산 정상에서 동남쪽 4km 지점에 '백두산정계비'를 세우고 국경선을 정한다. 정계비에는 '서쪽은 압록이 되고 동쪽은 토문을 경계로 한다'고 기록하고 있는데, 토문강에 대한 해석이 달라 분쟁의 씨앗이 된다. 청은 토문강을 두만강 상류라 주장하고 조선은 만주 내륙의 송화강(松花江) 상류라 보았다.

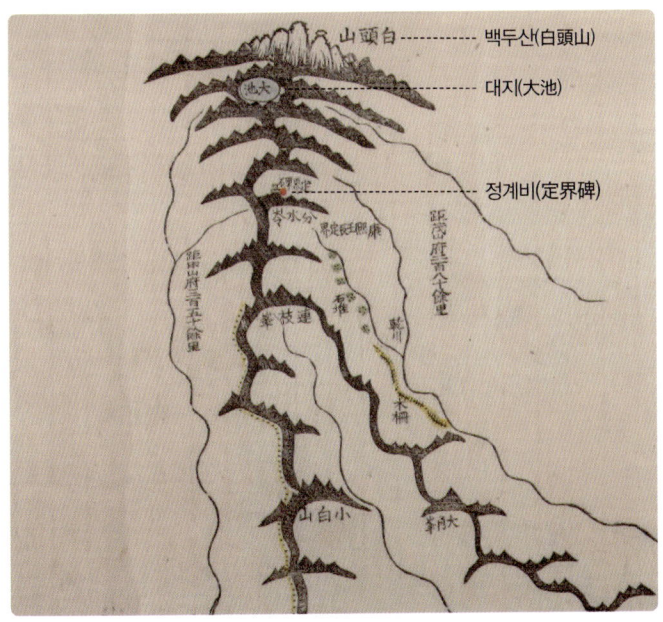

대동여지도(1861년)에 표시된 정계비. 천지(天池)를 대지(大池)로 적었는데, 천지의 다른 이름 중 하나이다.

1881년 청나라가 간도 개척에 착수하자 조선은 정계비를 조사하고 간도를 조선 영토라고 주장했으나 아무런 해결을 보지 못했다. 1909년 간도를 대한제국 영토로 인정하고 있던 제국주의 일본이 남만주 철도 부설권 등을 얻기 위하여 간도를 청나라에 넘기는 협약을 불법적으로 체결한다. 이 '간도협약'에서는 두만강을 양국의 국경으로 하고, 상류는 정계비를 지점으로 하여 석을수(石乙水)를 국경으로 삼았다. '백두산정계비'는 1931년 만주사변이 일어난 직후 없어지고 말았다.

1962년 평양에서 북한과 중국은 백두산 일대 국경조약인 '조중변계조약'을 맺는다. '북중 국경조약'이라고도 한다. 이 조약으로 그전까지 중국 영토로 되어 있던 천지의 절반 이상과 그 일대가 북한에 편입되었다. 청과 조선의 분쟁지역이었던 압록강 하구의 황초평(황금평)을 비롯해 대부분의 하중도가 북한에 귀속되었다. '간도협약' 당시에 비해 영토가 약 280㎢ 늘었다.

북한이 천지의 절반을 중국에 넘겼다는 주장은 사실과 거리가 멀다. '조중변계조약'은 백두산과 두만강 상류의 국경선을 분명하게 했다는 데 의의가 있다.

근대

일제강점기에 백두산 탐험이 활발해지고 신문사들은 백두산 기행문을 앞다투어 싣는다. 당시 기행문에 따르면 이곳은 나흘 동안 약 80㎞의 삼림을 뚫고 나가야 하는 중중첩첩 산간 지역이다. 이 일대 밀림에 대한 일제의 약탈이 극심했는데, 총독부 수입의 가장 큰 몫을 차지했다고 한다. 1920년대 언론인 박금(朴錦, 1895~?)은 백두산 일대의 나무들을 오랜 역사를 간직한 생명체에 비유하며 잘려 나가는 것을 한탄한다.

삼림의 종류는 거의 전부가 이깔나무이며 자작나무와 백양나무도 간혹 있다. 개국 이래 반만년 동안이나 아들 손자 전해 가며 고이고 이 자라던 나무들이다. 200살이나 300살을 먹어 아름드리가 100여 척이나 되는 것들이 함경남북도의 넓은 산에 하늘과 땅이 보이지 않도록 빽빽하게 들어섰으니 이것이 조선의 자랑거리 백두산 삼림이다.

묻노라 장송아, 네 나이 몇 살인고, 이 땅의 우로(雨露) 바다에 아름드리 자라나니, 낯 모를 친구 와서, 목숨을 내라 하네.
—박금의 〈펑펑물을 찾아서〉 중에서, 《동아일보》 1929년 8월 7일

일제는 광대한 삼림에서 나오는 무진장한 재목을 벌채하여 압록강 물에 뗏목으로 흘려보냈다. 겨울에 재목을 벌채하여 작업소 부근에 쌓아놓았다가 봄여름에 수량이 불어나면 100개쯤 목재를 한번에 묶어 흘려보낸다. 이렇게 떠내려간 뗏목은 약 20일이 지나면 신의주에 닿는다.

목재를 압록강으로 나르기 위해 강의 수십 리 구간에 제방을 만들었다. 물을 가두어 두었다가 뗏목을 흘려보낼 때가 되면 제방을 무너뜨린다. 물의 낙차에서 오는 수력을 이용하는 것이다. 이러한 제방을 물동이라 하는데, 오늘날의 지명에 남아 있다. '오호물동동'은 삼지연시 서남쪽에 위치하는데 압록강을 사이에 두고 중국과 접해 있다. 다섯 번째(5호) 물동이 있던 곳이라 하여 붙여진 이름이다.

해방 전까지 삼지연은 지형이 험난하고 날씨는 끔찍이도 춥고 마적이 출몰하는 산간지대로, 한마디로 말해 사람이 살 수 없는 곳이었다. 일제의 약탈에 시달리다 고향을 등지고 살길을 찾아온 사람들이 백두산에 의지해 임업 노동

을 하거나 약초를 캐고 부대기밭(화전)을 일구어 농사를 짓던 곳이다. 귀틀집이 드문드문 있는 궁벽한 산골이었다.

현대

일제강점기에 삼지연 지역은 항일무장투쟁이 치열하게 전개된 곳이었다. 따라서 이곳은 북한에서 '혁명의 성지'로, 전국 각지의 대학생과 청소년, 근로자들이 답사 온다. 삼지연 곳곳에는 백두산밀영을 비롯하여 사자봉밀영, 곰산밀영, 5호물동 혁명전적지, 청봉숙영지 등 7개 이상의 혁명사적지가 있다.

    삼지연은 겨울 스포츠의 중심이기도 하다. 1958년 부지 면적 3만여㎡에 관람석 3천여 석의 삼지연 빙상경기장이 그리고 일반과 고산 슬로프를 갖춘 삼

베개봉스키장

지연 스키장이 만들어졌다. 삼지연 빙상경기장과 스키장에서는 해마다 '백두산상' 체육경기대회를 비롯한 전국스키선수권대회, 전국빙상선수권대회, 국제대회 등 각종 체육대회가 개최되었다.

1959년에는 혁명전적지와 백두산을 답사하기 위해 전국에서 오는 사람들을 위해 삼지연 휴양소를 만들었다. 당시에는 11개의 휴양각이 있었으며 여름에는 매일 200여 명의 답사자를 받았고, 겨울에는 전국 체육인들의 훈련과 대학생들의 답사 생활을 책임졌다.

1961년 삼지연군으로 승격된 이후, 두 번의 천지개벽 같은 변화가 있었다. 첫 번째는 1978년 김일성 주석의 교시로 삼지연읍이 대대적으로 개발된 것이다. 이때, 허항령의 자연림을 배경으로 자연 경사를 따라 주택들이 건설되고 중심거리에는 문화회관과 학교, 병원, 주민 편의시설 등이 건설되었다.

답사자를 위한 삼지연 휴양소도 삼지연 혁명전적지 답사 숙영소로 재건축되었다. 부지면적 19만여㎡에 청소년, 대학생, 근로자를 위한 숙박시설 21동과 600석의 회관, 식당, 목욕탕, 기념품 상점 등 각종 편의시설을 갖추었다. 불과 2년 사이에 궁벽한 오지에서 아름다운 산간 소도시로 탈바꿈했다. 답사 숙영소는 매일 1,620명, 연평균 15~20만 명의 답사자를 맞이했다.

두 번째 변화는 2018년부터 본격적으로 진행된 '삼지연 꾸리기'이다. 4년 동안 3단계에 걸쳐 진행된 대규모 개발 사업으로 전국이 달라붙었다. 2019년이 2단계 사업의 해로, 혜산과 삼지연을 연결하는 새로운 철도 삼지연선 개통이 마무리되었다. 또한 이전의 삼지연읍이었던 중심 지역을 시의 행정기관, 거주지, 지방공업, 상업 봉사, 체육문화, 교육, 보건, 관광으로 용도를 나누고 구획을 짓고 새로운 도시로 개발하였다.

2019년 12월에 삼지연군에서 삼지연시로 승격되었다. 2021년 말에는 3단계 공사가 완수되었다. 3단계 공사에서는 리명수동, 포태동, 신무성동을 비롯한 10여 개 지역의 재개발이 이루어졌다. 수천 세대의 주택과 공공 및 생산 건물이 건설되었고, 도로포장 공사와 송전선 건설이 이루어졌다.

　삼지연 꾸리기 사업의 특징은 주변 원림화, 녹화사업도 동시에 진행한 것이다. 대대적으로 땅들을 정리하고 평지로 다지고 길을 놓는 한편 가로수를 심고 공원을 조성하였다. 광명성동, 베개봉동, 봇나무동, 이깔동을 비롯한 시 안 곳곳에 10여만 그루의 봇나무를 심어 자작나무 숲을 조성하고 있다.

　이외에도 량강도 지역에서 나오는 붉은색 돌과 녹주석을 이용한 다양한 색깔의 인조 석판을 생산하여 사용하였다. 마감 건재의 국산화 비중을 높이는 동

삼지연호텔

시에 친환경 기술, 녹색건축 기술을 활용하고 있다. 삼지연 꾸리기는 삼지연 특산물을 이용해 지방공업을 일으키겠다는 목표를 향하고 있다. 대부분이 산지인 삼지연은 산림보존과 육성을 위한 연구 사업도 착실히 진행하고 있다.

북한 당국은 2024년 1월 '지방발전 20×10 정책'을 발표했다. 이 정책은 향후 10년간 해마다 20개 군에 현대적인 공장을 건설해 주민들의 생활문화 수준을 높이고, 지방경제의 발전을 꾀하는 것이다. 삼지연시는 산간 문화도시의 본보기, 지방공업이 제일 발전된 잘 사는 곳, 감자 농사의 본보기, 농촌 경영관리의 종합적 기계화의 표본으로 소개되며 지방경제개발의 모델이 되고 있다.

시 안에는 삼지연시 인민병원, 삼지연 문화회관, 백두산지구 체육촌, 베개봉 스키장, 밀림원, 천지원, 삼지연 소년단야영소, 백두산 종합박물관, 삼지연 혁명사적관, 량강도은행 삼지연지점, 베개봉 국수집, 은정식당, 불고기집, 막걸리집, 온반집, 감자전문식당, 민족요리전문식당, 역전찻집, 체육 기자재 상점, 학용품 상점, 샘물 공급소, 삼지연종합상점 등 각종 편의시설과 삼지연호텔, 베개봉호텔, 삼지연 려관 등이 있다.

🟩 백두산지구 체육촌

베개봉 기슭에 겨울 스포츠를 즐길 수 있는 각종 체육시설이 들어선 체육촌이다. 베개봉을 향해 쭉 뻗어 있는 베개봉 스키장과 여러 종목의 경기를 진행할 수 있는 속도빙상(스피드 스케이팅) 경기장, 온도 보장과 공기 조화 설비를 갖춘 빙상호케이(아이스하키) 경기장, 실내 축구장을 갖춘 삼지연시 청소년체육학교 등이 들어서 있다. 베개봉 스키장 위에는 삼지연시의 전경을 한눈에 내려다볼 수 있는 베개봉 전망대가 있다.

삼지연시 인민병원은 2020년 10월에 개원했다. 내과, 외과, 소아과, 산부인과, 치과 분원을 비롯한 모든 과에 최신 의료 설비와 기구를 갖추었다. 원격의료에 해당하는 먼거리의료봉사 시스템을 구축하고 의료서비스의 정보화를 실현하고 있다. 치료와 생활에 필요한 입원실뿐만 아니라, 기능 회복을 위한 운동치료실, 어린이 환자를 위한 놀이터와 실내 공원을 갖추고 있다.

리명수거리에서는 2006년부터 해마다 김정일 위원장의 생일인 광명성절을 축하하기 위해 얼음조각 축제가 열리고 있다. 해마다 다채롭게 발전해 왔는데, 근래에는 음악 축제와 함께 열리고 있다. 삼지연 시민뿐만 아니라, 인근 량강도 주민들도 많이 보러 온다.

백두산을 빼놓고 말할 수 없는 삼지연시에는 백두산을 일터로 살아가는 사람들이 있다. 백두산의 가장 높은 봉우리 장군봉 아래, 천지로부터 불과 수십

삼지연시 인민병원

미터 거리에 '백두산 기상관측소'가 있다. 관측소에는 현대적인 기상관측 장비가 설비되어 있다. 향도봉 기슭에는 '백두산 삭도관리소'가 있다. 백두산 향도봉과 천지 사이를 왕복하는 '천지삭도'를 관리하는 곳이다.

삼지연시 여행

삼지연 여행은 곧 백두산 여행이라 할 수 있다. 백두산은 우리 민족과 더불어 반만년 세월 동안 운명을 같이해온 산이다. 특별히 백두산 꼭대기 천지가 있어 성스러운 곳으로 여겨져 왔다. 한반도의 모든 산과 산줄기의 근본을 이루고 있으며, 민족의 시원, 혹은 우주의 기원으로까지 소급된다. 북한은 조선 혁명의 뿌리가 내린 혁명의 성산으로 여긴다. 이렇듯 백두산은 남이나 북이나 다 중요한 상징으로 여기고 있으니, 결국 통일의 상징이다.

삼지연시의 아침. 멀리 보이는 산이 북포태산과 남포태산이다.

삼지연시 거리. 자작나무 가로수를 사이에 두고 도로와 인도가 잘 정비되었다.

1992년 한중수교가 이루어진 후, 백두산에 가볼 수 있게 되었지만, 아직 삼지연시를 통해 가볼 수는 없다. 삼지연시를 거쳐 백두산에 오른다면 어떤 광경을 볼 수 있을까 미리 그려본다. 우선, 아득히 펼쳐진 냉대 원시림의 바다와 기암절벽을 물들이는 백두산의 해돋이는 그 어디서도 볼 수 없는 아름답고 황홀한 해돋이이다. 백두산 일대에는 천지를 비롯한 크고 작은 호수와 샘도 많다. 천지 일대에는 백두온천을 비롯해 온천이 여럿 있다.

♨ 백두온천

백두산은 뛰어난 풍치로 널리 알려져 있을 뿐만 아니라 온천으로도 유명하다. 2023년 백두산밀영지구에서 새로 발견되었다. 발굴된 온천 온도는 44℃ 이상이고 하루 수량은 수백 m³이다. 온천은 철 성분을 포함한 수소탄산나트륨 천으로 신경계통과 소화기계통, 고혈압과 피부병 등의 치료에 효과가 있다. 전문가들의 분석 자료에 의하면 약수로도 이용할 수 있다고 한다.

온천문화휴양지

천지의 겨울

량강도 삼지연시

대홍단의 붉은 바위

량강도 삼지연시

천지에 시원을 둔 폭포들도 많다. 일정한 거리를 두고 세 번 꺾여 떨어지는 사기문폭포, 2개의 폭포가 바위 벼랑의 양쪽에서 나란히 떨어져 내리는 형제폭포 등이 있다. 특히, 소백수 골짜기 안에 있는 백두폭포는 높이 50m로 백두산의 폭포들 가운데에서 제일 높고 장쾌하다. 폭포 주위 바위들에서는 봄에는 꽃이 만발하고, 단풍 지는 가을에는 은빛 고드름이 줄줄이 달려 고산초원 일대의 신비경을 연출한다. 백두산 주변 50여 군데에서 샘물이 솟구치고 있다. 압록강 발원 지점, 백두산밀영 샘, 봉수동 샘을 비롯한 많은 샘이 천지에 시원을 두고 있다. 백두산에서만 볼 수 있는 지형 특징이 만들어내는 독특하고 이색적인 풍경이 곳곳에서 펼쳐진다.

한겨울에도 얼지 않는 리명수폭포

리명수 폭포 천연기념물 제345호와 리명수 채양버들 천연기념물 제346호

리명수 폭포는 리명수동 중앙을 흐르는 하천, 리명수 강가에 있다. 폭포의 물줄기는 혹한 속에서도 얼음으로 덮인 절벽 고드름 사이로 뽀얀 안개를 피워올리며 쉼 없이 흐른다. 한겨울에도 물 온도가 4℃ 아래로 떨어지지 않는 것은 지하수 폭포이기 때문이다. 리명수 폭포의 높이는 15m이고 너비는 27m이다.

폭포 서쪽으로 얼마 떨어지지 않은 곳에 리명수 채양버들이 있다. 나무는 1840년경부터 저절로 자란 것이다. 나무 높이는 19.6m, 뿌리목 둘레 4.6m, 가슴높이 둘레 3.3m, 수관 지름 20m이다. 북한의 채양버들 가운데서 가장 크며 가장 오래된 나무이다. 폭포와 나무 모두 북한의 천연기념물이다.

북한은 백두산의 아름다운 경치를 백두산 8경으로 꼽고 있다. 백두산 해돋이

천지 눈석임 계절의 만병초

[백두일출 白頭日出], 향도봉의 김정일 친필[향봉친필 嚮峯親筆], 백두련봉의 웅장한 자태[련봉웅자 連峯雄姿], 백두의 칼바람[백두렬풍 白頭裂風], 한반도 삼천리가 바라보이는 장군봉[장봉전망 將峯展望], 장쾌하고 우아한 천지[천지절경 天池絶景], 눈속에 핀 만병초[설중개화 雪中開花], 떼를 지어 노는 천지 산천어[군유가어 群遊嘉魚]가 그것이다.

여행에 음식을 빼놓을 수 없다. 삼지연이 속한 량강도는 산세가 험하고 높은 산간지대이다. 예로부터 조, 귀리, 콩, 감자 농사를 많이 지었고, 이것으로 만든 밥과 국수, 떡 등을 주식으로 삼았다. 특히 감자 음식이 많이 발전했다. 남에서는 강원도 감자가 유명하지만, 북에서는 량강도 감자를 최고로 친다. 크기도 크고 잘 여물어 맛이 좋다고 소문이 났다. 서늘한 기후가 감자에 알맞기 때문이다. 삼지연의 감자 수확은 9월에 시작한다.

감자로 만든 여러 음식 중에서도 **감자농마국수, 언감자국수, 감자찰떡, 언감자떡**이 유명하다. 언감자는 가을에 밭에 그냥 두어 한 해 겨울을 나게 한 뒤, 이듬해 봄에 수확한다. 추위에 언 감자를 녹여 말려서 '언감자가루'를 만든다. 색깔이 검어 '검은감자가루'라고도 한다.

언감자국수는 김일성 주석이 항일투쟁을 하면서 먹은 음식이라고 하는데, 꼬들꼬들한 면과 들깻가루 육수의 조화로운 맛이 일품이라고 한다. 언감자가루는 익반죽하여 넙적넙적하게 빚어서 찐다. 쪄낸 반죽을 식기 전에 국수틀에 넣고 찬물에서 눌러 국수사리를 만든다. 콩은 불렸다가 삶아서 볶은 들깨와 함께 간 다음 체에 곱게 내려 들깨 콩물을 만든다. 국수사리를 그릇에 담고 들깨 콩물을 부은 다음 고기, 김치, 오이 등의 꾸미와 계란지단 등의 고명을 얹어낸다.

들쭉을 이용한 음식도 많다. 들쭉은 예로부터 청량음료의 원료로도 유명하고 해소병에 좋다고 알려진 소문난 특산물이다. 특히 백두산 일대에서 나는 들쭉은 맛과 향기가 좋고 영양가가 높아 하루 세 끼 밥 대신 들쭉만 먹어도 된다고 할 정도이다. 들쭉차, 들쭉술, 들쭉단묵 등을 만들어 먹는다. 들쭉단묵은 들쭉으로 만든 양갱이다.

들쭉단묵 만드는 법

들쭉을 삶아 체에 거른 다음 불려둔 한천과 설탕을 넣고 낮은 불에서 끓인다. 들쭉 즙이 걸쭉해지면 꿀을 넣고 다시 잠깐 끓인다. 넓은 그릇에 담아서 식힌 다음 네모나게 썰어서 낸다.

들쭉단묵

산업

삼지연의 산업은 삼림자원을 이용하는 임업이 주된 산업이다. 최근에는 고랭지 농업과 식료품 가공업에도 힘을 기울이고 있다. 또한, 백두산을 비롯한 천혜의 자연 자원과 혁명사적지 등을 이용하여 백두산 관광문화 지구 건설을 구상하는 등 관광 활성화를 위한 논의를 지속하고 있다.

농림어업

① **농축산업**

삼지연시에서 농경지는 전체 면적의 3% 정도이며 대부분은 밭이다. 주로 감자, 밀, 보리, 보라콩 등을 재배한다. 량강도 내에서 밀 파종 면적과 생산량이 큰 편이다. 이름난 감자 산지이기도 하다. 최근 10년 사이에는 감자 농사의 과학화에 힘입어 수확량이 많아졌다. 주요 농장으로는 포태 농장, 흥계수 농장, 중흥 농장, 보서 농장, 보서 양묘장, 보서 약초농장, 소백산 농장, 백삼 농장 등이 있다.

최근 북한에서는 파종기, 두둑 만드는 기계, 종합 밭갈이 기계, 분무기, 감자 수확기, 강냉이(옥수수) 종합 탈곡기, 이동식 벼 종합 탈곡기 등 지리적 특성과 토질에 맞는 농기계를 개발하여 농업의 기계화 비중을 높이고 있다. 또한 '농사는 하늘이 아니라 과학이 짓는 것이다'라는 구호 아래 농업의 과학기술화를 꾀하고 있다.

삼지연은 이웃한 북한 최대의 감자 생산지 대홍단군에 비해서도 해발 고도

중흥농장

가 높고, 화산 분출 지대여서 거의 모든 지역에 화산재 토양이 덮여 있다. 이런 자연 지리적 특성과 강수량, 적산온도 등 기후조건에 맞는 감자 농사 방법을 연구해 왔다. 특히 과학적인 감자 종자 육성과 보관 시스템의 도입, 우량 품종의 육종 도입, 유기질 복합 비료 생산, 농업의 기계화 비중 등에 힘입어 감자 농사의 새로운 전환을 이루어 내고 있다. **중흥 농장**은 감자 농사를 위해 21만 평 정도의 토지를 더 개간하고, 3,000평당 45톤 이상의 수확량을 기록했다. 중흥 농장은 과학 농법, 농업의 기계화, 농촌진흥의 본보기로 보도되고 있다.

감자 이외에도 특산물인 들쭉(Vaccinium uliginosum L.)을 대량 생산하고 있다. 들쭉 생산의 중심지는 신무성동과 무봉동이다. 신무성동의 삼림 속에는 다른 지역에서는 흔히 볼 수 없는 들쭉을 비롯한 물싸리, 백산차, 왕대황 등 경제적 가치가 높은 식물이 많이 자라고 있다. 해발 1,200m에 위치한 무봉동 일대에는 약 180만 평, 석을천 연안에 약 60만 평의 들쭉밭이 조성되어 있다. 최근 생산량을 늘리기 위해 더 많은 들쭉밭을 조성하고 있다. 2024년 3월 《로동신문》에 의하면 무봉동에 수백 정보의 들쭉밭이 조성되고 수천 미터의 농업용 도로도 건설될 예정이다. 들쭉밭 둘레에는 바람막이숲도 조성되었다.

해마다 9월이면 들쭉을 수확하여 600톤 이상의 들쭉 원액을 만들어 저장한다. 수백 톤의 매저지도 따 들여 저장하고 있다. 매저지나무는 들쭉나무와 유사한 종자식물로 들쭉 못지않게 약효가 좋으며 천연 색소 원료로도 가치가 높다. 주요 사업소로는 **백두산 청년들쭉사업소, 무봉 협동농장, 무봉 색소공장** 등이 있다.

백두산 들쭉 천연기념물 제461호

량강도의 소문난 특산물이다. 신무성동에서 백두산으로 올라가는 지역에 넓게 분포되어 있다. 들쭉이 자라는 토양은 부석층 위에 생긴 갈색산림토양이다. 주변에는 봇나무, 이깔나무, 구름나무, 월귤나무, 황산참꽃 등이 자라고 있다. 들쭉은 높이 1m가 되지 않는 낙엽 관목이다. 잼, 술, 식료품 가공원료로 사용하며, 비타민 원료로도 쓰인다. 백두산 들쭉은 무리 지어 자라며, 경제적으로나 학술적으로 의의가 크다. 1921년 언론인 민태원(閔泰瑗, 1894~1934)이 백두산을 등정하고 기록을 남기는데, 들쭉에 대해서도 상세하게 설명하고 있다. 민태원은 들쭉을 산포도와 흡사하다고 말하고 있다. 허균(許筠, 1569~1618)은 그 자신이 직접 맛본 팔도의 맛있는 음식을

백두산 들쭉

소개하는 《도문대작(屠門大嚼)》에서 들쭉에 관해 포도보다 더 맛이 좋다고 기록하고 있다. 오늘날에는 많은 사람이 블루베리에 견주어 말하곤 한다.

> 들쭉은 후치령 이북에만 있는 식물이며 더욱이 삼지연 이북 연지봉 이남의 약 100리에 걸친 땅에는 도처에 더부룩하게 자라나 가히 온 산에 가득하다고 할 만하다. 그 열매는 산포도와 흡사하고 그 맛과 향, 용도까지도 동일하다. 다만 산포도는 덩굴풀이되 들쭉은 관목인 차이가 있을 뿐이다. 그 줄기의 왜소함과 가지의 세밀함은 회양목과 유사하다. 열매는 건조하면 건포도와 같고 양조(釀造)하면 포도주가 된다. 그러니 이용 여하에 따라서는 부를 축적할 수 있는 천연의 자원이라 하겠으며, 무두봉 이북의 나무가 없는 곳에 가면 그 왜소함이 말할 수 없어 선태류와 키 다툼을 하게 생겼으나 오히려 암자색의 미려한 열매를 매단 모양은 아주 간지럽고도 사랑스럽다.
>
> ─민태원의 〈백두산행〉 중에서, 《동아일보》 1921년 9월 4일

농산물은 주로 밀, 보리, 감자, 보라콩, 무, 배추, 갓, 마늘, 고추 등을 재배한다. 농산물 외에도 양묘장과 약초농장에서 이깔나무 모와 단너삼(황기)을 비롯한 다양한 약초를 재배한다. 삼지연 지역은 해발 고도가 높아 5월 중순쯤 되어야 산과 들에 새순이 돋아난다. 삼지연시 남새온실농장은 채소 농업을 맡아 하는 농장이다. 수십 동의 온실에서 계단식으로 수확하고 있다. 생육 기일이 짧고 병충해에 강한 종자를 확보하여 선진 농법으로 재배하고 있다. 충분한 온도와 물을 보장하는 설비 관리, 비료 주기, 토양 관리 등을 과학적으로 시행하고

있다. 배추, 시금치, 호박, 오이, 토마토를 비롯한 다양한 채소를 생산한다.

축산업은 주로 통남리와 포태동에서 소, 돼지, 닭, 염소, 양 등의 가축을 키운다. 소는 특히 포태동에서 많이 사육하고 있다.

② 임업

시 전체 면적의 95%를 삼림이 차지한다. 일제강점기부터 광대한 삼림자원을 이용한 임업이 발달해 왔다. 현재도 북한 임업에서 큰 비중을 차지하고 있다. 리명수동, 백두산밀영동은 해방 이후 북한의 주요 통나무 생산지 중 한 곳이다. 통나무 생산이 산업의 기본을 이루며, 통나무 제품과 목재 부산물을 이용한 산업이 발달했다. 주요 사업소로 리명수 림산사업소, 리명수 목재가공공장, 리명수 협동농장, 백두산 조림작업소 등이 있다. 삼림에는 주로 이깔나무, 분비나무, 가문비나무가 분포되어 있다. 목재 자원의 60%는 이깔나무이다. 숲속에는 황기, 고사리, 돌배, 머루, 다래 등 약초와 야생 과일도 풍부하다.

리명수 림산사업소

리명수동에 있다. 북한의 임산사업소들 가운데 큰 비중을 차지하고 있다. 해방 이후 수십 년에 걸쳐 발전해 왔다. 사업소에서는 기계톱, 권양기와 같은 현대적인 설비와 기술로 임산 작업을 진행하고 있다. 리명수 림산사업소 산하에는 삼지연 림산작업소, 증암 림산작업소, 남포태 림산작업소, 천수 림산작업소, 소백산 림산작업소, 백두산 림산작업소, 림철작업소 등의 작업소가 있다. 이외에도 공무동력직장, 생필직장, 가구직장 등 여러 개의 직장이 있다. 주요 사업은 통나무 생산이다. 또한, 통나무를 가려내고 남은 목재를 이용하여 찬장, 이불장, 옷장, 책상, 의자 등 세간살이와 일용품을 생산한다.

광업

무진장한 부석(화산쇄설성 화성암)을 이용한 블록을 생산하여 자체 수요를 충당해 왔다. 신무성동 일대와 무봉동 두만강 강가에는 현무암 모래와 유문암 모래가 많이 분포되어 있다. 이 모래를 미장용 건축재료로 널리 이용하고 있다.

경공업

혁명전적지 답사자들을 위한 갖가지 기념품을 생산하는 **12월13일기념품공장**이 있다. 간장, 된장, 물엿, 과자, 사탕 등을 생산하는 **삼지연 장공장**이 있다. 시에서 생산되는 다양한 약초를 이용하여 고려약(한약)을 생산하는 **삼지연 고려약공장**이 있다. 이외에도 지역의 원료를 이용하여 칠감류를 생산하는 **포태화학공장**과 농기계를 수리하는 **포태 농기계수리공장**, 옷을 만드는 **삼지연 은하피복공장** 등이 있다. 2023년 2월에는 도마다 주민 소비재 생산을 활성화할 목적으로 전시회가 열렸다. 삼지연시에서는 감자 가공품과 들쭉 가공품, 초물제품, 가구 등의 소비재를 출품했다.

북한에서는 지방경제를 해당 지역의 특성에 맞게, 지역의 원료와 자재를 이용하여 발전시키는 정책을 추진해 왔다. 삼지연에서는 2017년 12월 감자를 가공하는 **삼지연 감자가루 생산공장**을 건설했다. 2019년에는 들쭉을 가공한 식료품과 들쭉 음료를 생산하는 **삼지연 들쭉음료공장**을 새로 만들었다.

삼지연 감자가루 생산공장

삼지연시 포태동에 있다. 건축면적은 2만 7,920㎡에 달한다. 크게 감자가루 생산건물, 감자가공품 생산건물, 2만 톤급 감자 저장고, 보조건물, 노동자 기숙사로 구성되어 있다. 생산 현장은 원료 투입부터 건조, 제분, 포장에 이르기까지 전 공정이 자동화되어 있다. 또한 제품의 위생 안전을 보장하기 위해 무균화, 무진화를 실현했다. 첨단기술을 도입하여 생산 공정과 운영설비를 관리하고 생산 지휘와 경영 활동을 종합적으로 분석 예측하여 최대한 실리를 보장하는 에너지절약형 통합생산시스템을 구축하고 있다.

감자가루는 신선한 감자에서 물기를 제거한 가루 제품으로 감자 농마(녹말)보다 맛이 좋고 영양가가 높다. 장수식품으로 인기를 끌고 있다. 현재 공장에서는 감자가루로 감자영양쌀, 감자국수, 우동, 과자, 꽈배기를 비롯한 15가지 감자 가공품을 생산하여 삼지연시 주민에게 공급하고 있다. 공장에서 생산한 감자가루는 북한 전역으로 공급하고 있어 새로운 음식문화가 만들어지고 있다. 평양의 평양면옥에서 진행된 감자가루 음식 전시회에는 감자가루를 재료로 만든 감자가루 칼국수, 감자가루 비빔국수, 감자가루 단설기, 감자가루 고기소구이, 감자가루 찜만두,

삼지연시 감자가루 생산공장

감자가루 차를 비롯한 백여 가지 음식이 출품되었다.

삼지연 들쭉음료공장

삼지연시 베개봉동에 있다. 건축면적이 1만 수천㎡이며 생산건물, 후생건물, 저장고, 제품창고 등을 갖추고 있다. 원료 투입부터 제품 포장에 이르는 전 과정에서 엄격한 품질관리 체계를 세우고 생산 공정을 현대화하기 위해 노력하고 있다. 공장에서는 들쭉을 주원료로 들쭉단묵(젤리), 들쭉발효초 단물, 들쭉발효주, 들쭉술, 들쭉단졸임(잼), 들쭉단졸임소빵, 들쭉드롭스(알사탕) 등 수십 가지 들쭉 제품을 생산하고 있다. 2023년에는 수입에 의존하던 식품첨가제 중 일부를 국내 원료로 대체하는 것에 성과를 냈다. 들쭉 씨를 이용한 가공품을 만드는 연구도 성과를 거두는 등 새로운 제품 개발에도 힘을 기울이고 있다.

삼지연 들쭉음료공장에서 생산하는 들쭉 제품

교육

2024년 5월 30일자 《로동신문》은 최악의 국난을 겪고 한 푼 돈이 천금같이 귀중했던 지난 10여 년 동안에도 아이들을 위한 국가적 시책과 투자는 대폭 늘어났다고 전하고 있다. 삼지연시를 비롯한 각 지방의 학생소년궁전, 소년단야영소, 각급 학교들의 현대화를 위한 재건축이 추진되었다. 중앙의 교육위원회에서는 삼지연시의 학교와 유치원을 전국의 표본이 되는 학교로 만들기 위해 수천 점의 교육 기자재, 교수 자료를 제공하고 중앙교수강습소 교육자를 파견하여 교원들을 지도했다.

삼지연시는 2023년에 '모범교육시' 칭호를 수여받았는데, 삼지연시 교원 재교육 강습소 교육자들의 공이 컸다. 도에서 진행하는 교수 방법 토론회에 참가하여 높은 평가를 받았으며, 교수 방법에 관한 소논문도 제출했다. 특히 농촌 지역 학교를 담당하는 교사들의 역량 강화에 중점을 두고 다양한 사업을 진행

푸른 기와를 얹은 삼지연시 과학기술도서관

하면서, 전반적으로 교원들의 실력을 한 단계 높였다고 한다.

　삼지연시에는 18개의 유치원, 2개의 분교, 17개의 소학교, 13개의 중학교, 삼지연 학생소년궁전, 임업전문학교가 있다. 학생소년궁전은 학생들의 방과 후 활동을 위한 장소이다. 광명성 소학교, 베개봉 초급중학교, 청봉 고급중학교, 보서 고급중학교, 무봉 고급중학교, 정일봉 고급중학교, 광명성 기술고급중학교 등의 학교가 새로 건축되었다. 이들 학교는 정보기술학습실, 음악무용실, 자연실험실, 교통안전교육실, 다기능 체육관 등 현대적인 시설을 갖추었다.

　삼지연 과학기술도서관은 최신 과학기술 보급의 거점이며 종합 전자도서관이다. 북한은 2천년대 들어서면서부터 과학기술 역량 강화와 인재 육성을 위해 과학기술 보급 사업에 힘쓰고 있다. 이것을 위해 각 도에 과학기술도서관을 건설하고 있다. 과학기술도서관은 청기와를 얹은 전통적인 외관을 하고 있다.

교류협력

"평화, 새로운 미래"

2018년 3차례에 걸쳐 남북정상회담이 개최되었다. 4월 27일 문재인 대통령과 김정은 국무위원장의 판문점 정상회담을 시작으로 5월과 9월에 이루어졌다. 제3차 남북정상회담은 9월 18일부터 9월 20일 사이에 평양에서 이루어졌다. 두 정상은 두 차례의 회담 뒤에 남북 간 적대관계 종식과 비핵화, 이산가족 문제 해결 방안 등이 담긴 '9월 평양공동선언'에 합의했다. 평양공동선언을 마친 두 정상은 평양 곳곳을 방문하여 주민들과 만났다. 이후 문재인 대통령은 북한 최대 종

2018 남북정상회담

합체육경기장인 '릉라도(능라도) 5·1경기장'에서 한국 대통령으로서는 처음으로 15만 명의 평양 시민이 모인 가운데 '평화, 새로운 미래'를 주제로 연설했다.

  9월 20일 오전 8시 15분, 문재인 대통령 일행은 백두산 탐승을 위해 삼지연공항에 착륙했다. 10시 10분 백두산 정상인 장군봉에 도착한 후, 삭도를 타고 천지로 내려갔다. 문재인 대통령은 제주 한라산 백록담에서 채워 온 생수병 물의 반을 천지에 뿌리고 천지의 물을 병에 담아 남과 북의 물을 섞는 것으로 평양 방문의 의미를 되새겼다. 이후, 두 정상은 삼지연 연못가에 마련한 오찬을 함께 했다. 오찬에 앞서 삼지연을 배경으로 기념사진을 찍고 백두산이 한눈에 바라보이는 삼지연 연못가를 산책하며 환담했다. 평화를 향한 강한 의지를 엿볼 수 있었던 '9월 평양공동선언'을 기억하며 한반도의 평화를 기원한다.

별 헤는 밤

윤동주(尹東柱)

계절(季節)이 지나가는 하늘에는
가을로 가득 차 있습니다.

나는 아무 걱정도 없이
가을 속의 별들을 헤일 듯합니다.
가슴 속에 하나둘 새겨지는 별을

이제 다 못 헤는 것은
쉬이 아침이 오는 까닭이요,
내일(來日) 밤이 남은 까닭이요,
아직 나의 청춘(靑春)이 다하지 않은 까닭입니다.

별 하나에 추억(追憶)과
별 하나에 사랑과
별 하나에 쓸쓸함과
별 하나에 동경(憧憬)과
별 하나에 시(詩)와
별 하나에 어머니, 어머니,

어머님, 나는 별 하나에 아름다운 말 한마디씩 불러봅니다. 소학교 때 책상(册床)을 같이 했던 아이들의 이름과 패(佩), 경(鏡), 옥(玉) 이런 이국소녀(異國少女)들의 이름과, 벌써 애기어머니 된 계집애들의 이름과, 가난한 이웃사람들의 이름과, 비둘기, 강아지, 토끼, 노새, 노루, '푸랑시스 쨤', '라이넬 마리아 릴케' 이런 시인(詩人)의 이름을 불러봅니다.

이네들은 너무나 멀리 있습니다.
별이 아슬히 멀듯이.

어머님,
그리고 당신은 멀리 북간도(北間道)에 계십니다.

나는 무엇인지 그리워
이 많은 별빛이 내린 언덕 우에
내 이름자를 써 보고,
흙으로 덮어 버리었습니다.

딴은 밤을 새워 우는 벌레는
부끄러운 이름을 슬퍼하는 까닭입니다.

그러나 겨울이 지나고 나의 별에도 봄이 오면
무덤 우에 파란 잔디가 피어나듯이
내 이름자 묻힌 언덕 우에도
자랑처럼 풀이 무성할 게외다.

— 1941. 11. 5.

함경북도

청진시

清津市

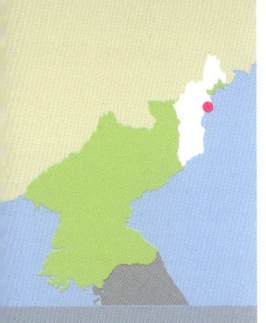

청진(淸津)은 우리나라 북동쪽에 자리한 항구 도시로 함경북도 소재지이다. 북서쪽에는 함경산맥에서 뻗어 내린 높고 낮은 산들이 솟아 있고, 남동쪽으로는 동해 바다가 펼쳐진다. 19세기 말까지 부령군 소속의 한적한 어촌이었던 청진은 제국주의 일본의 대륙 침략을 위한 교두보이자 한반도 자원 수탈의 기지로 개발되면서 급속하게 성장했다. 일찍부터 풍요로운 수산자원을 바탕으로 근대적 수산업이 발전했으며 내륙 산지에 매장된 무진장한 지하자원 덕분에 중공업 도시로 개발되었다. 1908년 청진항이 개항하고 철도가 놓이면서 바닷길과 육로 둘 다에서 교통의 중심지가 되었다.

수산업과 중공업 기지로 발전해온 청진시는 2천년 이후 변화하기 시작했는데, 변화를 선도하는 것은 시장이다. 그 한가운데에는 수남시장이 있다. 도매시장으로 가장 크다는 이 시장은 서울 동대문시장의 두 배나 되는 공간을 쓰고 있다. 러시아와 중국 두 나라와 다 가까우며 교통이 편한 덕분에 유통업의 중심지로 부상하고 있다. 물류를 넘어 사람과 사람이 만나는 환대의 도시, 관광도시로의 비약을 모색하고 있다. 지난 세기에 인기리에 많이 불린 함경도 민요 〈궁초댕기〉에는 "무슨 짝에 무슨 짝에 부령 청진 간 님아 신고산 열두 고개 단숨에 올랐네"라는 구절이 있다. 청진으로 돈 벌러 떠난 님을 그리워하는 내용이다. 예나 지금이나 사람과 물산이 많이 모이는 함경북도 최대의 도시이다.

위치와 지형

청진시(淸津市)는 함경북도 중부 동해안에 자리하고 있다. 시의 중심은 북위 41°47′, 동경 129°47′에 놓여 있다. 면적은 1,093㎢로서 신의주시의 면적이 약 180㎢인 것에 비하면 무척 넓은 편이다. 철길로 청진에서 평양까지는 717.7㎞, 함흥까지는 405.6㎞, 김책까지는 175㎞, 라선까지는 81.3㎞, 러시아와의 국경선 코앞인 두만강역까지는 132㎞, 중국과의 경계에 있는 남양역까지는 171.1㎞이다.

함경산맥의 저산지대에 놓인 청진시의 지세는 북서쪽에서 높고 남동쪽 동해 바닷가로 갈수록 낮아져 평야를 이룬다. 함경산줄기(함경산맥)에서 뻗은 지맥들로 인해 바닷가와 하천 연안을 제외한 대부분 지역이 산지이다.

시의 북부는 기대봉(1,049m), 산로산(750m), 고연대(609m), 농사암(1,320m), 고성산(古城山, 1,756m) 등을 경계로 부령군, 회령시, 경흥군과 접해 있다. 동부는 라선특별시와 인접해 있는데 사가기령(516m), 대안산(518m) 등이 경계가 된다. 서부는 북실봉(1,358m), 대련골산(1,850m) 등의 능선을 경계로 무산군, 경성군과 접해 있다. 앞바다에는 계염, 너에바위, 인지섬 같은 작은 섬이 있다.

회령시와의 경계에 함경산맥이 있다. 해발고도 800~1,000m의 산지로 시의 북동부에서 가장 높은 곳이며, 기대봉(1,049m)과 어석산(1,036m)으로 이어진다. 북동부의 기본 산줄기는 북북동~남남서 방향의 구조선을 따라 놓인 두 개의 산줄기이다. 하나는 부령군과 경계가 되는 철근령산줄기(철근령산맥)이다. 이 줄기는 기대봉에서 시작하여 남쪽으로 내려오면서 점차 낮아지는데, 신령산(809m), 연대봉(589m), 산로산, 청산(710m)으로 이어진다. 또 한 줄기는 어석산 가지줄기로 등영봉(622m), 신서봉(567m), 동수무산(532m) 등으로 이어져 부거천과 함께 동해로 향한다.

하천은 수성천(輸城川)이 청진시 중심을 북에서 남으로 흐른다. 수성천은 무산군 동쪽 차유봉(車踰峰)에서 발원하여 청진과 회령시 경계의 구조선을 따라 흐른다. 시의 서쪽 고성령(古城嶺, 1,079m)에서 발원하여 경성만으로 유입되는 라북천(羅北川)과 시의 동쪽 배덕이산(898m)에서 발원하여 리진만으로 유입되는 소청천(素淸川)이 있다. 이외에도 남석천, 송곡천, 련진천 등의 하천이 있다. 하천들은 모두 동해로 흘러들어간다.

대표적인 평야는 수성천과 라북천 연안에 형성된 수성벌(수성평야, 면적 90㎢)이다. 이곳에 시가지가 형성되었으며, 벼와 옥수수와 같은 곡물뿐만 아니라 채소 생산도 이루어지고 있다. 사구천과 부거천 하류 연안과 소청천 하류 연안에도 논농사에 적합한 평야가 있다.

수성천

청진시는 긴 해안선을 끼고 있다. 청암구역 해안에는 련진만(連津灣), 로창만(蘆倉灣), 룡제만(龍濟灣), 리진만(梨津灣) 등 양식업에 유리한 만들이 다양하게 분포한다. 특히 이 해안에는 강릉의 경포호와 같은 바다자리호수(석호)가 많은 것이 특징이다. 부거천 하류 룡제동에는 동호(면적 1㎢)를 비롯 남호(면적 0.3㎢), 승호(면적 0.13㎢), 룡두호(면적 0.3㎢) 등 크고 작은 석호가 있다.

신암구역에서부터 라남구역까지 경성만(鏡城灣) 연안에 있다. 이 중 신암구역과 라남구역 해안은 비교적 단조로운 바위 절벽 해안이 많이 나타난다. 이에 비해 두 구역 사이에 있는 포항구역, 수남구역, 송평구역 해안은 수성천과 남석천에서 공급된 토사가 퇴적된 모래 해안이다. 이 구역의 해안은 방파제와 항만 시설, 공업 시설들이 들어서면서 인공적으로 개조된 곳이 많다.

기후

동해를 끼고 있는 청진시는 동해 바다의 영향을 많이 받는다.

시의 연평균기온(1991~2020 평년값)은 8.7℃이다. 1월 최한월 평균기온은 -4.7℃이고, 8월 최난월 평균기온은 22.1℃이며, 연교차는 26.8℃이다. 기온은 일반적으로 바닷가에서 내륙으로 들어가면서 낮아진다. 동해의 영향으로 위도에 비해 겨울 기온이 많이 낮지는 않은 것이 특징이다.

강수량은 613.9㎜이다. 북한의 대표적인 소우지로 강수량이 적은 지역이다. 겨울철과 봄철에 메마르고, 여름철 강수량도 많은 편은 못 되나 때때로 폭우가 내린다. 1961년 8월에는 하루에 316.8㎜의 비가 내린 적이 있다.

봄과 여름철에 안개가 자주 끼고 일조량이 적다. 안개가 가장 많이 끼는 시기는 7월이다. 이때는 기온이 내려가고 흐린 날씨가 많아지며, 이슬비가 내리기도 하면서 농작물 성장에 해로운 냉해 현상이 나타난다.

봄과 여름에 주로 남동풍이 불고, 가을과 겨울에 북풍 또는 북동풍이 우세하다. 연평균풍속은 1.3㎧, 평균상대습도는 70.7%이다. 첫서리는 바닷가 지역

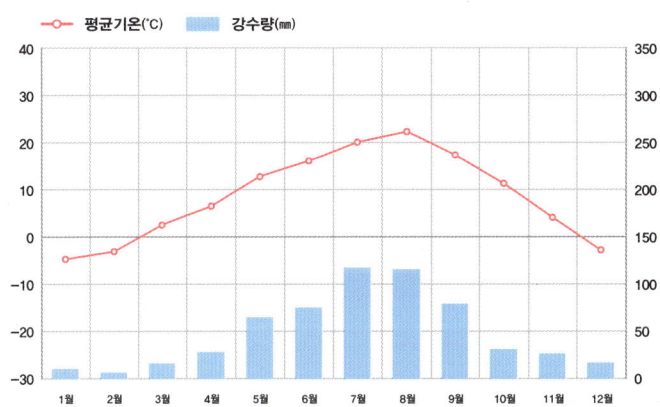

청진시 기후 그래프 (1991~2020년)

	30년 평균	2023년		30년 평균	2023년
연평균기온(℃)	8.7	10.0	연강수량(mm)	613.9	761.3
최한월(1월) 평균기온	-4.7	-4.7	여름 강수량 (6, 7, 8월)	326.6	634.9
최난월(8월) 평균기온	22.1	22.5	겨울 강수량 (12, 1, 2월)	34.9	22.7
연교차	26.8	27.2	평균 풍속(m/s)	1.3	2.0

출처: 대한민국 기상청 〈북한 기상 연보〉

이 10월 초순이나 하순에, 마지막 서리는 전반적으로 4월 하순에서 5월 초순에 내린다. 눈은 11월 초순에 내리기 시작하고 마지막 눈은 4월 초중순까지 내린다.

행정구역과 인구

청진시는 함경북도 행정 소재지(인민위원회 소재지)이다. 이 시의 행정구역은 유난히 변화가 많았는데, 2002년 기준으로 7구역 93동 14리이다. 구역은 우리나라 큰 도시의 구(區)에 해당한다. 청진시는 수성천 하류에 발달한 수성평야를 기준으로 청암구역, 신암구역, 수남구역, 포항구역이 자리잡은 북동지구와 부윤구역, 라남구역, 송평구역이 자리잡은 남서지구로 나눌 수 있다.

가장 북부에 위치하는 청암구역(靑岩區域)의 행정구역은 21동(관해동, 금바위동, 라석동, 락산동, 락양동, 련진동, 로창동, 룡제동, 리진동, 마전동, 문화1동, 문화2동, 방진동, 삼해동, 역전동, 인곡1동, 인곡2동, 정산동, 청암1동, 청암2동, 해방동), 6리(교원리, 련천리, 부거리, 사구리, 서리, 직하리)이다.

신암구역(新岩區域)은 시의 동부에 위치하며 10개 동(관해동, 교동, 근화동, 서흥동, 신암동, 신진동, 은혜동, 천마동, 포항동, 해안동)을 관할한다. 구역의 중심은 신암동인데, 신암동은 1900년대 초 청진항을 새로 건설할 때, 천마산이 바위를 갓다 쓰면서 붙여진 이름이다. 뛰어난 경관을 자랑하며 관광지로 유명한 고말반도와 천마산이 있다.

포항구역(浦港區域)은 시의 중심부에 있다. 행정구역은 14개 동(남강1동, 남강2동, 남강3동, 남향동, 북향동, 산업동, 수북1동, 수북2동, 수북3동, 수원1동, 수원2동, 청송1

동, 청송2동, 청송3동)을 관할한다. 이 구역에 1908년 4월에 개항한 청진항이 있다. 청진제강소와 청진강재공장을 비롯한 공장이 많이 들어서 산업지대를 이루고 있다.

수남구역(水南區域)은 시의 중앙부에 있다. 행정구역은 9동(말음1동, 말음2동, 수남1동, 수남2동, 신향동, 어항동, 청남동, 추목동, 추평동)으로 되어 있다. 시 중앙에 있지만 바로 옆에 화학섬유공장이 있어 주민 거주지가 형성되기 어려웠다. 지금은 대대적인 규모의 수남시장이 자리잡고 있다.

송평구역(松坪區域)은 시의 남서부에 있다. 행정구역은 13동(강덕1동, 강덕2동, 남포동, 사봉동, 서항1동, 서항2동, 송림동, 송평동, 송향동, 수성동, 은정1동, 은정2동, 제철동), 5리(근동리, 남석리, 룡호리, 송곡리, 월포리)이다. 이 구역의 북부에 있는 수성동은 무산, 회령, 라진 지방으로 연결되는 교차로이다. 지난날 경성으로 가

고말반도 남쪽 끝에 있는 고말산 등대

기 위해 꼭 들렀던 역참이 있었던 곳으로 조선시대부터 중요한 길목이었다. 함북선의 수성역이 있다.

부윤구역(富潤區域)도 시의 남서부에 있다. 행정구역은 7동(고성1동, 고성2동, 부윤1동, 부윤2동, 선바위동, 아양동, 천수동), 1리(어유리)이다. 이 구역에는 15세기부터 16세기 초에 걸쳐 외적의 침입을 막기 위해 쌓은 어유간보(魚游澗堡) 성터가 있다. 어유리에는 강알칼리성 온천인 룡천온천과 온천수를 이용한 요양소가 있다.

라남구역(羅南區域)은 시의 남서부에 있다. 행정구역은 19동(라북1동, 라북2동, 라성동, 라흥1동, 라흥2동, 락원1동, 락원2동, 룡천동, 리곡동, 봉천1동, 봉천2동, 봉천3동, 부암동, 새거리동, 신흥동, 은덕동, 평화동, 풍곡동, 회향동), 2리(룡암리, 봉암리)이다. 일제 강점기에 이곳은 일제의 군사기지였다. 해방 후, 현대적인 공업도시로 발전하면서 지방 산업공장들이 건설되었다. 지금은 여기에 남청진이라는 신도시

청진시 중심지

가 형성되었다.

새거리동은 새로운 거리라는 뜻이고, 신흥동은 새로 만들어졌으니 부흥하라는 뜻이다. 해방 후 평화롭게 살게 되었다고 평화동이라 한 곳도 있다. 하지

청진시 인구 현황 개괄 (단위: 명)

인구수	남자	여자	도시	농촌
667,929	317,899	350,030	614,892	53,037

출처: 2008년 북한 중앙통계국 발표 인구 센서스

청진시 인구 피라미드

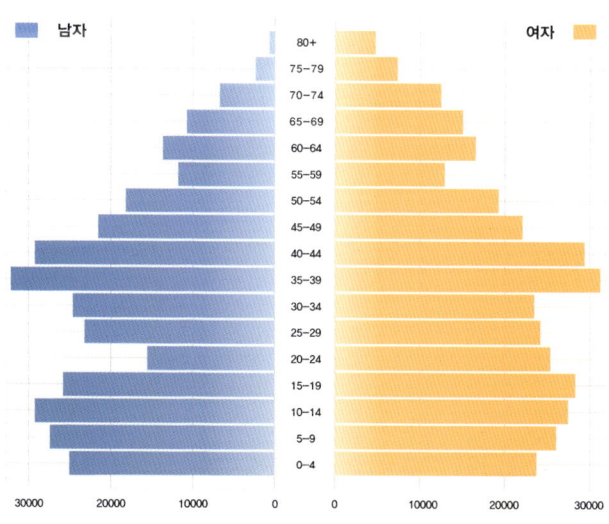

* 위 인구 피라미드는 2008년 북한 중앙통계국 발표 인구 센서스 자료를 바탕으로 연령대별 인구를 추산하여 작성한 것으로 참고용이다.

만, 오래 묵은 전나무가 있던 마을이라 하여 회향동, 바닷가에 용처럼 생긴 큰 바위가 있는 마을이므로 룡암리라 하는 등, 대부분 남한 지명과도 비슷한 분단 이전의 이름을 계승하고 있다. 지명의 보수성과 지속성이 드러난다. 지명의 동질성에서 남북한이 하나의 민족임을 느낀다.

인구는 2008년 기준으로 66만 7,929명이다. 남자가 31만 7,899명, 여자가 35만 30명이다. 도시 인구가 61만 4,892명, 농촌 인구가 5만 3,037명이다. 구역별 인구분포를 보면, 신암구역 6만 4,924명, 청암구역 13만 6,659명, 포항구역 10만 4,007명, 수남구역 8만 2,765명, 송평구역 14만 6,973명, 라남구역 11만 2,343명, 부윤구역 2만 258명이다. 신암구역, 포항구역, 수남구역은 도시 지역으로 인구밀도가 높다. 청암구역, 송평구역, 라남구역, 부윤구역은 도시와 농촌이 섞여 있다.

청진시는 북한에서 평양, 함흥에 이어 인구 3위의 도시이다. 일제 강점기에 공업지역이 형성되면서 인구가 많아지기 시작했다. 전후 1960년대 공업화 과정에서 우선 개발되면서, 급격하게 도시화가 진행되었다. 그에 더해 1970년대를 전후하여 육상교통이 발달하면서 더욱 확장되었다. 2000년대 이후 시장이 발전하면서 개인의 경제활동 기회가 확대되고 시장 중심 도시로 거듭나면서 인구도 많아졌다.

교통

청진시는 지리적으로 중요한 위치에 자리하여, 해상과 육상 둘 다에서 교통의 중심지이다. 철도운수, 자동차운수, 해상운수 모두 발달했다. 교통 운수가 경제 발전의 중요한 몫을 담당하고 있다.

철도

철도운수가 교통의 중심을 이룬다. 청진시에는 북한의 주요 간선 중의 하나인 🛈 평라선(평양~라선)과 🛈 함북선(청암~회령~라선)이 통과한다. 평라선 청진청년역에서 지선 🛈 청진항선(청진청년~청진항)이 갈라지고, 남강덕역에서 지선 🛈 강덕선(남강덕~수성)이 갈라진다.

🛈 평라선이 동해안을 따라 북쪽으로 올라간다. 평라선은 길이 781.1km의 철길로 평양과 함경남북도를 잇는 중요한 간선 철도이다. 평라선의 청진시 구간에는 라남역, 남강덕역, 송평역, 수남역, 청진청년역, 청암역(구 반죽역), 금바위역, 승원역, 련진역, 사구역, 부거역, 삼해역, 관해역, 락산역, 방진역이 있다.

🛈 함북선은 청진시의 청암역을 기점으로 내륙을 통과하여 북쪽으로 올라가 회령청년역을 거쳐 국경선을 따라 온성역으로 해서 라진역까지 연결된다. 길이 326.9km이다. 함북선은 함경북도의 내륙지방과 해안지역을 연결할 뿐만 아니라, 한반도 최북단의 국경지대를 운행하는 중요한 노선이다. 함북선의 청진시 구간에는 청진청년역, 청암역, 수성역이 있다.

🛈 강덕선 구간에는 남강덕역, 강덕역, 근동역, 수성역이 있다. 남강덕역에서 평라선과 이어지며 수성역에서 함북선과 이어진다. 내륙지방의 화물과 여객 수송에 있어 큰 역할을 담당한다. 🛈 청진항선은 청진청년역과 청진항역을 연결한다. 청진항선은 강덕선과 함께 김책제철련합기업소의 철광석을 비롯한 공업원료와 연료, 금속제품 수송에서 중대한 역할을 한다.

철도에 의한 여객 수송도 발전하여 청진시에서는 평양~두만강, 평양~온성, 라진~신천, 청진~신의주, 갈마~라진, 단천~라진, 청진~청진(순환선), 청진~라진, 청진~무산 사이의 철도 여행을 계획할 수 있다. 수성~청진~라남 사이의 통근열차도 운행된다.

북한은 전체 철도망을 평양, 개천, 함흥, 청진, 라선 5개 철도국 체제로 운영하고 있다. 청진시에는 청진철도국과 청진기관차대, 청진객화차대, 청진철길대, 청진전기대가 있다. 최근 청진철길대에서는 철길 침목 교체에 힘쓰고 있다. **청진 콘크리트침목공장**에서는 콘크리트 침목 생산에 높은 실적을 기록했다.

북한의 철도역은 크게 주요 철도역, 중간역, 간이역 3단계로 분류한다. 청진시 안에는 **송평역**, 수남역, **청진청년역**이 주요 철도역으로 꼽힌다. 송평역은 역들 가운데서 화물 취급량이 가장 많다. 청진시 철도 화물 수송 총량의 50%

청진청년역

이상을 차지한다. 김책제철련합기업소를 비롯한 주변 공장들에서 다루는 물자 이동량이 많기 때문이다. 이 역에서 주로 취급하는 화물은 선철, 강철, 강재류 등이다.

수남역은 송평역 다음으로 화물 취급량이 많다. 청진청년역은 청암구역에 있으며 **평라선과 함북선**이 교차한다. 여객 수송과 함께 **평라선, 함북선, 무산선**의 화차 교류가 이루어진다. 약 2,100㎡의 건축면적에 현대적인 서비스 시스템, 기술 장비, 조차(操車) 시스템, 역사(驛舍)를 갖추고 있다.

도로

도로는 해안을 따라 **평라선** 철길과 나란히 뻗은 ▣ 원산~라선 간 도로가 중요하다. 청진시 구간은 수성~청진, 청진~남강덕, 남강덕~라북, 라북~라남, 라남~승암이다. 청진시 구간의 길이는 31.9㎞이다. ▣ 원산~라선 간 도로에서 분기하여 ▣ 청진~회령 간 도로가 있다. 청진시 구간은 수성~강덕, 강덕~남강덕, 수성~반죽을 통과한다. 청진시 구간의 길이는 13㎞이다. 이외에 부거리~부령, 관해동~은덕, 봉안리~부윤, 청진~수성 간 도로가 개설되어 있다.

정기 버스가 청진~부거(48㎞), 청진~무산(106㎞), 청진~경성(40㎞), 청진~광대암(40㎞), 청진~금바위동(13㎞), 송평~송곡(16㎞), 청진~은덕동(26.3㎞), 말음~산업(4㎞), 청진~부윤(42.8㎞), 청진~직하(8㎞), 신진~은혜(4㎞), 청진~련진(32.9㎞), 송평~남석(12㎞) 등의 노선에서 운행되고 있다.

청진시는 해안선을 따라 길게 늘어져 있으며, **김책제철련합기업소**의 종업원과 시민들이 여러 구역에 집중하여 살고 있다. 시민들의 발을 책임지는 교통 문제는 언제나 중요하다. 시내에는 버스 외에도 무궤도전차가 있어 시민들의

청진시 궤도전차

청진시 버스

출퇴근 이동을 돕는다. 무궤도전차 노선은 해안~사봉(10㎞), 청진역~농포(10.5㎞), 라남~농포(5.5㎞), 해안~청암(8㎞) 등의 노선이 있다. 최근에는 무궤도전차 수를 늘려 배차 간격이 5분이 넘지 않도록 하고 있다. 궤도전차도 다니는데 사봉~봉천(17㎞) 노선이 있다. 궤도전차는 청진 뻐스공장(청진버스공장)에서 자체로 만든 것이다. 청진시 려객운수사업소가 책임지고 있다.

해운

해상 교통의 중심은 🔽 청진항이다. 북한에는 동해안 지역에 원산항, 함흥항, 청진항, 라진항, 선봉항, 5개 주요 항구가 집중되어 있다. 이 중에서도 청진항은 서해안의 남포항에 이어 북한에서 두 번째로 큰 무역항이다. 북쪽 끝의 라진, 선봉, 우암, 그리고 남쪽으로 김책, 단천, 신포, 흥남, 원산 등 국내 여러 항만과 러시아, 일본으로 가는 항로가 개설되어 있다.

청진항은 1908년 일제에 의해 개항되었다. 일제 강점기에 중국 대륙을 통과하는 북만철도(北滿鐵道), 도가선(圖佳線), 장도선(長圖線) 등으로 들어가는 관문이자 군수물자를 수송하는 항구로 이용되었다. 해방 이후 대대적으로 항만시설과 장비가 보강되어 북한의 해상운수와 대외무역에서 중요한 비중을 차지하는 항구가 되었다.

청진항은 동항, 중앙항, 서항으로 구분되어 있다. 부두의 총연장은 3,000m이며 동항과 서항은 8㎞ 떨어져 있다. 연간 하역 능력은 동항 87만 톤, 서항 1,069만 톤으로 총 1,156만 톤을 수용할 수 있다. 8개의 부두로 구성되어 있으며 최대 2만 톤 급의 선박 접안이 가능하다. 중앙항은 어항으로 사용된다.

동항은 무역화물 전용이다. 광석, 곡물, 일반 잡화 등을 주로 취급한다. 만경봉호의 전용부두가 있었는데, 2006년 7월 이후 만경봉호의 일본 입항을 금지하여 지금은 운항이 중단된 상태이다.

서항은 석탄과 철강을 주로 취급하며 김책제철련합기업소 전용이다. 서항 4호 부두 배후에 있는 김책제철련합기업소까지 인입선이 들어와 있다. 1976년 무산군과 서항 사이에 3화 수송의 한 형태인 대형 장거리 정광 수송관이 건설되었다. 이로써 무산광산에서 생산되는 철 정광을 김책제철련합기업소까지 수송할 수 있다.

🔱 청진항의 철도와 도로는 🧑 함북선을 통해 중국, 러시아와 연결된다. 투먼과 하얼빈으로 연결되는 교역의 관문이다.

청진항(동항, 신암구역)

청진항 방파제

항공

청진시에서 가장 가까운 공항은 ✈ 어랑비행장이다. 함경북도 최대의 공항이자 유일한 여객기 취항 비행장이다. ✈ 청진공항이라고도 한다. 2014년부터 평양~어랑 간 국내선 운항이 개시되었다. 청진시 도심에서 남서쪽으로 약 45㎞ 떨어진 어랑군 회문리에 있다. 공항에서 가까운 철도역은 **평라선의 어랑역**으로 약 2.5㎞ 거리이다. 원산~라진 간 도로도 인접해 있다.

폭 60m, 길이 2,500m의 활주로 1개와 폭 10m, 길이 2,500m의 유도로 1개, 주기장, 지상과 지하의 격납고, 유류 저장시설, 관제소, 수리소, 위성통신시설 등을 갖추고 있다. 중대형 항공기의 이착륙이 가능하다. IATA(International Air Transport Association, 국제항공운송협회) 코드는 RGO이다. ICAO(International Civil Aviation Organization, 국제민간항공기구) 코드는 ZKHM이다.

역사와 문화

고대

지금의 송평구역에서 농포리 유적을 비롯한 구석기시대에서 청동기시대에 이르는 원시사회 유적과 유물이 대량 발견되었다. 농포리 유적은 대표적인 신석기시대 유적이다. 삼국시대에는 고구려의 영역에 속했다가 발해국이 건립되면서 동경룡원부(東京龍原府)에 소속되었다. 지금의 청암구역 부거리 일대에는 부거석성(평지성), 부거토성(산성), 봉화대, 무덤군 등 발해 유적이 있다. 발해가 망한 뒤 거란, 금나라, 원나라의 지배 아래 있기도 하였다.

농포리(農圃里) 유적

송평구역 은정1동에 있다. 기원전 약 3000년 후반기로 추정되는 신석기시대 말기의 유적으로 동북 지방의 대표적인 신석기시대 유적 중 하나이다. 유적에서는 돌, 뼈, 흙으로 만든 농구, 공구, 어구 및 수렵 도구가 발굴되었다. 또한 흑요석기, 무늬돋치개, 조각품, 질그릇 등이 나왔으며 돼지, 개, 노루, 사슴 등 동물 뼈와 각종 새, 물고기 뼈도 발굴되었다. 이 유적을 남긴 사람들이 농사 외에 물고기도 잡았으며 가축도 사육했다는 것을 말해준다. 농포리 유적은 이 땅의 신석기시대 말기의 문화와 생산 활동을 연구하는 데 귀중한 자료이다.

부거(富居) 무덤군

청암구역 부거리에서 약 1.5km 서남쪽에 있는 부거천을 건너 함전이라는 언덕에 있는 무덤군이다. 여기에서 조금 떨어진 곳에 동해가 펼쳐진다. 발해 시기의 문화를 연구하는 데 중요한 자료가 되는 유적이다. 《북관고적기(北關古蹟記)》에는 현 서쪽 산에 만여 기의 옛 무덤이 있는데 모

부거무덤군 18호 무덤

두 석곽이고 어느 때 것인지 알 수 없다고 기록되어 있다. 일제 강점기 때 대부분 파괴되고 500여 기의 무덤이 남아 있다. 무덤은 돌과 흙으로 쌓은 타원형인데 떼를 지어 있으며, 무덤 안에는 나무관, 돌관 등이 있다. 무덤은 대체로 남쪽을 향하고 있고, 길이 2.2m, 높이 0.8m, 폭이 1m나 된다. 무덤과 무덤 사이의 거리는 평균 15~20m 정도이다. 무덤의 부장품은 대부분 도굴되고 남은 것은 청동으로 만든 숟가락, 가락지, 질그릇, 쇠못, 쇠거울 등이다.

조선

조선시대 청진은 부령부(富寧府) 청하면에 소속된 작은 어촌이었다. 부령부는 육진(六鎭)의 한 곳이다. 육진은 세종(世宗)이 동북 방면의 여진족의 침입을 대비해 두만강 하류 남안에 설치한 국방상의 요충지로, 종성, 온성, 회령, 경원, 경흥, 부령의 여섯 진을 말한다. 특히, 15세기부터 16세기 초까지 북방의 방위를 강화하기 위해 백두산 기슭 내륙지방에 여러 보(堡)를 쌓았다. 부윤구역 어유리에 있는 어유간보(魚游澗堡)는 무산 방면으로부터 라북천 줄기를 따라 침입하는 외적을 막기 위해 쌓은 성이다. 이때의 성터가 유적으로 남아 있다. 청진은 조선시대 말엽부터 동해안의 양항(良港)으로 발전하기 시작했다.

근대

지리적으로 좋은 환경이라는 점은 일제의 식민지 수탈을 위해서도 유리하긴 마찬가지였다. 청진은 원래 20~30호가 살던 작은 어촌이었는데, 1904년 러일전쟁이 일어나면서 변화의 전기를 맞게 된다.

일본군이 원산에 상륙하여 러시아군과 전투를 치렀다. 이후 길주를 거쳐 무산, 회령에서 러시아군과 격전을 벌인다. 이 과정에서 군수 자재 보급과 군대 수송을 위한 병참기지의 필요성을 느끼고 실측을 통해 적당한 곳을 물색한다. 그 결과, 청진이 양항이며, 상륙지점으로 최적이라 판단하여 항구로 개발하기로 한다. 이렇게 개발된 청진항이 1908년 개항장이 되고 1921년부터 대대적인 항구 건설이 시작되었다. 이후 간도 방면의 물자 수출입항으로 쓰이게 되었다.

청진항 개항과 더불어 함경선(당시 함경남도였던 원산과 회령을 오가던 노선)을 비롯한 철도 부설을 빼놓을 수 없다. 일제는 함경도 지방의 석탄과 삼림을 개발하고 해산물을 반출하여 자국의 연료난과 식량난을 해결하기 위해 함경선을 부설한다. 함경선을 길회선(중국 길림~회령)과 연결하여 만주 내륙과 시베리아 진출을 원활하게 하려는 목적도 있었다. 함경선은 군사적, 경제적으로 경부선과 경의선 철도에 버금가는 제2의 종관 간선 철도로 평가된다.

일제는 1931년 만주사변을 계기로 한반도 북부지방을 병참기지로 만들기 위한 이른바 '북선(북조선)개척'을 조직적으로 시도한다. 일제는 1928년 함경선 본선을 완공하고, 이후 수성~회령선, 청진선, 회령 탄광선, 도문선 같은 철로를 정비하고 확충한다. 한편, 경원~함경선 등을 복선화하고, 청진, 라진, 웅기(선봉 지역의 옛 이름) 등의 항구를 위 철도와 연결한다. 그리고 청진항이 마이즈루[舞鶴]와 니가타[新潟] 등 일본 서부지방의 중요 항구와 연결됨으로써 일본~조선~만주를 잇는 운송 체계가 완성된다.

1930년대 '무산광산(茂山鑛山)'이 개발되면서 지하자원, 전력, 연료, 용수 등을 갖추고 육상 및 해상 교통이 정비되었다. 이어서 해안가 쪽으로 3대 제철소를 비롯한 각종 대규모 공장이 들어서면서 중공업 도시로 크게 성장하였다. 또한, 청진 앞바다에서는 '함남에는 명태, 함북에는 정어리'라는 말이 있을 정도로 정어리잡이가 대단했다. 1930년대 말에 청진 어항 근처에는 수많은 정어리

1930년대 청진의 주요 수산물 정어리

기름공장이 건설되었다.

  사람들이 몰려들면서 1944년에는 조선에서 인구가 4번째로 많은 도시가 되었다. 그러나 식민도시로 개발된 곳이 대부분 그러하듯이 청진의 개발 주체와 수혜자는 전부 일본인이었다. 조선인은 청진의 발전 과정에서 극심한 민족 차별을 체험하고 갈등을 겪을 수밖에 없었다. 1930~40년대 문학은 당시 일제의 북선 개척으로 인해 한갓진 산간마을에 불어닥친 개발 열풍과 수탈의 과정을 자세히 그리고 있다. 철도 공사로 인해 뿔뿔이 흩어지는 한 가정의 모습에서 파괴되는 민중들의 생활상과 국토의 모습을 볼 수 있다.

> 그 남편 명식이가 어느 날 남포가 잘못 터지면서 돌덩이가 무너지는 바람에 바위에 깔려 죽는다. 철도 공사가 시작된 이래 마을에서 생긴 다섯 번째 희생자였다. 이후 아들 재수는 어머니에게 정을 거둔다. 그리고 할아버지 몰래 동네 친구들과 어울려 색주가를 드나든다. 순남이라는 색시를 만나 혼을 빼앗겼다. 처음에는 부끄러웠지만 나중에는 혼자서도 찾아갔다. 하루는 그녀의 무릎에 앉아 밤새 술을 마셨다. 그날 밤 집으로 돌아오는데 어머니에게 복수를 한 기분이 들었다. 그러나 곧 어쩐지 도리어 자기에게 복수한 것처럼 느꼈다. 그는 얼마 후 순남이와 함께 종적을 감춘다.
>   박존이 영감이 기겁하여 사람들을 붙잡고 물어보자 이런 대답이나 돌아왔다. "아마 부령 청진으로 간 게군."
>   나중에는 며느리마저 십장과 함께 사라진다.
> ─김기림의 〈철도연선〉 중에서, 《조광》 1935년

한편, 이렇게 만들어진 함경선 연변은 경치가 뛰어나기로 유명하다. 함경선 차창 밖으로 펼쳐지는 풍경 또한 당시 문학을 통해 그려볼 수 있다.

> 민요를 듣다가 다시 차에 뛰어올라 북으로 북으로 조선 땅이 끝 간 데까지 자꾸 달려가면서 사면을 바라다보니 함경선같이 경치가 좋은 곳이 드물다. 나는 일찍이 경부선이나 경원선, 호남선 등을 타본 적이 있으나 이렇게까지 산과 바다가 잘생긴 무엇을 본 적이 없다. 글쎄 가는 곳마다 장백산맥이 거인같이 내닫다가는 우뚝 서고 또 섰다가는 내닫는 것이 한껏 장(壯)하고 수려할뿐더러 파란 동해 물이 차창(車窓)까지 와~ 쳐들어왔다가는 주적주적 걸어나가는 모양이 초여름의 여객(旅客)에게 끝없는 양미(凉味, 서늘한 맛)를 퍼부어 준다. 그뿐이랴. 바닷가 푸른 솔밭 속에 빨간 해당화 꽃송이가 불붙듯이 핀 것이 더구나 초록 치마에 분홍 댕기를 드린 처자를 보는 듯 천 리 고객의 머리를 구름 밖에 끈다.
>
> 차가 청진에 가까워지면서부터 또 이번에는 비가 촉촉이 내리기 시작한다. 북관의 산천이 가느다란 빗발 속에 잠겨가는 모양이란 실로 말할 수 없는 풍정을 느끼게 한다.
>
> ―김동환의 〈초여름 관북기행(初夏의 關北紀行)〉 중에서, 《동아일보》 1928년 7월 17일

현대

오늘날 청진시는 여전히 북한 최대의 공업도시로서 함경북도 정치, 경제, 문화의 중심지이다. 2000년대 들어 시장이 발전하면서 상업과 무역도시로서의 성격이 두드러지기 시작했는데, 지리적 위치로 보아 당연하다고 할 수 있다. 중국 영사관과 러시아 영사관이 자리하고 있어 국제도시이다. 북한에서 해외 패션이 가장 먼저 상륙하는 곳으로 패션의 도시라고도 한다.

'청진시 꾸리기' 논의가 시작된 2012년 이래 10여 년 동안 청진의 모습은 매일 새로워지고 있다. 특히 산업지대인 포항구역의 변모가 놀랍다. 2만㎡에 달하는 포항광장 양쪽으로 폭 20미터의 도로가 바다를 향해 시원하게 뻗어 있다. 그 옆으로 반듯반듯하게 공공건물, 상업시설, 편의시설, 살림집 등이 건설되었다. 광장 뒤로는 바다를 배경으로 화초공원이 조성되었다. **청진극장**이 새로 건설되었고, 극장 앞에는 분수공원이 만들어졌다. 새로 건설된 건축물들은 물결 모양으로 설계되는 등 항구 도시의 풍치를 살리고 있다.

도에서는 신암구역을 도시경영 사업의 본보기 구역으로 정하고 하수도와 빗물 처리 설비의 정비와 보강, 강하천 준설, 도로포장 공사를 했다. 수남천, 라북천, 직두천 등 청진시로 흐르는 하천들을 정리하고 주변을 공원으로 꾸미고 있다. 신암구역을 비롯한 시의 거의 모든 구역에서 도로포장 공사와 인도의 보도블록 교체가 이루어졌다. 수천 개의 가로등을 새것으로 교체하고 건물에 조명 장식을 하기도 했다.

모든 구역에서 공원과 잔디밭을 정리하고 수종이 좋은 나무를 심는 등 도시의 멋을 살리기 위한 녹화사업도 동시에 이루어졌다. 라남구역에서는 잣나무, 수삼나무(메타세쿼이아), 밤나무, 단나무(아로니아) 등 수백만 그루의 나무를 심었

포항구역 거리

청진 어린이 교통공원

함경북도 도서관

다. 라남구역 롱암리와 청암구역의 부거리, 직하리 등의 농장마을에는 문화주택이 건설되었다. 신암구역과 청암구역의 해안가 지역에는 해안방파제 공사를 추진하여 해일과 큰물이 겹칠 경우를 대비하였다.

도시정비 사업과 함께 **청진 청년야외극장, 청진 어린이교통공원, 청진 경기장, 함경북도 과학기술도서관** 등 시민들과 청소년들이 이용하는 문화, 체육시설도 신설되거나 재건축되었다. 함경북도 과학기술도서관은 열람실과 강의실, 학술토론회장을 비롯하여 정보서비스, 연구토론, 각종 전시회를 진행할 수 있는 시설을 갖추고 있다. 송평구역 도서관을 비롯해 구역마다 도서관이 있는데, 뉴미디어 시대에 발맞추어 정보 봉사 시스템이 구축되어 함경북도 도서관, 청진 광산금속대학 정보봉사실과 연계되어 있다.

청진 역사박물관을 비롯해 함경북도 미술창작사, 함경북도 예술단 등 함경북도의 기관과 단체들이 있다. 방송과 언론으로는 **청진방송**과 **함북일보**가 있다. **청진방송**은 라디오방송으로 함경북도 주민을 대상으로 하는 지방방송이다. **함북일보**는 조선로동당 함경북도위원회 기관지이다. 출판과 관련해서는 구역마다 출판물 보급소가 있다.

청진시 유원지가 있는데 최근에 승마길을 만들었다. 그 밖에 룡암공원, 농포산 공원, 청진 식물원, 청진 동물원 등이 있다.

보건, 의료기관으로는 함경북도병원, 함경북도 소아병원, 청진시병원, 청진 의학대학병원, 청진 구강병예방원, 청진 고려병원, 청진 철도병원, 포항구역병원, 청암구역병원, 청진시 위생방역소 등이 있다.

도시 관리와 관련한 기관으로 도시경영기계화사업소, 청진시 주택건설사업소, 청진 재자원화기술교류소, 오물처리장 등이 있다.

코로나19 이전까지 북한은 청진을 포함한 칠보산 관광 프로그램을 운영하였다. 중국 투먼세관을 도보로 통과해 들어와 함경북도 남양역에서 관광열차를 이용해 칠보산을 비롯 청진 등 함경북도 일대 관광지를 둘러보는 여행상품이다. 청진 일대의 숙박시설로는 천마산려관, 경성요양소, 온포온천휴양소, 청진려관 등이 있다.

산업

청진시는 북한 북동부 지구의 최대 공업지역으로 제철, 제강, 기계, 화학 등 중공업이 핵심 산업이다. 인구가 많은 만큼 다양한 일용품과 식품을 생산하는 경공업 공장이 운영되고 있고, 대규모 시장이 활발하게 돌아가고 있다.

농림어업

① 농축산업

최근 북한은 '농자천하지대본(農者天下之大本)'이라며 농사를 잘 짓기 위해 전 국민과 나라가 헌신해야 한다고 강조하고 있다. 함경북도에서는 백수십 개의 양수장을 새로 건설하고 관개수로를 정비하였다. 또한 새롭고 능률적인 농기계 생산에도 힘을 기울이고 있다. 농장마다 석회로를 건설하여 소석회 생산을 늘리고 광물질 비료를 만드는 등 토지개량 사업에도 힘쓰고 있다.

청진시 농업은 주민 식생활에 곧바로 이바지하는 남새(채소) 농업과 축산업, 과수업을 중심으로 이루어지고 있다. 농경지의 90%가 청암, 송평, 라남구역에 있다. 농경지의 92%가 언덕과 낮은 산비탈에 있는 밭이다. 논은 3.8%밖에 되지 않으며 하천 유역 충적지인 수성평야와 사구평야에 집중해 있다.

시 안에는 21개 이상의 협동농장이 있다. 송평구역의 **송향농장**, **월포농장**, **룡호농장**, **근동농징**, **농포농상**, **남석농장**, **송곡농장**과 청암구역의 **서리농장**, **청암농장**, **직하농장**, 라남구역의 **신흥농장**, **봉암농장**은 중요한 채소 생산 농장이다. 송평구역과 라남구역은 배추, 가두배추(양배추), 시금치, 오이, 가지, 호박, 파, 고추 등을 많이 생산한다. 청암구역에서는 무, 고추, 마늘을, 신암구역에서는 토마토와 마늘을 많이 생산한다. 이 밖에 쑥갓, 당근, 참외, 미나리,

청진시 교외에 자리한 청암구역 직하리 마을

청진 수산사업소

그리고 부식용 감자도 심고 있으나 생산량이 많지 않다. 곡식은 옥수수와 벼를 주로 생산하고 콩과 보리도 조금 생산한다. 공예작물로는 유채, 들깨, 약초 등을 조금 생산한다.

청진시는 2013년부터 채소 농사를 위한 온실을 단계적으로 건설해 왔다. 온실은 무(無) 난방 박막 온실로 한겨울에도 채소 농사를 지을 수 있도록 만든 토벽식 온실이다. 기능성 3겹 온실 박막과 열 축적이 좋은 흙벽돌로 태양열을 효과적으로 이용하고 있다. 특히 **직하농장**, **룡호농장**, **월포농장** 등이 온실 채소 생산을 알차게 하고 있다. 청진시는 2019년에 대규모로 준공된 이웃 경성군의 **중평 남새온실농장**으로부터도 많은 채소를 공급받고 있다.

축산업은 시 변두리에서 농산업과 수산업에서 나오는 부산물을 이용하여 이루어진다. 라남구역의 **청진 닭공장**과 **청진 젖소목장**을 비롯하여 송평구역의 **농포 젖소목장**, 청암구역의 **룡제 오리공장**, **청진 돼지공장** 등에서 소, 돼지, 닭, 오리 등의 가축을 사육하고 있다. 이 밖에 양, 염소, 사슴, 토끼 등도 기르고 있다. **마전 사슴목장**과 **부윤 사슴목장**도 유명하다. 마전 사슴목장은 북한에서 가장 오랜 사슴 목장으로 여기서 생산되는 녹용은 전국 각지로 보내진다. 청암구역 부거리에서는 양을 키워 양털을 많이 생산하고 있다. **청진 토끼종축장**은 2022년 자동 먹이 공급장치를 도입하는 등 개건 현대화 공사를 마쳤다. 우량 품종의 토끼 수를 늘리면서 해마다 2만여 마리의 새끼 토끼를 생산해 공급하고 있다.

북한에서는 축산업 발전의 과업으로 우량 가축 종자 확보, 충분한 먹이 보장, 과학적인 사양(飼養) 관리, 철저한 수의방역 실현을 강조하고 있다. 최근에는 아이들에게 충분히 유제품을 공급하고자 하는 육아정책을 뒷받침하기 위해 염소목장을 확장하고 있다. 전국 곳곳에서 풀밭을 대대적으로 조성하여 염소를 기르고, 현대적 유제품 생산 공정을 꾸리고 있다.

과수업은 한국전쟁 후에 급속히 발전하였다. 배, 사과, 복숭아 등을 생산하는데, 배의 생산량이 가장 많다. 주요 배 생산지는 라남구역이다. 시에서는 최근 사과 대신 배의 생산지를 체계적으로 늘리고 있다. 그 밖에 약간의 포도, 살구도 생산한다.

청진시에는 농촌 경영에 직접 복무하는 청진 남새연구소, 청진 채종농장, 청진 종자관리소, 청진 관개건설사업소, 청진 농촌수송사업소, 함경북도 식물방역소 등 14개 이상의 농업 관련 기업과 연구소가 설치 운영되고 있다. 2023년 8월에는 함경북도 농업과학연구소가 새로 준공되었다.

② **수산업**

청진시는 북한의 주요 수산기지 중 하나이다. 조선소, 선박수리공장, 수산기계공장, 그물공장, 청진 선박운영보장사업소 등 수산업이 발전할 수 있는 물질적 토대를 갖추고 있다. 함경북도와 북한의 수산업 발전에 중요한 몫을 차지한다.

청진시 앞바다는 세계 3대 어장과 잇닿아 있는 풍부한 어장이다. 10여 개의 크고 작은 만(灣)과 포구가 있고, 77㎢ 이상의 양식 적지가 있다. 대규모 수산사업소와 수산협동조합, 협동농장 수산작업반, 바닷가 양식사업소, 담수 양어장 등에서 원양어업과 근해어업을 통해 수산물을 생산하고 있다.

원양어업은 청진 수산사업소와 련진 수산사업소에서 담당하고, 근해어업은 수산협동조합과 협동조합 수산작업반에서 한다. 주로 명태, 정어리, 멸치, 도루메기(도루묵), 청어, 송어, 꽁치, 낙지(오징어), 문어 등이 많이 잡힌다. 아주 작은 규모의 세소어업(細小漁業)도 적극 발전시켜 가자미, 이면수 같은 어류와 대합, 가리비 같은 조개류를 잡는다. 해조류는 청암구역에 있는 **련천 바닷가양식사업소** 등에서 많이 생산하고 있다. 룡제만, 련진만, 리진만, 기동만과 같이 물결이 잔잔하고 물 깊이가 얕은 바다에 양식장을 설치하여 미역과 다시마를 계획적으로 생산하고 있다. 최근에는 양식업의 과학화와 집약화 수준을 높이는 데 힘쓰고 있다.

수산자원을 보호하고 증식하는 사업에도 힘을 기울이고 있다. 청진 수산사업소를 비롯한 많은 수산협동조합에서는 태평양 연어와 가자미 등 수백만 마리의 새끼 물고기를 방류했다. 청진시 종어사업소에서는 물고기들의 수정률과 부화율을 높이면서 100여 ㎡의 미생물 배양장을 건설하는 등 먹이 보장 대책을 세우고 있다. 두 사업소에서는 잉어, 붕어, 초어 등 민물고기를 기르는 담수양식사업도 진행하고 있다.

청진 대성수산물가공사업소를 비롯해 수산물 사업소와 협동조합에서는 냉장 시설과 가공시설을 갖추어 냉동 제품, 통조림, 건제품 등으로 수산물을 가공하여 공급한다. 명란젓, 뱀젓(창란젓) 등의 젓갈류도 만든다. 수산물은 청진시뿐만 아니라 함경북도와 다른 도의 여러 지역으로 나가며, 다른 나라에도 적지 않은 양이 수출되고 있다.

청진 중앙동물원 사료보장 수산사업소의 주요 사업은 평양에 있는 중앙동물원에 수산물 사료를 공급하는 것이다. 2011년 작은 고깃배 3척과 냉동고 1개로 창립되었는데, 이제는 수백 마력의 어선 10여 척을 비롯해 수백 톤의 냉동고와 물고기 종합가공장을 갖춘 사업소로 급성장했다. 2023년에 전국의 사업소를 대상으로 선발하는 10대 최우수기업 중 하나로 선정되었다. 선정 기준은 공업 총생산액과 종업원 일인당 생산액, 평균 노동보수의 수준, 지난해 대비 경제계획의 초과 수행 정도, 자체 힘으로 생산 토대를 구축했는가, 품질 향상이 뚜렷한가 등이다.

광업

광업 또한 청진시 산업에서 적지 않은 몫을 차지한다. 주로 니켈, 석회석 등을 채굴한다. **부윤광산**은 북한에서 가장 큰 니켈 광산인데, 니켈광 생산능력은 연간 4만 7천 톤에 이른다. 부윤구역 일대의 니켈 매장량은 약 150만 톤으로 추정된다.

청암구역 금바위동에서는 석회석을 채굴한다. 이곳에 약 2,500만 톤의 석회석이 매장되어 있다. 이 일대에는 금광도 있는데, 자연금, 황철석, 황동석, 섬아연석, 방연석 등의 광석을 캐고 있다. 청암구역 교원리에는 약 5만 톤 이상의 크롬이 매장되어 있다. 련진동에는 석비레 광상이 있다.

라남구역에는 **라남탄광**을 비롯한 중소 규모의 탄광들이 있다. 라남구역 일대를 포괄하는 라남탄전은 오래전에 알려졌으며 확보 매장량은 약 580만 톤 이상이다. 이곳에서 생산된 석탄은 주로 시의 기관과 회사, 주택 연료로 사용된다. 이외에도 화강석 광산 등이 있다.

청진 광물생산사업소에서는 재자원화(리사이클링)의 일환으로 광산에서 나오는 폐기물을 이용하여 해마다 수천 톤의 시멘트를 생산하고 있다. 생산된 시멘트는 질이 좋아 관련 사업체는 물론 주변 지역에서 수요가 높다.

광업 관련 연구기관으로 **청진 채굴공학연구소**가 있다. 최근 공기식 회전 천

공기 개발에 전력을 기울이고 있다.

경공업

최근 북한은 경공업 공장들의 현대화를 추구하고 원료와 자재의 국산화 비중을 높여 생산을 정상화하는 데 노력하고 있다. 2023년 8월에는 청진시에 각종 최신 분석 설비를 갖춘 함경북도 품질분석소를 새로 건설했다. 제품의 질을 객관적으로 검사하기 위한 품질 감독체계를 세우고 제품의 질 향상에 애쓰고 있다.

청진시 광공업 현황 (2023년 12월 기준)

	업종	기업 수(개)
경공업	가구, 목재, 종이 및 잡제품	6
	섬유의류	14
	음식료품 및 담배	18
중화학공업	1차 금속	5
	건재	7
	기계	9
	수송기계	5
	전기전자	3
	화학	16
광업	비금속광물광산	2
	비철금속광산	3
	탄광	1
에너지	수력발전	3
	화력발전	1
합계		70

출처: KIET 북한 산업·기업 DB

① **일용품 공업**

청진시의 일용품 공업은 구성이 다양하다. 철제 일용품 생산이 큰 몫을 차지하는데, 포항구역을 빼놓고 모든 구역에 철제 일용품 공장이 있다. 청진시에는 김책제철련합기업소와 청진제강소 등이 있어 철강재 재료를 쉽게 구할 수 있고, 생산과정에서 생기는 부산물을 이용할 수 있다. 또한, 철제품 가공설비와 인력이 풍부할 뿐만 아니라, 다른 지역보다 철제 일용품이 많이 소비되는 지역이라서 철제 일용품 생산이 발달하게 되었다.

특히 철강재 원료가 풍부한 송평구역, 라남구역, 수남구역에 관련 공장이 많다. 청진 청년자전거공장에서는 자전거와 자전거 부속품을 생산한다. 함북조선소 련합기업소와 5월10일공장의 생필품 직장에서도 철제 일용품을 생산한다.

목재 일용품은 청암 가구공장, 신암 가구공장, 부윤 가구공장, 청진 교구비품수리소, 청진 성냥공장, 청진 목재가공공장 등에서 생산한다.

포항 민족악기공장, 청진 악기공장, 청진 영예군인일용품공장, 청진 화장품공장, 청진 제지공장, 청진 텔레비전수상기공장, 청진 거울공장, 청진 체육기구공장 등에서는 문화 일용품을 생산한다. 라남구역에 있는 청진 시계생산협동조합과 포항구역에 있는 만년필공장은 전후에 창설된 오래된 공장으로, 시계와 만년필을 생산하여 공급한다.

가정용품을 생산하는 공장으로는 플라스틱 그릇과 통을 생산하는 라남 영예군인수지■일용품공장을 비롯하여 청진 가정용품공장, 청진 수예품생산협동조합, 청진 알루미늄공장, 청진 법랑칠기공장, 청진 전구공장 등이 있다.

■ 수지(樹脂): 본래는 나무에서 나오는 진액을 말하는데, 어느덧 플라스틱 같은 합성수지를 가리키는 말이 되었다. '파수지'라는 말도 쓰는데, 재활용할 폐(廢)플라스틱이다.

청진시 비누공장과 송평 영예군인일용품공장에서는 비누를 생산한다. 신암 영예군인수지일용품공장에서는 다양한 가방류를 생산하고 있다.

이외에도 비닐 박막 등을 생산하는 청진 영예군인수지일용품공장을 비롯하여 영예군인의료기구공장, 청진 완구공장, 수남 포장용기공장, 라남 수출품포장재공장, 라남 전기일용품공장, 부윤 독공장, 청진 도금공장, 청진 공구공장, 청진 저울공장, 라남 철제실험기구공장 등이 있다.

② **식료품 공업**

청진시에는 구역마다 식료품 공장이 있으며 100가지 이상의 식료품을 생산한다. 식료품 공업에서 된장, 간장, 기름 생산이 중요한 부문 중 하나다. 간장, 맛간장과 된장, 고추장을 생산하는 청진 장공장과 콩과 옥수수 등을 원료로 기

청진시 비누공장

름(식용유) 생산을 전문으로 하는 **청진 기름공장**과 **청진시 기초식품공장**이 중요하다.

최근 청진시 기초식품공장은 메주, 장, 간장을 비롯한 공장의 모든 작업반에서 장의 질을 개선하고 가짓수를 높이는 데 힘쓰며 장 생산량을 두 배로 늘렸다. 청진 과자공장에서는 과자, 사탕, 술 등을 생산한다. 바닷가에 있는 식료품 공장에서는 생선 가공품 생산을 기본으로 하면서 채소류도 가공한다. **청진 제분공장**에서는 밀가루, 국수 등을 생산한다.

위 공장 외에도 장류를 생산하는 **라남 장공장**, 당과류를 생산하는 **청암 식료공장**, **포항 식료생산협동조합**, **부윤 식료공장**, 부산물과 채소를 가공하는 **련진 식료공장**, **룡제 식료공장**, **수남 식료공장**, **라남 식료공장**, **신암 식료공장** 등이 있다. 음료는 **청진 음료공장**과 **수남 식료공장**에서 생산한다. 기타 **청진 버섯공장**, **부윤 버섯공장**, **라남 김치공장**, **철도국 식료공장**, **청진 담배공장** 등이 있다.

북한은 2016년 이후 시군마다 샘물(생수) 공장 건설을 추진하고 있다. **청진 샘물공장**이 2019년 부윤구역에 새로 지어졌는데, 연간 수만 톤에 달하는 '천수동 샘물'을 생산한다. 이외에도 **수성천 종합식료공장**의 강냉이(옥수수) 가공분공장과 **청진 김치공장**이 새로 만들어졌다. 2024년에는 **청진 즉석국수(라면) 공장**이 세워졌다.

③ 제약공업

청진시의 제약공업은 1980년대 이후 급격히 발전했다. **라남 제약공장**은 북한 제약공업에 중요한 몫을 담당한다. 이곳에서는 염산노보카인, 노보카인 페니

실린, 피라미돈, 종합아미노산, 시토크롬시 주사약 등 120여 개의 생약과 합성약, 주사약을 생산한다. 이 공장의 제약 생산액은 청진시 제약공업 생산액의 83%를 차지한다.

구역마다 제약공장이 있는데 대체로 다 소규모 공장으로 각 구역에서 필요로 하는 기본적인 약품을 생산한다. 포항구역에 있는 청진 동약가공공장은 동약(한약)을 전문으로 생산한다.

④ 방직, 피복공업

청진시의 방직, 피복공업은 함경북도 방직공업 생산액의 49%를 차지한다. 시안의 방직공장과 직물공장은 청진 화학섬유공장, 청진 방사공장, 청진 재생섬유공장에서 주로 스프(인조 섬유, 스테이플 파이버staple fiber)와 인견사를 공급받는

라남 제약공장

다. 이것을 원료로 고급 양복천에서 안감에 이르기까지 다양한 천을 생산한다. 천은 주로 스프, 스프비날론 혼방, 인견을 생산한다. 라남 견직공장의 뉴똥, 양단, 색동천은 질이 좋고 아름다워 특산물로 알려졌다. 이외에도 청진 직물공장, 신암 직물공장, 부윤 직조공장 등에서 혼방 천과 인견, 안감 천 등을 생산한다.

방직공업과 더불어 편직공업과 피복공업도 발전했다. 청진 어린이편직공장과 청진 편직공장에서는 내의류와 스웨터 등 뜨개옷을 생산한다. 청진 피복공장, 청진 은하피복공장, 라남 여자옷공장을 비롯하여 구역마다 있는 옷 공장과 피복공장에서는 유아복부터 학생복, 어른 양복까지 다양하게 생산하여 함경북도에 공급하고 있다. 그 밖에 청진 양말공장이 있다. 2023년 10월에는 청진 학생교복공장이 새로 준공되었다.

청진 학생교복공장

⑤ 신발공업

청진 신발공장과 청진 구두공장이 있다. 신발공장과 구두공장에서는 운동화, 편리화, 비닐 소재의 신발, 솜 신발(방한용 신발), 가죽 구두, 인조가죽 구두 등을 생산한다. 청진 신발공장은 한 달에 한 번씩 신발 품평회를 열고, 류원 신발공장과 신의주 신발공장에 가서 앞선 기술을 배워오는 등 제품의 질을 높이기 위해 애쓰고 있다. 가볍고 견고한 신발, 색과 종류가 다양한 신발을 만드는 데 노력하고 있다.

청진 가방공장에서는 북한의 학생 책가방 단일 브랜드인 '소나무' 책가방을 주로 생산한다. 2023년 5월에 '인민경제 부문별, 직종별 기능공 경기대회 2023'이 열렸다. 청진 가방공장의 재봉공들이 각각 2등과 3등을 차지했다.

청진 가방공장

중공업

청진시의 기간산업은 중공업이다. 철강공업, 기계공업, 화학공업, 건재공업 등이 차지하는 몫이 크다. 청진시 공업 생산액은 함경북도 공업 생산액의 47%를 담당하고 있다.

① **철강공업**

청진시 배후에는 북한 최대의 철광석 생산지인 **무산광산**이 있다. 함경북도 북부탄전과 남부탄전의 석탄과 3월17일발전소, 청진 화력발전소의 전력을 받는다. 또한, 보조원료인 석회석은 금바위동의 무수광산에서, 흑연은 김책시의 업억광산에서, 내화물 원료는 단천지구와 경성군 생기령에서 공급받는다. 수량이 풍부한 수성천, 라북천을 공업용수로 이용한다. 원료의 이동은 일찍부터 발전한 철도와 도로 및 청진항을 이용한다.

철강 생산은 김책제철련합기업소에서 이루어진다. 이 밖에 포항구역에는 북한 야금공업에서 중요한 의미가 있는 **청진 제강소**가 있다. 청진 주철관공장과 청진 강재공장에서는 김책제철련합기업소에서 생산되는 강재들을 원료로 하여 주철관과 여러가지 규격의 강재를 생산한다. 송평구역에는 철관과 압연강재를 생산하는 송평 압연공장이 있다.

김책제철련합기업소

청진시 송평구역 사봉동에 위치하는 북한 최대의 종합 철강 생산기지이다. 흔히는 흑색야금기지, 대야금기지로 표현한다. 이웃한 무산광산련합기업소에서 철도와 장거리 정광 수송관을 통해 공급받는 철 정광을 처리하여 선철부터 압연강재까지 흐름식으로 생산하는 현대적인 대규모

공장이다.

대형 장거리 정광 수송관은 3화 수송의 한 형태이다. 3화 수송이란 관, 삭도, 벨트컨베이어 등의 수송 체계를 말한다. 80% 이상이 산악지대인 북한의 지리적 여건을 고려하여 고안된 보조 수송 수단으로 철도와 도로 수송의 한계를 극복하기 위해 만들어졌다. 2023년에는 1만여 m 구간의 정광 수송관 교체 공사가 이루어져, 수송관을 통한 원료 운반을 더욱 활성화하였다.

본래 청진제철소라 불렸는데 1974년 관련 기업들을 통합하여 김책제철련합기업소로 개편했다. 더 거슬러 올라가면 시작은 일제시대이다. 1938년부터 1942년까지 일제가 무산광산의 무진장한 철광석 자원을 본국으로 가져가기 편리한 상태로 만들기 위해 건설했다. 일제는 용광로와 해탄로를 세우고 선철을 뽑아 운반해 갔는데, 패망하자 용광로에 쇠물을 굳혀 놓고 해탄로 등 모든 생산설비를 파괴하고 달아났다.

한국전쟁 후, 제철소를 복구하면서 개건 확장하였다. 1984년 공업 생산액은 청진시 공업 생산액의 43%, 청진시 금속공업 생산액의 91%, 청진시 공업 관련 기업 종업원 수의 27%를 차지했다. 1990년대에는 경제난으로 인해 별다른 설비 증대가 이루어지지 못했다. 2000년대 들어 생산설비 구축, 건물의 개보수 및 신축, 해탄로와 용광로 수리 공사 등을 실시하고, 생산 공정의 자동화 및 현대화 공사도 실행하였다.

현재 430만㎡ 가량의 부지에 5만여 명의 종업원이 근무하고 있다. 제강 생산능력은 연간 240만 톤으로 북한 전체 능력의 41%를 차지한다. 련합기업소 산하에 청진제강소가 있고, 석회석 공급 광산인 청암광산 및 중도광산이 있으며, 무산광산과 연결된 수송관을 관리하는 청진 관 수송사업소가 있으며, 강덕내화물공장 등이 있다.

청진제강소

청진시 포항구역 남강동에 있다. 김책제철련합기업소 산하 공장이다. 2023년 12월《로동신문》

은 청진제강소에서 100% 삼화철에 의한 철강재 생산 공정을 확립했다고 전하고 있다. 삼화철은 북한에 많이 매장되어 있는 철광석, 무연탄이나 갈탄, 석회석을 저온에서 가열하여 만들어내는 것이다.

면적 90만㎡에 8천여 종업원이 일하고 있다. 총 12기의 회전로를 보유하고 있으며, 연간 96만 톤의 생산능력을 갖추고 있다. 라선으로 향하는 평라선과 회령에 이르는 함북선 철도가 연결되어 있다. 청진과 김책, 함흥을 연결하는 4차선 도로가 근처를 지나고, 청진항이 인접해 있어 교통이 두루 편리하다.

김책제철련합기업소

② **기계공업**

청진시 기계공업은 철강공업 다음으로 중요한 부문이다. 운수 기계, 탄광 및 광산 설비, 공작기계, 통신기계, 임업기계, 대형 선박 기계와 농기계 등을 기본으로 한다. 청진시뿐만 아니라 함경북도의 광업과 공업, 운수와 농업경제를 비롯한 경제 전반의 발전을 위해 중요한 역할을 담당한다.

운수 관련 기계 생산이 무엇보다 중요하다. 철도 및 자동차 운수와 관련한 기업에는 청진 철도공장, 청진 뻐스(버스)공장, 함경북도 자동차부속품공장, 청진 차량부속품공장, 청진 뜨락또르(트랙터)부속품공장 등이 있다. 청진 뻐스공장은 북한 굴지의 버스 및 궤도전차 생산기지이다. 연간 생산능력은 버스 400대이다. 1981년 조업을 시작하여 전국 각지에 버스를 공급해 왔다. 1992년부터 궤도전차 생산기지가 완공되어 각종 궤도전차도 생산하고 있다. 북한 농촌

청진 조선소

에서 운행하는 버스 대부분이 이 공장에서 생산된 제품이다.

수상 운수와 관련해서는 청진 조선소, 선박수리소, 수산종합기계공장 등이 있다. 청진 조선소는 남포 조선소, 라진 조선소와 함께 북한의 3대 대형 선박 생산기지로 소형 어선부터 대형 화물선, 군용 함정, 여객선에 이르기까지 다양한 선박을 건조한다. 연간 최대 건조 능력은 2만 6천 톤이다.

탄광 및 광산 설비기계는 라남 탄광기계련합기업소, 5월10일공장, 부윤 기계수리공장 등에서 생산하고 있다.

이외에도 청진 공작기계공장, 청진 련결농기계공장, 청진 관개기계공장을 비롯해 자동화기구공장, 통신기계공장, 양곡기계공장, 자전거공장, 공구공장, 저울공장, 건설기계공장 등이 있다. 청진시뿐만 아니라 함경북도 전역에 공급된다.

라남 탄광기계련합기업소

청진시 라남구역에 위치한다. 북한 최대 규모의 채굴설비 생산 기업이다. 부지면적 10만㎡에 건물 면적이 1.9만㎡ 규모이며, 종업원 4천여 명이 근무하고 있다. 종합채탄기, 채굴기, 마광기, 대형 권양기, 감속기, 기타 주물, 주강과 단조품 등 채취설비들과 금속화학공업 부문의 설비를 생산하여 광산과 탄광에 공급한다. 이곳에서 생산되는 채굴설비들은 전국적으로 유명한데, 청진시와 함경북도 안에 있는 탄광과 주요 공장뿐만 아니라, 함경남도 검덕군, 평안남도 안주시와 순천시의 대규모 공장과 광산에도 보급하고 있다. 2012년에는 검덕광산 선광장의 마광 작업용 설비의 현대화에 필요한 마광기, 권양기, 모터 등을 생산하였다. 2000년대 들어 이 기업소는 무산광산, 김책제철련합기업소, 백두산선군청년발전소, 북창화력발전련합기업소 등에 기계류를 공급해왔다.

③ 화학공업

청진시 화학공업에서는 특히 화학섬유 생산이 가장 큰 몫을 차지한다. 화학섬유 외에도 여러가지 도색재료, 비료, 탄산소다, 비누 등 수십 종의 화학제품을 생산한다.

청진 화학섬유련합기업소, 청진 화학공장, 청진 소다공장, 청진 칠감공장, 청진 석탄화학공장, 송평 영예군인화학공장 등이 있다. 청진 화학공장의 주요 생산품 중 하나는 에나멜이다. 최근 물고기 기름을 에나멜 생산에 이용하는 연구를 진행하여 원가를 절감하면서도 질 좋은 제품을 생산하는 성과를 이루었다.

청진 화학섬유공장

북한에서 제일 큰 화학섬유 생산기지이다. 일제가 함경북도 일대의 풍부한 산림자원을 약탈할 목적으로 세운 청진화학섬유주식회사가 전신이다. 1933년 착공하여 1938년까지 조업했는데,

라남 탄광기계련합기업소

해마다 2천 톤 정도의 방적사를 생산하여 일본에 실어 갔다. 기술 장비 수준이 낮고 유해가스에 의한 피해와 하루 14시간 이상의 노동으로 수많은 노동자가 목숨을 잃었다고 한다.

현재 이 공장은 생산공정을 자동화, 원격조정화 했고, 생산능력도 30배 이상 향상되었다. 주로 인조섬유(스프, staple fiber)와 황산을 생산한다. 이 밖에 이유화탄소, 유화소다, 셀로판지 등을 생산하고 있다. 여기서 생산한 스프와 인견사는 평양종합방직공장을 비롯한 북한 각지의 방직공장으로 공급된다.

2023년에 인견 펄프 생산공정을 건설하여 인견사와 펄프를 자체 생산하고 있다. 재자원화 연구에도 몰두하여 2023년 2월에는 펄프 폐액 속에 들어있는 리그닌(lignin)을, 보일러에서 나오는 연도가스를 이용하여 공업적으로 분리하는 기술을 개발했다. 이어 2024년에는 크라프트 종이 생산공정 구축에 들어갔다고 《로동신문》이 전하고 있다.

원액직장, 인견사직장, 스프직장, 정사직장, 권사직장 등의 생산직장과 유산직장, 발전직장 등 여러 개의 보조직장으로 구성되어 있다. 또한, 문화회관과 도서관, 공장대학과 기능공학교, 공업시험소가 있다. 직원들을 위한 병원, 요양소, 야간정양소, 유치원과 탁아소 등 복지시설과 후생시설을 갖추고 있다. 공장에는 수삼나무(메타세쿼이아), 분비나무 등 수백 그루의 나무가 숲을 이루는 1만 2천㎡의 공원이 있다. 공원 관리원을 따로 두고 해마다 많은 나무와 꽃을 심어 가꾸고 있다. 종업원들의 휴식 공간이자 결혼식 야외촬영 장소로 이용된다.

④ 건재공업

건재공업도 중요한 공업 부문이다. 도시의 발전과 더불어 공장, 기업, 주택 건설이 급속히 늘어나면서 건설자재에 대한 수요가 많아지자, 자연히 건재공업도 발전하였다. 주로 시멘트, 슬레이트, 벽돌 등의 건설 부재와 금속 건재, 목질 건재, 내화벽돌 등을 생산한다.

청진 스레트공장은 지붕재 생산을 전문으로 하는 공장인데, 북한에서 가장 규모가 크다. 여러 규격의 주름판 슬레이트, 평판 슬레이트, 용마루 슬레이트, 전기절연판 등을 생산한다. 최근에는 지방에 흔한 원료를 가지고 각종 형태의 건재를 생산하기 위한 사업을 활발히 전개하고 있다. 10종 이상의 마감 건재 생산공정을 확립하고, 다용도 외장재의 국산화 연구에도 힘을 기울이고 있다.

시멘트는 청진 세멘트공장과 청진 금속건설련합기업소, 김책제철련합기업소 세멘트공장에서 주로 생산된다. 벽돌은 청진 벽돌공장과 주택건설사업소에서 생산된다. 내화물 벽돌은 강덕 내화물공장, 김책제철련합기업소, 청진제강소에서 생산한다. 특히 강덕 내화물공장에서 생산되는 마그네시아 벽돌과 규석 및 샤모트 벽돌은 해외에 수출도 하였다. 청진 유리공장에서는 판유리를 비롯한 30여 개의 유리 제품을 생산하고 있다. 이외에도 청진 수지관공장, 청진

청진 화학섬유공장

목재가공공장, 청진 소석회공장, 련진 소석회공장, 청진 철도건재공장, 청진 석재원천가공사업소 등이 있다.

청진 수지관공장에서는 2016년 공장 안에 자체적으로 수십kW를 발전할 수 있는 태양에너지 발전소를 건설했다. 생산한 전기는 공공건물과 과학기술보급실, 문화후생시설의 조명과 난방에 이용하고 있다.

상업

최근 청진시 경제에서는 위의 산업뿐만 아니라, 시장을 중심으로 한 상업과 유통업이 큰 자리를 차지하고 있다. 2002년 '사회주의 물자교류시장'이라는 생산재 시장이 등장하게 되었고, 기업들은 시장을 통해 원자재를 구매할 수 있게 되었다. 이를 통해 생산재 시장과 소비재 시장이 연계되었다. 2003년 북한 당

청진 스레트공장

국이 '종합시장'을 공식 설치한 이후 시장은 공식적으로 허가한 장소와 그렇지 않은 곳으로 구분되기 시작했다.

청진시에는 수남시장, 포항시장(수원동에 위치하여 수원시장이라고도 한다), **락원시장, 청년공원시장** 등 19개의 공식시장이 있다. 평양직할시(30개), 남포특별시(21개)에 이어 세 번째로 공식시장이 많은 도시이다.

청진시는 북부와 남부 지역의 물류 유통을 연계하는 요지이다. 시장이 발달하게 된 요인으로 일찍부터 교통이 발달한 점, 전통적으로 공업 거점 도시라는 점, 근로자가 많아 소비 인구가 형성되어 있다는 점을 꼽을 수 있다.

2000년대 들어 청진시 소재 시장들은 종합도매시장, 외국산 고가 상품을 전문으로 도매하는 시장, 산업 원자재만을 취급하는 산업시장 등으로 전문화하기 시작했다.

청진 수지관공장

또한 과거에는 도심 외곽이나 외진 곳에 자리했던 것에 비해 현재는 수요가 높은 도시 중심부에 형성되어 있다.

수남시장

북한의 대표적인 유통시장으로 북부 최대 도매시장이다. 전국의 공식시장 중 최대 면적(23,487㎡)을 자랑한다. 이곳을 통해 전국 각지로 상품이 분배된다.

1994년경부터 시장이 형성되기 시작했다. 이때 이미 '고양이 뿔 빼고 다 있다'고 할 정도로 없는 게 없는 큰 시장으로 확대되었다. 2000년대 들어서면서 꾸준히 증축, 확장하여 오늘날 거대한 종합도매시장으로 커졌다.

수남시장의 상품은 라선특별시와 함경북도 북부의 무산, 회령, 온성 지역과 남부의 경성, 길주, 김책 등으로 유통된다. 동해안의 함흥, 원산과 서부의 혜산, 평성, 신의주, 평양 등 전국 각지로 유통된다.

수남시장에서 가장 많이 유통되는 상품은 공산품과 수산물이다. 청진시에서 생산되는 옷과 중국, 일본으로부터 수입되는 공산품, 청진시 동해안에서 생산되는 가공 수산물 등이 국내외로 유통된다. 수산물은 수산물 도매시장이 따로 정해져 있을 정도로 큰 비중을 차지한다.

한편, 청진시는 패션도시라 불릴 만큼 북한에서 패션 유행을 선도하는 지역이다. 2000년대까지는 평성시에서 생산된 옷이 청진시로 유입되었다. 2010년대에 들어서면서부터 자체적으로 생산, 소비, 수출하는 지역으로 변화해 왔다. 청진시에서 옷 가공업에 종사하는 사람들의 기술이 좋아지고, 옷 가공을 위한 고가의 설비들이 갖추어졌기 때문이다.

교육

북한은 1956년부터 4년제 초등 의무교육을 실시했다. 이후 의무교육 기간을 계속 연장해 왔다. 2013년부터 유치원 1~2년, 소학교 5년, 초급중학교 3년, 고급중학교 3년의 '전반적 12년제 의무교육'을 시행하고 있다. 1980년대 중반 이후 과학기술 분야를 중심으로 한 수재 양성에 힘쓰며 직할시, 특별시, 도 소재지 등에 영재교육 기관인 제1중학교를 신설하였다. 이외에도 외국어와 예체능 분야의 특기자를 위한 교육을 하고 있다.

고등교육은 학교나 학부의 성격에 따라 다양한 학제를 채택하고 있다. 북한에서는 '인민경제발전 제7개년 계획(1961~1967)'을 계기로 대량의 인재 양성이 필요했다. 이런 필요를 정규 대학만으로 충족시킬 수 없었기 때문에 기술계 대학을 신설하고 산업현장에 '일하면서 배우는 대학'을 설치하게 되었다. 이런 대학들은 주로 공장, 기업, 광산 등에 부설돼 있는 경우가 많고, 사회교육과 성인교육 기능까지 포함한다.

청암구역에 청암 유치원, 인곡 소학교, 련진 소학교, 해방 소학교, 영웅 정산기술고급중학교, 락산 고급중학교 등의 학교가 있다. 락산(洛山) 고급중학교는 잣씨에서 싹을 틔워 해마다 주변 산에 심어 가꾸었다. 지금은 거목으로 자라 6만평에 달하는 잣나무 숲을 이루었다.

포항구역에 포항 유치원, 남향 유치원, 평화 유치원, 산업 소학교, 남향 소학교, 수원 소학교, 강안 소학교, 수북 소학교, 포항 초급중학교, 남향 초급중학교, 청송 초급중학교, 북향 초급중학교, 남강 초급중학교, 남향 고급중학교, 청송 고급중학교, 수북 고급중학교 등의 학교가 있다.

수남구역에 수남 유치원, 청남 유치원을 비롯한 5개 이상의 유치원이 있다.

수남 소학교, 신향 소학교, 추목 소학교, 말음 소학교, 어항 소학교, 수남 초급중학교, 신향 초급중학교, 추목 초급중학교, 말음 기술고급중학교, 신향 고급중학교, 수남구역 청소년체육학교 등의 학교가 있다.

수남구역 청소년체육학교는 전도유망한 체육 선수를 많이 키워낸 것으로 유명하다. 특히 역기와 여자축구 종목에서 전국적으로 이름을 날렸다. 그사이 600여 명의 학생이 4·25 체육단을 비롯한 전문 체육단으로 진학했다. 4·25 체육단은 전문 체육인으로 조직된 1급 체육단 중 하나이다.

신암구역에 천마 소학교, 관해 소학교, 영웅 천마중학교, 신암 고급중학교, 서흥 고급중학교 등의 학교가 있다. 라남구역에 평화 소학교, 청진 초등학원, 청진 중등학원 등의 학교가 있다.

송평구역에 강덕 유치원, 송평 소학교, 강덕 소학교, 은정 소학교, 서향 소학교, 청진 제8소학교, 연두봉 초급중학교, 송평 초급중학교, 제철 초급중학교, 송곡 고급중학교, 송림 고급중학교, 남석 고급중학교, 송평 고급중학교, 송평구역 청소년체육학교 등의 학교가 있다. 송평 고급중학교는 전국적으로 농구를 잘하는 학교로 소문났다. 송평구역은 2023년에 모범 교육구역 칭호를 받았다.

수재를 양성하기 위한 특수 목적 학교로 **청진제1중학교, 수원제1중학교**가 있다. 이외에도 부모 없는 어린이를 돌보는 **육아원과 애육원**이 있고, 방과후 예능 영재 활동과 양성을 목적으로 하는 **청진시 학생소년궁전**이 있다.

청진시의 고등교육기관은 북한 최대 중공업지대로서의 성격을 반영하고 있다. 청진시의 기간 산업과 관련된 기술계 단과대학과 전문학교가 많다. 고등교육기관은 국립대학인 중앙급 대학으로 **청진 광산금속대학, 오중흡 청진제1**

사범대학이 있다. 도(道)급 대학으로 함북대학, 청진 의학대학, 청진 교원대학, 청진 제2사범대학이 있다.

단과대학으로는 청진 경공업대학, 청진 공업대학, 청진 공업기술대학, 청진 화학공업대학, 청진 농업대학, 청진 자동차대학, 청진 체육대학 등이 있다.

청진 공업대학은 라남구역에 있는 공장대학으로 라남 탄광기계련합사업소 산하에 있다. 대학은 '일하면서 배우는' 교육체계가 시행되면서 1984년 8월에 발족하였으며, 청진 시내에 있는 공장과 기업의 노동자들이 입학할 수 있다. 공장대학은 북한의 산업인력 양성에 상당한 비중을 담당해 왔다. 이 대학을 통해서도 수천 명의 '노동자 대학생'이 배출되었고, 이들은 김책제철련합기업소의 주력을 이루고 있다.

전문학교에 라남 설계전문학교, 청진 경제전문학교, 청진 건설전문학교, 청

우리 글을 배우는 포항유치원 어린이들

진 해양전문학교, 청진 농업전문학교, 청진 고등예술전문학교 등이 있다. 이 외에도 청진 외국어학원, 청진 예술학원이 있다.

연구기관으로 함경북도 삼림과학연구소, 함경북도 전자업무연구소, 유연탄 채굴연구소, 남새(채소)연구소 등이 있다.

청진 광산금속대학

청진시 포항구역에 있다. 1959년에 세워진 기술대학으로 채굴공업 부문과 금속공업 부문의 인재를 양성한다. 대학에는 지질공학부, 광업공학부, 석탄공학부, 채굴기계공학부 광산자동화학부, 금속공학부, 광물분석학부, 정보공학부, 광업기계공학부, 금속가공학부 등의 학부와 수십 개의 강좌가 설치되어 있다. 또한, 채굴공업과 금속공업 부문의 과학연구를 위한 연구소와 과학인재 양성을 위한 박사원이 있다.

청진 외국어학원

연구원들은 함경북도 버섯공장에 연구실을 꾸리고 참나무 버섯재배에서 필요한 자동 전기장치를 연구 도입함으로써 버섯 생산량을 높였다. 전자공학부에서는 온실 채소 생산량을 높이기 위한 온실 환경종합측정기를 연구 제작했다. 무산광산련합기업소의 현장 기술자와 함께 연구하여 폭발속도 측정기를 제작하는 등 현장에서 제기된 문제해결을 위한 연구에 성과를 내고 있다.

이렇듯 대학에서는 이론 교육과 더불어 실험과 실습을 통한 교육과 생산노동을 밀접하게 결부시킨 교육 체제를 도입하고 있다. 그리고 점점 컴퓨터와 외국어 교육을 강화하고 있다.

청진 의학대학

1948년 9월에 발족하여 주로 함경북도에서 일하게 될 의료보건 인재를 양성하고 있다. 청진 의학대학은 온천과 약수를 예방치료에 이용하고, 고려의학을 과학화하는 데 힘써왔다. 2015년에는 전자뜸치료기, 음악파자극치료기, 휴대용 안마치료기 등의 의료기구를 창안하여 제작하는 데 성공했다. 신약을 개발하여 임상 치료에 이용하고 있다.

북한에서는 한의학을 한동안 동의학이라 불렀으나, 1993년부터 고려의학이라 고쳐 부르고 있다. 1959년부터 고려의학에 역점을 두어왔고, 고려의학을 실용화하기 위해 의학과학원 산하에 '동의학 연구소'도 설립했다.

대학에는 의학부, 고려의학부를 비롯한 여러 학부가 있다. 인체해부학, 내과 진단학, 정형외과학, 보약학을 비롯한 수십 개의 전문과별 강좌와 연구실, 이에 따른 실험실과 표본실을 갖추고 있다. 고려의학부에서는 700㎡에 달하는 약초 교재원을 꾸려놓고 단너삼(황기), 하수오, 당귀, 지황, 궁궁이 등 수십 가지의 약초를 심어 가꾸면서 학생들에게 약초에 대한 지식을 전수하고 있다.

수십만 권의 장서를 자랑하는 도서관이 있으며, 일하면서 배울 수 있도록 통신교육 체계를 도입하고 있다. 북한에서는 평양의학대학 다음으로 높이 평가받는 의과대학이다.

인물

청진은 20세기 초 일제에 의해 급속하게 개발되었다. 이후 청진은 이웃한 부령, 경성, 라남 지역의 일부를 흡수하기도 하고, 다시 분리하고, 또다시 편입하면서 오늘에 이르렀다. 현재는 북한에서 세 번째로 인구가 많은 대도시이다. 그만큼 누구나 알 만한 청진 출신의 인물이 몇 있다.

우선 김정은 위원장의 배우자인 리설주(1989~)가 있다. 청진시에서 태어났지만 유년기와 청소년기 대부분을 평양시에서 보낸 것으로 알려져 있다.

20세기 한국 현대 건축을 대표하는 건축가 중의 한 명인 김수근(1931~1986)은 청진시 신암동에서 태어났다. 이 고장에서 유년기를 보낸 뒤 소학교 때 서울로 옮겼다. 팔도 사투리를 자유자재로 능숙하게 구사할 수 있는 배우로 손꼽혔던 김지영(1938~2017)도 어렸을 때 인천으로 이주하여 성장하였지만, 태어난 곳은 청진이다.

동화작가이자 시인인 김요섭(1927~1996)은 청진시 라남구역에서 출생하여 청진 교원대학을 졸업하였다. 1941년 매일신보 신춘문예에 동화 〈고개 넘어 선생〉이 입선하면서 글을 쓰기 시작했다. 1957년 마해송, 강소천 등과 함께 한국동화작가협회를 발족했고, 1970년에는 계간지 《아동문학사상》을 발행하였다. 초기 작품 중에는 향토색을 띠는 사실적인 동화가 많은데, 두만강을 생활권에 둔 북방지역의 정서와 생활상을 보여준다. 말년에는 평화통일을 염원하는 글을 많이 썼다.

교류협력

청진시는 북한의 대표적인 중공업 도시이므로 그 사이 에너지 관련 교류 협력 지역의 후보지로 많이 제안되었다.

2017년 7월, 문재인 정부는 남북 관계를 경제적으로 접근하는 대북정책인 '한반도 신경제지도' 구상을 발표했다. 남북경협과 동북아 경협의 비전과 방향을 담고 있다. 이 구상의 핵심 정책은 3대 벨트와 하나의 시장을 위한 협력이다.

3대 벨트의 첫 번째가 동해권 에너지 자원 벨트로, 남북이 금강산, 원산, 단천, 청진, 라선을 공동개발한 다음 우리의 동해안과 러시아 극동지역을 연결하는 것이다. 주요 사업은 라선~하산 산업물류 사업, 원산~금강산 관광개발 사업, 청진 신재생에너지 산업구, 단천 자원특구, 남·북·러 천연가스파이프 연결 사업 등이다.

2018년 판문점 선언 이후 남한의 지방정부들에서도 남북교류협력사업을 위한 다양한 구상을 전개해 왔다. 청진은 북한 최고의 항만 공업도시이자 산업과 교육 인프라가 잘 갖추어진 도시이다. 풍부한 산업 관광자원은 물론 근처에 북한의 6대 명산 중 하나인 칠보산을 비롯한 자연 관광자원이 있고, 고대 유적 등 문화자원을 보유하고 있으며, 교통과 숙박 등의 관광인프라도 갖추고 있다.

부산광역시는 청진과 협력해서 동북 3성과 러시아를 포함한 물류 중심지 사업을 해보고 싶다는 포부를 표명한 바 있다.

포항시는 제철 제강의 중심지로서 청진과의 교류를 희망한 바 있다.

경상남도는 도 내의 몇 도시들이 청진과 접점이 있음에 주목했다. 특히 창원의 기계산업과 연결짓겠다는 계획을 내보인 바 있다.

울산광역시는 자동차, 조선, 석유화학의 선진적 산업 경험을 보유하고 있는 점을 강조하며 청진의 교류 파트너를 희망한 바 있다.

남북 경제교류 협력이 본격적으로 진행된다면 청진을 둘러싼 경쟁은 불가피해 보인다.

전라도 가시내

이용악(李庸岳)

알룩조개에 입 맞추며 자랐나
눈이 바다처럼 푸를뿐더러 까무스레한 네 얼굴
가시내야
나는 발을 얼구며
무쇠 다리를 건너온 함경도 사내

바람소리도 호개도 인젠 무섭지 않다만
어두운 등불 밑 안개처럼 자욱한 시름을 달게 마시련다만
어디서 흉참한 기별이 뛰어들 것만 같애
두터운 벽도 이웃도 못 미더운 북간도 술막

온갖 방자의 말을 품고 왔다
눈포래를 뚫고 왔다
가시내야
너의 가슴 그늘진 숲속을 기어간 오솔길을 나는 헤매이자
술을 부어 남실남실 술을 따르어
가난한 이야기에 고이 잠거 다오

네 두만강을 건너왔다는 석 달 전이면

단풍이 물들어 천 리 천 리 또 천 리 산마다 불탔을 겐데

그래두 외로워서 슬퍼서 치마폭으로 얼굴을 가렸더냐

두 낮 두 밤을 두루미처럼 울어 울어

불술기 구름 속을 달리는 양 유리창이 흐리더냐

차알삭 부서지는 파도 소리에 취한 듯

때로 싸늘한 웃음이 소리 없이 새기는 보조개

가시내야

울 듯 울 듯 울지 않는 전라도 가시내야

두어 마디 너의 사투리로 때아닌 봄을 불러줄게

손때 수줍은 분홍댕기 휘휘 날리며

잠깐 너의 나라로 돌아가거라

이윽고 얼음길이 밝으면

나는 눈포래 휘감아치는 벌판에 우줄우줄 나설 게다

노래도 없이 사라질 게다

자욱도 없이 사라질 게다

— 《시학(詩學)》, 1939년 8월

* 호개: '호랑이'의 함경도 말   * 눈포래: '눈보라'의 함경도 말
* 불술기: '기차'의 함경도 말

함경북도

김책시

金策市

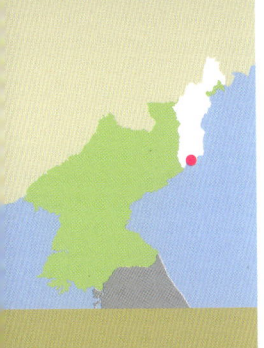

김책시(金策市)는 백두산에서 시작해 뻗어온 마천령산맥과 동해 바다가 만나는 곳에 자리하고 있다. 덕분에 이 고장은 산과 바다의 은혜를 두루 입었다. 자연이 만들어내는 경치가 뛰어나 예로부터 시인들은 마천령과 바다를 시로 남겼다. 임진왜란 때 의병을 일으켜 왜적을 크게 무찌른 북관대첩의 역사를 간직한 곳이기도 하다. 조선시대부터 외적을 막기 위한 읍성과 나루가 있던 고을이라 오랫동안 성진(城津)이라 하였다. 한국전쟁 기간인 1951년에 김책시*로 이름이 바뀌었다.

1899년 성진항이 인근 강대국에 개항하면서 관북지방의 주요 항구도시로 발전하기 시작하였다. 해방 후, 마천령 일대의 풍부한 지하자원을 이용하여 중공업 도시로 급속하게 발전하였다. 풍요로운 어장 동해안에 자리하여 수산업이 일찍부터 활발하였는데, 명태를 비롯한 동해안 서식 물고기의 어획량이 많다. 함경남도와 함경북도를 잇는 교통의 요지라는 점도 도시 발달을 크게 촉진하였다. 평양에서 라선을 거쳐 러시아로 가는 길목에 있기도 하다. 사람과 물자의 통행에서 중요한 지점이며 바닷가 여행지로도 기대되는 곳이다.

* 옛날에는 이 고장을 바닷가에 여러 나루가 있었으므로 '성나루' 또는 '재나루'라 하였다. 이를 한자로 표기하면서 성진(城津)이라 하였다. 1951년 항일 독립운동가이자 정치가인 김책의 공적을 기리기 위해 그가 태어난 이 고장을 그의 이름을 따서 개칭하였다.

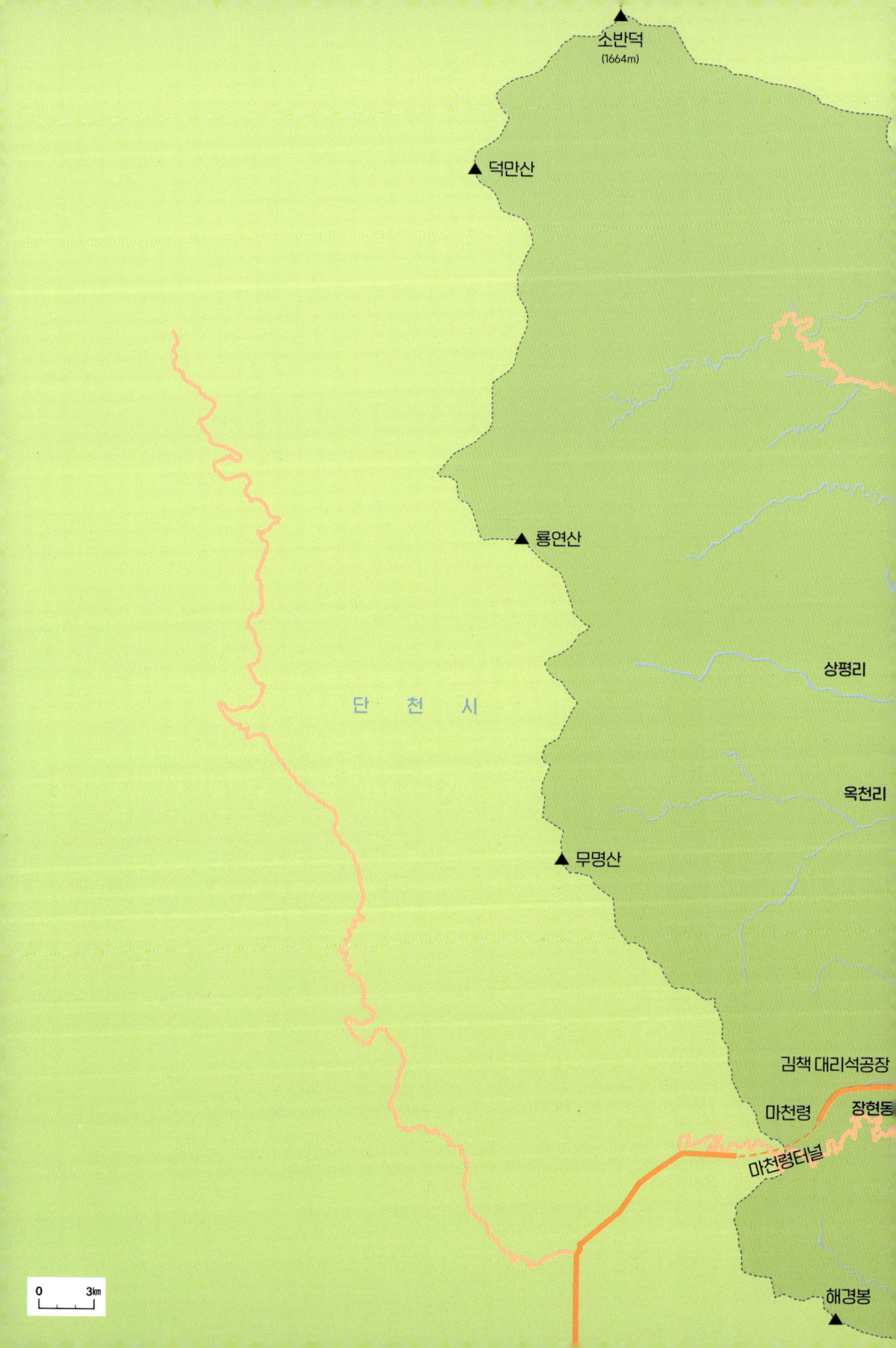

위치와 지형

김책시(金策市)는 함경북도의 최남단 동해안에 자리한다. 동쪽은 화대군, 북쪽은 길주군, 서쪽은 함경남도 단천시, 남동쪽은 동해와 접하고 있다. 면적은 850㎢이다. 시의 중심은 동경 129°11′, 북위 40°40′이다. 중심에서 길주까지는 42.1㎞, 함경북도 행정 소재지인 청진까지는 175㎞, 평양까지는 철길로 542.7㎞이다.

시의 지형은 서쪽 마천령(摩天嶺)에서 동쪽 동해를 향해 점차 낮아진다. 백두산에서 시작되는 마천령산맥이 단천시와의 경계를 이루며 남북으로 길게 뻗어 있다. 북한에서는 마천령산맥을 '백두산줄기'라 한다. 이 산줄기에 소반덕(小盤德, 1,664m)을 비롯 덕만산(德滿山, 1,506m), 룡연산(龍淵山, 1,598m), 판막령(1,074m), 무명산(無名山, 1,030m) 같은 험준한 산들이 솟아 있다. 동해와 가까워지면서 해경봉(552m), 만춘봉(392m)이 있다. 시의 북동부에도 하건봉(1,278m), 릉곡산(陵谷山, 488m), 설봉산(雪峯山, 654m) 등 높은 산들이 솟아 있고, 그 너머가 길주군이다.

이처럼 서쪽은 1,000m 이상의 고산지대를 이루고 동쪽으로 가면서 점점 낮아지다가 시의 중심 시가지가 자리한 림명천 하류에서 넓은 림명벌(림명평야)이 전개된다. 산지로 둘러싸인 김책시는 도내 인접 군과의 연결은 문제없으나, 함경남도 단천시와는 고갯길로만 이어진다. 마천령(709m)을 넘으면 단천시의 룡잠리, 룡덕리이다. 마천령은 예나 지금이나 함경남도와 함경북도를 연결하는 중요한 고갯길이다.

🏔 마천령(摩天嶺)

마천령은 영(嶺)이 높아 하늘에 닿을 것 같다 하여 붙여진 이름이다. 조선 후기에 활동한 문인 홍양호(洪良浩, 1724~1802)는 두만강 기슭과 평안도, 황해도 등에서 벼슬을 살았는데, 각 지역의 풍광을 뛰어난 작품으로 남기고 있다. 그는 〈마천령〉이라는 제목의 시에서 "이것이 곧 북로에서 제일 험준한 고개인데 영마루에는 기이한 봉우리들이 빼곡히 서 있으며 아래를 굽어보면 땅은 없고 오직 바다만이 아득히 바라보일 뿐이다."고 적고 있다. 예로부터 높은 협곡으로 산세가 험하고, 경치가 아름다운 곳으로 유명하다. 2016년에 마천령 터널이 완공되었다.

산림이 시 면적의 76%를 차지한다. 시의 산림은 대부분 해발 200~800m 사이에 있다. 이 지대에는 소나무와 참나무가 군락을 이루고 이깔나무, 피나무, 박달나무 등이 우세하다. 시 안의 대부분 산지는 석회암 지대이다. 기본 군락을 형성하는 종을 제외하고 노가지나무, 참정향나무, 묏대추나무, 백리향, 애기꽃, 대나물 등의 석회암 지대 식물이 많이 분포되어 있다. 산림의 75%가 금천동, 장현동, 옥천리, 세천리에 집중되어 있다.

지질은 마천령계, 함경계, 제4기층과 리원암군, 삼해암군, 단천암군으로 이루어져 있다. 지층에는 석탄과 흑연, 철, 린회석(인회석), 니켈, 석회석, 대리석을 비롯 갖가지 지하자원이 묻혀 있다. 업억동 일대에는 흑연광상이 있다. 길주 남대천 하류의 학동리를 중심으로는 석탄이, 쌍룡동 일대에는 린회석이, 장현동 일대에는 석회석과 대리석이 많이 분포되어 있다.

하천은 림명천(臨溟川, 길이 57.2㎞)과 쌍포천(雙浦川, 25㎞)이 중요하다. 가장 큰 하천인 림명천은 마천령산맥(백두산줄기)의 룡연산에서 남동쪽으로 흐르다가 동해로 들어간다. 쌍포천은 무명산에서 동쪽으로 흘러 김책만으로 유입된다.

화대군과의 경계에는 길주 남대천이 흐르며, 림명천의 지류로 갈파천(24㎞), 업억천(20㎞), 중전평천(15㎞)이 있다. 그 외에도 수십 개의 유로가 짧은 하천이 발달해 있는 특징을 보인다.

림명천과 갈파천, 쌍포천의 하류에는 나팔 모양으로 면적 60㎢의 림명벌이 형성되며 주요 농업지대이다. 길주 남대천 하류에도 길주벌에 속하는 하동벌이 삼각형 모양으로 펼쳐진다. 면적은 17㎢이다. 갈파천 중류에 있는 송흥청년저수지는 관개용수, 전력 생산, 담수 양어에 이용되고 있다. 송흥청년저수지 옆에는 송흥온천이 있고, 림명천 중류에는 세천온천과 삼로온천이 있다.

김책시의 해안선 길이는 53㎞인데 암석해안도 있고 모래해안도 있다. 바다로 돌출하여 김책만(성진만)을 형성하는 유진단(楡津端) 일대와 은호리 이남의 해안이 전형적인 암석해안이다. 모래해안은 김책만 안쪽 쌍암동에서 림명천 어귀까지 약 5㎞ 구간이다. 유진단 이북의 석호리, 룡호리, 동흥리의 약 10㎞ 바닷가도 모래해안이다. 김책만 앞바다에 삼근바위와 고암 같은 바위섬이 있다.

기후

김책시는 함경북도 안에서 가장 따뜻한 곳이다. 그렇지만 산맥들이 여러 갈래로 복잡하게 뻗어 있고 해안선 굴곡이 심하므로 시 안에서도 지역마다 기후 차이가 크다. 해안지역이 동해의 영향으로 내륙지역보다 1월 평균기온이 높고 강수량도 상대적으로 많다.

평년값(1991~2020년)으로 연평균기온은 9.6℃, 1월 최한월 평균기온은

−3.3℃, 8월 최난월 평균기온은 22.6℃이다. 연교차는 25.9℃이다. 연강수량은 664.7㎜이며 북한 지역 평균인 912.0㎜보다 250㎜ 정도 적다. 여름철 강수량이 345.6㎜, 겨울철 강수량이 49.7㎜이다.

첫서리는 10월 중순경에, 마지막 서리는 4월 중순경에 내린다. 바람은 봄철

김책시 기후 그래프 (1991~2020년)

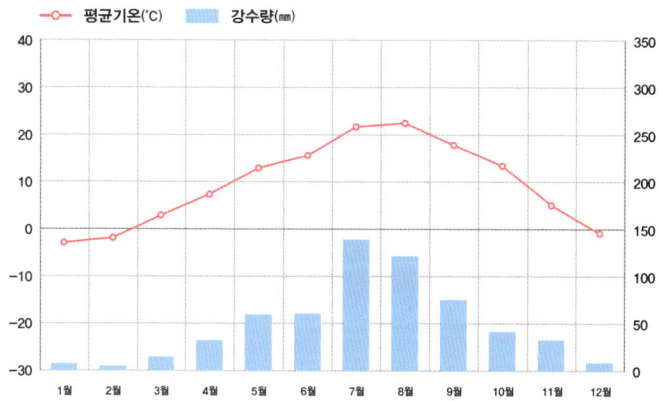

	30년 평균	2023년		30년 평균	2023년
연평균기온(℃)	9.6	10.0	연강수량(mm)	664.7	923.6
최한월(1월) 평균기온	−3.3	−3.3	여름 강수량 (6, 7, 8월)	345.6	579.3
최난월(8월) 평균기온	22.6	23.2	겨울 강수량 (12, 1, 2월)	49.7	35.4
연교차	25.9	26.5	평균 풍속(m/s)	1.4	1.8

출처: 대한민국 기상청 〈북한 기상 연보〉

에 남쪽 바람이 세게 불어오는데, 림명천의 중하류 지역인 학동 지역이 가장 심하다. 이것은 바닷바람과 골바람이 합쳐서 불기 때문이다. 2023년 김책시의 평균 풍속은 1.8㎧로 나타났는데, 5월의 남풍은 2.47㎧였다. 한 해 안개일수는 46일이다. 특히 안개일수 절반이 6~7월 두 달 동안에 몰려 있는 것이 특징이다.

김책시 전경

행정구역과 인구

이 고장은 오랫동안 길주에 속해 있었는데 1398년(태조 7) 성진진(城津鎭)이 설치되었다. 1701년(숙종 27)에 방어사의 병영인 방어영(防禦營)이 설치되면서 길주에서 독립했다. 1749년(영조 25)에 다시 길주에 소속되었다. 1898년 13개 도로 행정구역을 개편할 때 길주에서 분리되어 성진군(城津郡)이 되었다. 이후 길주와 분리 통합을 반복하다가 1906년 성진부(城津府)로 승격되었다.

이후에도 다양한 변화를 겪다가, 1943년 성진읍이 성진부가 되고, 주변의 농촌은 학성군(鶴城郡)이 되었다. 해방 직후 성진부가 성진시로 승격되었다. 1951년 김책의 공적을 기념하기 위해, 김책의 출생지인 학성군을 김책군으로 개칭하는 동시에 성진시를 김책시로 명명하였다. 1961년 김책군을 김책시에 편입하였다.

지금의 행정구역은 22동(금천동, 련호동, 성남동, 송령1동, 송령2동, 송암동, 수원동, 신평동, 쌍룡동, 쌍암1동, 쌍암2동, 쌍화동, 업억동, 역전동, 장현동, 제강1동, 제강2동, 청학동, 탄소동, 학성동, 한천동, 해안동), 23리(덕인리, 동흥리, 룡호리, 림명리, 만춘리, 방학리, 상평리, 석호리, 성상리, 세천리, 송중리, 송흥리, 수동리, 옥천리, 원평리, 은호리, 춘동리, 탑하리, 풍년리, 학동리, 호통리, 흥평리, 동청리)이다.

마을 이름에서 이 지방의 특색을 알 수 있다. 송령동, 송암동, 송중리, 송흥리와 같이 소나무 송(松) 자가 들어간 지명이 많은 것으로 산에 소나무가 많이 자란다는 것을 알 수 있다. 장현동은 긴 영(嶺)인 마천령 밑에 있는 마을이라 장현(長峴)이라 했는데, 이 일대에 대리석이 많이 분포되어 있다. 이 시에서 발달한 산업을 보여주는 이름도 있다. 제강1동과 제강2동은 제강소를 낀 첫 번째, 두 번째 동이라는 뜻이다. 탄소동에는 탄소공장이 있었다.

인구는 2008년 현재 20만 7,299명이다. 도시 인구가 15만 5,284명이고, 농촌 인구가 5만 2,015명으로 집계되었다. 함경북도에서는 청진시 다음으로 인구가 많은 도시이다. 이곳은 1898년 성진항이 개항하면서 일찍부터 도시 형태

김책시 인구 현황 개괄　　　　　　　　　　　　　　　　(단위: 명)

인구수	남자	여자	도시	농촌
207,299	97,604	109,695	155,284	52,015

출처: 2008년 북한 중앙통계국 발표 인구 센서스

김책시 인구 피라미드

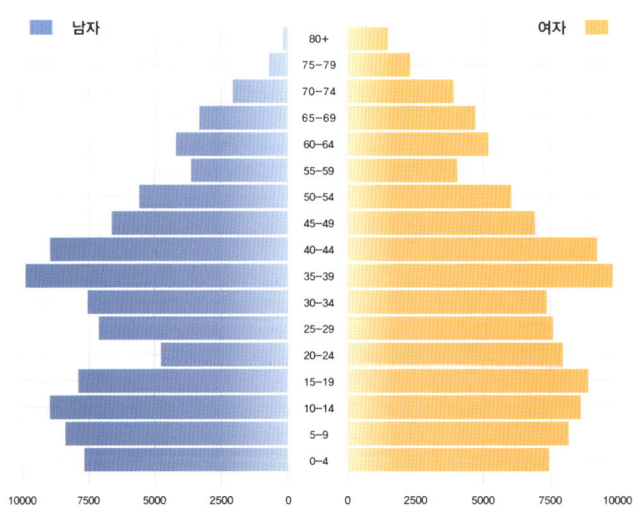

* 위 인구 피라미드는 2008년 북한 중앙통계국 발표 인구 센서스 자료를 바탕으로 연령대별 인구를 추산하여 작성한 것으로 참고용이다.

가 갖추어지기 시작하였다. 도시화와 더불어 인구가 증가했는데, 해방 후 특히 전후 시기에 빨리 늘어났다. 1946년 김책시의 인구는 4만 5천 명이었다. 1961년 김책군을 편입하고, 1953년부터 1964년 사이 중공업 분야로 인구가 유입되면서 비약적으로 증가했다. 이후 꾸준히 증가하던 인구는 1990년대 중반 '고난의 행군' 시기를 거치고 기간산업인 중공업과 수산업이 주춤하면서 증가세를 멈추었다.

교통

김책시는 해방 후 중공업이 급격하게 성장하고 교통도 발전하게 되었다. 철도, 도로, 해상 교통이 고루 발달했으며, 기본은 철도와 도로이다. 시기마다 운수형태가 차지하는 몫이 변화했다. 1970년대에는 철도가 교통의 중심 역할을 하였다면, 1980년대에는 도로교통이 큰 몫을 차지하게 되었다. 철도와 도로는 해안을 따라 발달했다.

철도

북한의 간선철도인 **평라선**(평양~라선)이 해안선을 따라 지나가다가 쌍포천을 지나 북동쪽으로 올라간다. 김책시 구간의 길이는 41.9㎞이다. 시 안에 **만춘역, 쌍룡역, 김책역, 장평역, 학성역, 송상역, 업억역, 원평역**이 있다. 역 사이의 평균 거리는 약 4㎞이다. **평라선**이 지나가는 구간에 여러 개의 터널과 다리가 있다. 김책역과 장평역 사이의 터널이 가장 길고, 업억역과 원평역 사이의 다리가 가장 높다. **김책역**이 가장 크고 다음으로 **장평역**이 크다.

주요 철도역인 김책역은 1928년 함경선(원산~회령)의 개통과 함께 건설되었다. 1961년에 전철화 되었다. 평라선을 통해 도 안의 북쪽 지방에서 생산되는 금속 원자재와 공업제품이 남쪽으로 운반되고, 남부 지역에서 생산되는 기계류, 무연탄, 식량 등이 북쪽으로 운반된다. 또한 김책역은 화물 수송량이 많은 집중 화물역으로 시에서 생산되는 수산물, 대리석, 금속 관련 화물을 취급한다. 장평역에서는 주로 성진 제강련합기업소에서 생산하는 강재를 다른 지방으로 운송한다.

김책역

도로

도로 교통은 🔲 원산~김책~라선 도로와 🔲 김책~명천 간 도로가 중요하다. 이 밖에 춘동리~덕인리, 림명리~성상리, 탄소동~한강대, 탄소동~옥천리 간 도로가 있다. 시의 여객 수송에는 버스와 무궤도전차가 큰 몫을 담당한다. 김책~화대, 김책~길주, 김책~단천, 김책~세천, 김책~상평 간 정기 버스가 운행되고 있다. 성남~학성 사이 10㎞ 구간에서 무궤도전차가 다니고 있다.

해운

시 동쪽 김책만(성진만)에 자리한 ⚓ 김책항(성진항)이 해상운수의 중심이다. 1899년에 개항한 항구로 함경도에서 원산항에 이어 두 번째로 개항한 항구이다. 여러 차례 확장 건설이 이루어졌다. 특히 해방 이후에는 정책적으로 지원

김책항

하여 항만시설을 확충하였다. 동해안 도시들과 이어지는 수상 통로로서 중화학공업 제품과 수산물 수송을 책임지는 항구이다.

⬇ 김책항은 겨울에도 얼지 않는 양항인데, 동쪽에 반도가 있고, 북쪽에 산비탈이 뻗어 있어 바람을 막아준다. 원양어업의 전진기지로 활용되고 있으며 연간 79만 톤의 하역 능력을 가지고 있다. 항구는 본항, 군항, 어항으로 구성되어 있으며 수심이 깊어 대형선박이 정박할 수 있는 조건을 갖추고 있다.

역사와 문화

고대

신석기시대의 유물인 빗살무늬토기가 출토되었다. 덕인리에서는 청동기시대의 무덤인 고인돌 떼가 발굴되었다. 인접한 지역에서도 신석기시대 유물이 다량 출토된 것으로 미루어 보아 신석기시대부터 이 지역에 사람들이 살아온 것으로 짐작된다.

덕인리 고인돌 떼는 4기로 100~150m 간격으로 일직선을 이루며 나란히 서 있다. 고인돌은 굄돌로 네 벽을 막고 뚜껑 돌을 덮은 북방식의 높은 고인돌 유형이다. 고인돌에서는 청동기시대 유적에서 흔히 볼 수 있는 갈색간석기, 돌도끼, 인골 등이 나왔다. 덕인리 고인돌 떼가 우리나라 고인돌 분포에서 북동쪽 경계선을 이룬다는 것이 주목할 점이다. 청동기시대 문화와 우리 민족의 문화적 원류의 형성 발전 과정을 연구하는 자료로 중요하다.

고려

숙신, 읍루, 예맥, 옥저, 말갈 등 여러 부족 국가들이 흥망성쇠를 거듭하며 활동한 영역으로 삼국시대에 고구려로 통합되었다. 고려 말기에 이르기까지 거란, 여진, 몽골의 관할하에 있었다. 여진족의 소파온성(小破溫城)이 있던 자리이기도 하다. 고려 후기 공민왕의 북진정책이 실효를 거두어 두만강 하류 지역까지 세력이 확장되고, 동북면(東北面) 길주(吉州)에 속하게 되었다.

조선

조선 왕조가 개국하고, 1398년(태조 7)에 북도(北道)의 행정구역을 개편할 때, 이 지역에 성진진(城津鎭)이 설치되었다. 1592년(선조 25) 임진왜란(북에서는 임진조국전쟁이라 한다) 중에 정문부(鄭文孚)가 이끄는 의병대가 일본군을 크게 무찌르고 함경도 북부지역을 되찾는다. 이 전투를 북관대첩이라 하며 비를 세워 당시의 전승을 기록하고 기념하였다.

북관대첩비 국보 유적 제193호

1592년(선조 25) 임진왜란 당시 함경도는 가토 기요마사가 이끄는 왜군에게 점령당한다. 당시 함경도 북평사(北評事)였던 정문부 장군은 의병을 모아 림명, 쌍포, 단천, 백탑 등의 전투에서 크게 승리하고 함경도 땅에서 왜적을 완전히 몰아낸다. 이 전투는 임진왜란의 국면을 조선에게 유리하게 바꾸는 계기가 된다. 북관대첩(北關大捷)이라 한다.

　1708년(숙종 34) 정문부 장군의 공을 기려 함경도 길주군 림명면(지금의 김책시 림명리)에 북관대첩비를 세운다. 당시 함경도 북평사로 부임한 최창대(崔昌大, 1669~1720)가 비문을 쓰고 고을 백성의 뜻을 모아 건립하였다. 높이 187cm의 승전비 앞뒤에 2천여 개의 행서체 글씨로

북관대첩비 비각

북관대첩비

일본이 조선을 침략한 사실과 의병들이 이룩한 승리의 기록이 새겨져 있다. 석재와 조각술이 매우 아름답다.

근대

1898년 성진군으로 독립했다. 성진군은 일반부두, 어항, 저목장(貯木場, 목재 저장소)을 갖춘 성진항이 건설되는 등 항구도시로 발전해가기 좋은 조건을 갖추고 있었다. 1899년 일제에 의해 마산항, 군산항과 함께 성진항이 개항장이 되었다.

1904년 러일전쟁이 발발, 러시아 군대가 이 지역을 점령하고 포대를 구축하였다. 러시아와 일제의 격전지가 되어 크게 전화를 입게 된다. 이때 림명리에 세워져 있던 북관대첩비를 일본군에게 약탈당했다. 작가 김기림은 짓밟힌 고향과 빼앗긴 비(碑)에 대한 비통함을 글로 남기고 있다.

> 때는 삼백 년 전 조수처럼 밀려들어오는 적병을 관(關) 너머 즉시 물리치고 병화(兵禍)와 왜적의 모욕에서 관북을 건진 이붕수(李鵬壽) 등 7의사(義士)의 승전비가 또한 거리의 복판에 서 있었다. 그러나 비(碑)는 지금 동경구단(東京九段)으로 옮겨갔고 텅빈 비각(碑閣)마저 헐려졌다. 잊어버리운 거리에 어지러운 흙발이 너의 아름다운 전설을 아낌없이 짓밟을 때 너는 왜 말이 없느냐? 왜 말이 없느냐?
>
> ─김기림의 〈고향예찬, 그 강산(江山)과 그 문자(文字)〉 중에서, 《신동아》 1932년 9월

개항과 동시에 외국인 거주지가 만들어졌다. 일찍부터 정착한 선교사들이 교회, 학교, 병원 등을 세우고 교회 사업을 활발하게 펼쳤다. 1919년 3월 10일 시작된 만세운동은 그리스도교인들이 주도한 것으로 함경북도 최초의 만세운동이다. 이 성진 만세운동이 계기가 되어 이후 길주, 냉천, 경성, 청진 등에서도 대규모 만세운동이 이어진다.

일제강점기에 백무선(백암~무산), 길혜선(길주~혜산, 지금의 백두산청년선), 단풍선(단천~홍군, 지금의 허천선)이 개통되면서 함경북도의 물자와 목재의 집산지가 되었다. 또한 마천령 일대의 지하자원과 산림이 개발되었다. 고주파 제강공장, 마그네사이트 내화연와공장, 북선제지화학공장 등이 잇달아 생기면서 공업도시로 크게 번창하였다.

성진 앞바다는 난류와 한류가 교차하는 어장으로 수산업도 성황을 이루었다. 통조림, 어유(魚油) 등 수산물 가공업도 발전하게 되었다. 특히, 정어리가 많이 잡혔는데 어느 시기부터 갑자기 감소했다. 반면 명태, 연어, 대구, 고등어 등이 많이 잡혔다.

근대문학사에서 빠트릴 수 없는 문학가인 최서해, 최정희, 김기림이 성진에서 태어나고 자랐다. 1930년대 잡지 《신동아》, 《조광(朝光)》, 《신민(新民)》에서 이 작가들은 고향에 관한 글을 쓰고 있다. 최서해는 〈쌍포유기(雙浦遊記)〉에서 고향을 찾았다가 친구들과 배를 타고 쌍포(雙浦) 바다로 나가 즐긴 하루를 실감나게 추억하고 있다. 최정희는 〈항구의 로맨쓰〉에서 마천령의 싸리꽃과 망양정의 아카시아 향기, 등대의 빨간불이 반짝이는 성진항의 아름다움과 성진 사람들을 적고 있다.

> 사람들은 푸른 바다와 마천령에서 받은 정기로 굳세고 활기 있고 순박하고 건전했습니다. 남녀를 물론하고 마음이 강하고 뜻이 굳고 일을 좋아할 뿐 아니라 자기보다 남을 위해 살자는 아름다운 정신을 가진 이가 많았습니다. 그러기에 못 살아서 쪽바가지를 짊어지고 떠나가는 꼴을 보기보다 무슨 결사니 무슨 운동이니 하는 사건들이 빈발하던 일이 기억됩니다.
>
> —최정희의 〈항구의 로맨쓰〉 중에서, 《신민(新民)》 1938년 7월

현대

해방 이후 당국의 지원 아래 성진 제강련합기업소, 성진 내화물공장 등의 기간산업을 중심으로 급격하게 중공업 도시로 거듭 발전하였다. 수산업도 김책수산사업소 등을 중심으로 크게 성장했다.

1980년대 중반만 해도 겨울철에 잡아들인 명태를 미처 처리하지 못해 길가 빈터에 쌓아두었다고 한다. 세대마다 능력껏 명태를 덕장에 매달아 말려 팔기도 했다. 주민들은 신평동 해안가에 유럽풍으로 크게 지은 문화회관에서 영화도 보고 예술 공연도 관람했다. 1980년대 초에 해안동과 신평동 백사장에 인민유원지가 만들어졌고, 7~8월이 되면 해수욕장은 늘 인파로 북적거렸다.

2011년 이후 기존의 중공업과 수산업에 더하여, 농업을 진흥하려고 산림조성 사업과 과학 농법에 박차를 가하고 있다. 2020년 태풍 '마이삭'의 피해로 가옥들이 파괴되었다. 이후 재건 작업으로 은호리, 석호리, 춘동리에는 바닷가를 바라보는 아담한 살림집들이 건설되어 새로운 풍경을 만들어내게 되었다.

시 안에는 **김책시 문화회관**을 비롯해 5개의 문화회관과 영화관, 도서관, 책

방, 학생소년회관 등의 문화시설과 신풍경기장을 비롯한 체육시설이 있다. 제1인민병원, 제2인민병원, 산업병원, 고려병원, 리 인민병원을 비롯한 수십 개의 의료보건기관이 있다. 세천리와 송흥리에는 온천수를 이용한 세천 온천기후요양지와 송흥 온천기후요양지가 있다. 이외에도 상점, 여관, 식당, 복욱탕, 이발소 등 상업 편의시설이 잘 갖추어져 있다.

김책시 여행

백두산에서 시작하여 동해안까지 뻗어 내리는 마천령산맥이 있다. 이 고장에 들어서려면 마천령산맥의 가장 남쪽 끝에 솟아 있는 마천령(709m)을 넘어야 했다. 마천령에 올라서면, 북방의 험준한 지형이 한눈에 들어온다. 옛사람들은 마천령에 올랐을 때 겹겹이 펼쳐지는 산과 동해의 장관을 시로 남기고 있다. 마천령의 깊은 산들이 병풍처럼 둘러 있고, 동해 푸른 바다가 앞마당처럼 펼쳐

김책시 문화회관

지는 곳이다. 마천령에 얽힌 전설이 전해져 온다.

옛날에 마천령 서쪽 아랫마을에 한 농부가 살고 있었다. 어느 날, 농부가 키우던 암소가 송아지 한 마리를 낳았다. 농부는 기뻐하며 애지중지 송아지를 키웠으나 살림이 몹시 가난하여 갓 젖이 떨어진 송아지를 영(嶺) 너머 있는 농가에 팔 수밖에 없었다. 송아지를 넘겨주는 날, 어미소는 새끼와 떨어지지 않으려고 울며 쫓아가고, 송아지는 어미소와 떨어지지 않으려고 울어댔다. 송아지를 산 사람은 한참 소와 힘겨루기를 하고 나서야 겨우 영(嶺)을 넘어 돌아갈 수 있었다. 날이 저물자, 먹지도 않고 기를 쓰던 어미소가 끝내 고삐를 끊고 외양간을 뛰쳐나갔다. 농부는 어미소가 낸 발자국을 따라 높은 영(嶺)을 단숨에 넘어갔다. 어미소는 어느새 송아지를 불러내 젖을 먹이며

춘동리, 은호리, 석호리에 새로 건설된 살림집

온몸을 핥아주고 있었다. 가쁜 숨을 몰아쉬며 그 광경을 보게 된 농부는 그만 눈시울이 축축해졌다. 농부는 받은 돈을 되돌려주고 송아지를 찾아 어미소와 함께 다시 영(嶺)을 넘어 돌아왔다. 이때부터 민간에서는 영(嶺)을 넘는 새로운 길을 찾게 되었고, 소가 처음 길을 낸 고개라 하여 소고개, 이판령이라고도 했다. '이판'이란 여진어로 '소'를 뜻한다.

예로부터 이름난 명승지 청학단(靑鶴端)이 있다. 김책 시가지에서 동쪽으로 약 8㎞ 해상에 남으로 돌출해 있는 유진단(楡津端) 일대를 땅 모양이 학 같다 하여 청학단이라고도 한다. 소나무 숲이 울창하고 소나무 사이사이에 벚나무가 우

석호리 바닷마을. 멀리 유진단(청학단)이 보인다.

거쳐 푸른 바다와 조화를 이룬다. 공원으로 조성되어 있으며 공원 한쪽 높은 절벽 위에 있는 망양정에서는 김책 시가지와 푸른 바다 전체가 보인다. 함북팔경의 하나로 손꼽힌다.

 이 고장은 온천지로도 유명하다. 시의 중심부에 있는 송흥리에 예로부터 이름난 송흥온천이 있다. 주변은 대부분 해발 400m 미만의 산지인데, 소나무가 많다. 시의 북쪽 세천리에는 마천령 산줄기의 깊은 골짜기에 자리한 **삼로온천**과 세천온천이 있다. 약 80년 전에 개발되었다. 온천 주변은 울창한 수림으로 아름다운 산간 경치를 이루고 있다. 김책역과 업억역에서 세천온천까지 정기 버스가 운행된다.

♨ 송흥온천

1692년에 발굴된 단순 라돈 온천이다. 온천은 19군데에서 솟아나는데, 성분 함량은 서로 비슷하다. 이 중에 치료 온천탕으로 쓰이는 곳의 광물질 총량은 281.53mg/ℓ이다. 황산이온, 나트륨이온, 탄산이온, 수소탄산이온 등 여러가지 이온 성분이 들어 있다. 이온 성분 덕에 만성 과산성 위염(위산 과다증), 만성기관지염, 만성 소대장염, 신경통, 습진, 불임증을 비롯한 여러 질병 치료에 이용된다. 또한 혈액순환 강화, 물질대사 촉진, 염증 완화, 진통 및 진정 작용을 한다. 온도는 46℃, pH는 8.4이다. 온천은 2020년 북한의 새로운 천연기념물로 등록되었다.

 온천지에는 송흥온천을 이용한 송흥요양소를 비롯한 여러 개의 중소규모 요양소가 있다. 송흥요양소는 총부지 면적 10만㎡, 총건평 5천㎡에 달하는 방대한 규모에 목욕실, 물치료실, 기능회복실 등 다양한 시설을 갖추고 있다. 근처에 송흥저수지가 있는데, 주변의 삼림과 어우러진 계곡 호수 풍경이 아름답다.

세천리 인근의 덕인리 또한 깊은 산간지대인데, 북한의 천연기념물로 지정된 **덕인리 왜가리 번식지와 덕인 참나무**가 있다. 왜가리는 약 60년 전부터 이곳에서 서식하기 시작했다고 한다. 소나무, 참나무 등 왜가리가 둥지를 틀 수 있을 만큼 큰 나무들이 많다. 1480년경 심은 것으로 알려진 **덕인 참나무**는 높이 16m, 밑동 둘레 5.2m, 가슴높이 둘레 4.5m이며 모양이 아름답다.

이외에도 학동리에 가면 천연기념물 **학동 소나무**를 볼 수 있다. 림명리 설봉산에 가면 림명천 유역과 그 주변에서 먹이를 얻는 **림명벌 황새**를 볼 수 있다. 황새는 흰 두루미와 비슷하게 생긴 진귀한 새이다.

덕인리 철새 (번식지) 보호구 천연기념물 제301호

2021년 북한 국가과학원 생물다양성연구소가 현지 조사한 것에 따르면, 덕인리 보호구 일대의 소나무 숲에서는 140여 마리의 왜가리와 둥지가 관찰되었다. 왜가리의 몸길이는 91~102cm, 몸무게는 1.5kg 정도이다. 작은 물고기나 올챙이, 개구리, 미꾸라지, 곤충을 잡아먹으며, 해안지대에서는 조개나 게도 먹는다. 무리로 번식하며 백로 무리에 섞여 번식하기도 한다.

한 나무에 보통 3~5개의 둥지를 튼다. 키 큰 나무 꼭대기에 마른 나뭇가지로 접시 모양으로 만드는데, 둥지 지름은 50~55cm이다. 5~6월경에 4~6개의 푸른색 알을 낳아, 암수가 함께 60일쯤 기른다. 9월경에 다른 서식지로 날아가는 철새이다. 이곳 보호구에서는 왜가리 외에도 대백로, 중백로, 찌르레기를 비롯한 30여 종의 조류가 관찰되었다.

이 지방은 이름난 명태 산지이다. 명태국, 명태순대, 명태알젓, 명태밸젓 등을 비롯하여 명태를 버리는 것 하나 없이 다양하게 가공하여 여러가지 요리를 만들어 먹는다. 특히 겨울철이면 보통 2~3일 정도 숙성시킨 명태를 넣어 김치를 담근다. **명태김치**는 김치를 담그고 2~3일 후에 국물을 만들어 넣는 것이 특징이다. 배추가 잠길 정도로 국물을 붓고, 입구를 봉해서 40일 정도 발효시킨다. 함경도 사람들은 눈 오는 날 꺼내 먹는 **명태김치**를 '쩡하게' 맛있다고 한다.

산업

북한은 2021년 1월 제8차 당대회에서 '국가경제발전 5개년 계획'(2021~2025)을 발표하고 자립경제를 강조했다. 주요 내용 중 하나는 주민 생활 향상을 위한 농업과 경공업의 발전, 지역 경제의 활성화이다. 특히, 국가의 중대사로 농업의 중요성, 삼림 복구, 농촌 문화마을 건설을 강조하고 있다.

김책시의 기본 산업구조는 공업, 수산업, 농업으로 이루어진다. 공업과 수산업은 국가 차원에서 의미가 있다. 최근 일찍부터 발달한 중공업을 중심으로 새로운 생산 공정의 확립과 설비 제작 등 현대화를 적극 추진하고 있다. 한편, 국가 정책에 발맞추어 수산업, 농업, 임업의 발전을 위해 다양한 시도를 꾀하고 있다. 특히, 농업의 과학화에 힘쓰고 있다.

농림어업

① 농축산업

시의 농업은 곡류 생산을 기본으로 채소, 과수업, 축산업, 양잠업 등 여러 방면으로 발전했다. 농경지는 시 면적의 11.4%를 점한다. 그중 논이 25.3%, 밭이 57.3%, 과수밭이 12.5%, 뽕밭이 2%를 차지한다.

농업에서 최근 가장 눈에 띄는 것은 과학 농사 열풍이다. 컴퓨터망을 통해 현행 영농사업에서 제기되는 기술적 문제들을 농업성 등 상급 기관과 실시간 협의하는 체제를 갖추고, 기상 기후조건을 분석해 파종 일정을 계획하는 등 선진 영농방법을 적극 받아들이고 있다. 농업 발전을 위한 관개시설 정비 보강에도 힘쓰고 있다.

주요 생산 농작물은 쌀, 옥수수, 보리, 콩 등의 곡류와 채소이다. 채소는 곡류 다음으로 중요한 몫을 차지한다. 덕인리, 세천리, 옥천리에서는 담배를 많이 재배한다.

일찍부터 과수업도 발달했다. 과일 생산에 알맞은 기후이고 과수원 조성에 적합한 산기슭과 야산이 많기 때문이다. 함경북도에서는 길주, 회령 다음으로 과수밭 면적이 크다. 주로 사과, 배, 복숭아, 백살구, 포도, 추리(자두), 앵두 등의 과일을 생산한다. 특히 가장 많이 생산되는 배가 맛있기로 유명하다. 배에

호통 협동농장

이어 사과와 백살구가 많이 난다.

  축산업도 발전한 편인데, 공동축산과 부업축산을 균형적으로 발전시켰다. 최근에는 부업축산으로 토끼 기르기를 장려하고 있다. 농사에 이용하거나, 고기와 우유 생산을 목적으로 기르는 소를 비롯해 돼지, 양, 염소, 토끼, 닭, 오리를 기른다. 한편 아이들에게 유제품을 무상으로 공급하기 위해 각 시와 군에서는 젖소목장뿐만 아니라 염소목장을 건설하고 분유 생산 공장을 만들고 있다. 김책시에서도 1,000여 마리 염소를 기를 수 있는 염소목장과 유제품 가공공장을 건설했다.

  김책시는 예전부터 산기슭과 경작지가 아닌 빈 땅에 뽕밭을 조성하고 누에치기를 대대적으로 해왔다. 지금도 고치 생산을 기본으로 한 양잠업에 힘을 기울이고 있다. 최근에는 피마자씨 생산을 적극적으로 하고 있다. 이외에도 고려

장평 협동농장

약(한약) 생산 토대를 강화하기 위해 약초 재배지 면적도 늘리고 있다.

농축산업 부문의 주요 사업체로는 최근 '논벼긴싹큰모' 재배 방법을 받아들여 과학 농사의 성과를 거두고 있는 호통 협동농장을 비롯해 상평 축산전문협동농장, 송중 협동농장, 송암 남새(채소)전문협동농장, 동청 협동농장이 있다. 이 밖에도 장평 협동농장, 학성 협동농장, 덕인 협동농장, 방학 협동농장, 림명 협동농장, 룡도 협동농장, 동흥 협동농장, 만춘 협동농장, 해연 협동농장 등이 있다.

② **임업**

산림이 시 면적의 75%를 차지한다. 소나무림이 시 삼림 면적의 46%, 참나무류가 11.6%, 이깔나무는 3.9%, 잣나무는 1.4%를 차지한다. 삼림 면적 가운데 통나무를 비롯한 경제림이 75.3%, 보호림이 21.8%이다. 보호림은 송흥 청년저수지의 수원을 보호하기 위한 수원 함양림과 송흥리, 송중리, 탄소동의 방풍림 등이다. 삼림 안에는 오미자, 오갈피나무, 삽주, 당귀, 작약 등 약용식물이 널리 분포되어 있다.

이 고장은 송이버섯 산지로도 유명한데, 옥천리, 상평리, 금천리의 소나무 숲에서 해마다 50여 톤의 송이버섯을 채취하고 있다. 밤나무도 함경북도의 다른 군에 비해 많다.

최근 활발하게 진행하고 있는 일이 삼림복구 사업이다. 북한은 온 나라를 수림화, 원림화, 과수원화할 목표로 삼림조성에 힘쓰고 있다. 김책시는 산림**경영연구소**를 중심으로 경제적 효과성이 높은 상원포플러나무, 경공업 제품의 원료가 되는 기름밤나무, 수유나무(쉬나무), 단나무(아로니아) 등의 나무모를 생산하고 있다. 해마다 봄철 나무심기를 통해 잣나무, 창성이깔나무(낙엽송), 수유나무 등의 숲을 조성하고 있다.

③ 수산업

수산업은 금속공업 다음으로 중요한 몫을 차지하는 산업이다. 김책시는 수산자원이 풍부하고 어항 조건이 좋아, 예로부터 동해안의 주요 수산 기지이다.

앞바다는 물고기들이 서식하기에 좋은 조건을 갖추었는데, 주로 명태, 정어리, 이면수, 가자미 등 수십 종의 물고기가 살아가고 번식한다. 해방 후, 원양어업을 비롯하여 근거리 어업, 대형어업, 중소어업, 양식업 등으로 어획량이 급격하게 증가하였다. 1986년을 기준으로 생산량의 가장 큰 몫을 차지하는 것은 명태(81%)와 정어리(15.6%)이다. 최근 그물우리양어장을 새로 증설하고 치어

김책 수산사업소 원양어선

⑶(稚魚) 생산량 확대에 집중하고 있다.

주요 사업소는 시 수산물 생산의 80%를 차지하는 김책 수산사업소가 있다. 수십 척의 대형선박으로 원양어업을 주로 하며, 냉동과 절임, 젓갈 제품 등으로 가공하는 종합가공공장을 갖추고 있다. 2016년 기사에 따르면 6대의 압축기와 3대의 응축기를 갖추고 하루에 25톤의 생선을 급냉동할 수 있는 능력과 1,500톤의 물고기를 저장할 수 있는 냉동고가 마련되었다. 또한, 사업소 자체 힘으로 배를 건조하고, 다시마 등을 생산하는 양식사업도 하고 있다.

대성 수산종합기업소, 대흥 수산기업소, 대경 수산사업소, 만춘 바닷가 양식협동조합, 김책 종어사업소 등의 수산 관련 사업체가 있다. 이외에도 은호, 쌍룡, 학중, 석호, 성남, 쌍포 등의 수산협동조합이 있다. 아주 작은 규모의 어업을 경영하는 세소(細小)어업사업소와 양어사업소가 있다.

동해에서 조업 중인 대경수산사업소 근로자들

광업

시 안에는 석탄, 흑연, 린회석(인회석), 니켈, 철, 석회석, 대리석을 비롯한 여러 가지 지하자원이 많이 묻혀 있다. 시의 광업은 함경북도 공업 발전에 큰 의미가 있다. 흑연, 린회석, 석탄 등의 광산이 있다. **업억흑연광산과 쌍룡린회석광산이 중요하다.**

업억동에 자리한 업억흑연광산은 1946년에 조업을 시작했다. 노천과 지하에서 린상(인상) 흑연을 캐내어 선광까지 하고 있다. 매장량이 풍부하고 품질이 좋은 것으로 유명하다. 여기서 생산한 흑연은 성진 제강련합기업소를 비롯한 도 안과 밖의 금속공장과 연필공장에 공급하고 있다.

김책시 광공업 현황 (2023년 12월 기준)

	업종	기업 수(개)
광업	비금속광물광산	1
	비철금속광산	1
경공업	가구, 목재, 종이 및 잡제품	1
	섬유의류	3
	음식료품 및 담배	6
중화학공업	1차 금속	4
	건재	4
	기계	3
	수송기계	1
	화학	1
합계		25

출처: KIET 북한 산업·기업 DB

쌍룡린회석광산은 쌍룡동에 있으며 1971년 조업을 시작했다. 린회석은 비료를 만드는 데 쓰이는 중요한 원료 광물이다. 농산물 생산량 증대에 큰 의미가 있다.

경공업

① 일용품 공업

시의 일용품 공업은 생산하는 가짓수가 많을 뿐만 아니라 지방공업에서 차지하는 생산량이 가장 많다. 일용품 공업에서 가장 큰 몫을 차지하는 것이 철제 일용품이다. 양동이, 버치를 비롯해 머리핀까지 크고 작은 철제 일용품을 생산하는 **철제일용품협동조합과 자전거공장**이 중요하다. 두 곳 모두 시 중심의 신평동에 자리하며 인접한 성진 제강련합기업소로부터 기본 원료인 다양한 규격의 강재를 받는다.

김책 전구공장은 함경북도에서 전구를 생산하는 공장으로 중요하다. 시와 주변 지역에서 판유리를 받아 자체적으로 유리를 생산한다. 전구를 비롯하여 병, 실험기구, 유리 필수품 등 수십 종의 유리 일용품을 생산하고 있다.

이외에도 주요 사업소로 가정용품공장, 영예군인공장, 재봉기공장, 오지그릇공장, 유리일용품공장, 어린이자전거공장, 초물협동조합, 가구생산협동조합, 악기공장 등이 있다. 김책시에서 생산되는 자전거와 부엌 용품을 비롯한 철제 일용품은 함경북도에서 손꼽힐 만큼 알아준다.

② 식료품 공업

지방공업에서 일용품 공업 다음으로 큰 비중을 차지한다. 주민 수요가 높고 여

성인력이 많이 필요한 식료품 공업 관련 사업소는 주로 인구밀도가 높고 교통이 편리한 시의 중심부에 많이 배치되어 있다.

주요 사업소로 김책 종합식료공장, 김책 기초식품공장, 김책 장공장, 생선가공공장, 과일남새(채소)가공공장 등이 있다. 가장 큰 몫을 차지하는 김책 종합식료공장에서는 옥수수 등을 원료로 한 사탕류, 과자류를 비롯하여 술, 기름 등을 생산한다. 장공장에서는 한 해 1,300여 톤의 간장과 2,700여 톤의 된장을 생산하여 공급한다. 생선가공공장에서는 물고기 절임, 고기 가공품을 비롯한 29종 이상의 제품을 생산한다. 과일남새가공공장에서는 채소 가공품, 유제품, 맥주 등 18종 이상의 식료 가공품을 생산한다.

③ 방직, 피복 공업

도에서 스프실, 나이론실, 면실 등을 받아 양복, 학생복, 작업복, 인견, 재생천, 솜싸개 천 등을 생산한다. 주요 사업소에 김책 피복공장, 어린이옷 공장, 직조공장, 편직공장, 모피 가공공장 등이 있다. 주로 여성복과 아동복을 많이 생산한다.

중공업

① 금속공업

김책시 공업에서 가장 중요한 자리를 차지한다. 금속공업은 성진 제강련합기업소를 중심으로 이루어진다. 북한 경제발전에 큰 의미가 있다. 이곳에서는 특수 철강재 생산을 기본으로 수십 종의 2차 금속 가공 제품을 생산한다. 주로 기계생산 부문의 기본 자재로 공급한다. 김책 압연공장에서는 성진 제강련합기업소에서 강재를 받아 박판, 쇠줄 등을 생산한다. 생산 제품은 도 안의 지방 공업 공장에 공급한다. 이외에도 김책 금강금속공장 등의 사업소가 있다.

성진 제강련합기업소

김책시 제강동에 있다. 1945년 일제가 군수산업에 필요한 강재를 생산할 목적으로 건설한 고주파중공업 제강소였다. 현재 기업소는 모체 기업소인 성진제강소와 5월17일공장과 몇 개의 광산 등으로 구성되어 있다. 소용량의 전기로를 다수 보유하고 있고, 다양한 종류의 특수강을 전문적으로 생산한다. 2014년 말을 기준으로 제선 48만 톤, 제강 82만 톤, 압연강재 41.5만 톤의 생산능력을 갖고 있다. 생산되는 강철, 특수강, 압연품 등은 북한 각지의 기계공장 등에 공급되고 있다. 다른 제철 제강소에 비해 가동률이 우수한 편이다. 부지 면적 99.2만㎡, 건평은 10.3만㎡이다.

성진 제강련합기업소

② 건재공업

금속공업, 수산업 다음으로 큰 몫을 차지하고 있다. 인접한 함경남도 단천시에 마그네사이트 광석이 많이 매장되어 있고, 철도교통이 편리하여 원료와 제품 수송이 원활하다. 이런 유리한 점 덕분에 건재공업이 발전하였다. 주요 건재공장은 성진 내화물공장, 김책 대리석공장, 김책 세멘트공장이다.

성진 내화물공장은 청학동에 있다. 1936년 일제에 의해 건설된 성진마그네시아공장이 전신이다. 북한 굴지의 내화물 생산지로서 단천시 룡양광산의 마그네사이트 광석을 원료로 연간 30만 톤의 마그네시아 클링커를 생산한다. 규소 벽돌, 마그 벽돌, 크롬마그 벽돌 등 다양한 내화벽돌도 많이 생산한다. 주로 성진 제강련합기업소에 내화물을 공급하고 있으며, 기타 금속공장, 건재공장, 기계공장에도 공급하고 있다.

김책 대리석공장은 마천령 아랫마을 장현동에 자리하며 1980년에 조업을 시작했다. 이 일대에 묻혀 있는 대리석을 원료로 다양한 규격의 대리석 판을 주로 생산하며 섬록암 가공품과 함주석도 생산한다. 김책 세멘트공장은 풍부한 석회석을 원료로 한해 2만 톤 이상의 품질 좋은 시멘트를 생산하고 있다. 이외에도 김책 금속건구공장, 김책 건재공장 등이 있다. 2021년 김책 건재공장에서는 기술 문제를 해결하여 시멘트 생산을 늘렸다.

김책대리석

김책시 장현동 일대는 북한 굴지의 대리석 산지이다. 예로부터 이 지역에서 산출되는 대리석은 유리알처럼 혹은 얼음판처럼 표면이 매끈하고, 흰색, 회색, 초록색, 연하늘색, 장미색, 검은색 등 색깔도 다채롭고 아름다워 유명했다. 이 고장의 특산물이다. 그중에서도 연분홍색 대리석은 특

성진 제강련합기업소

히 이 지역의 보물로 널리 알려졌다. 오래전부터 이 고장 사람들은 대리석을 가공하여 다양한 공예품을 만들어왔다. 지금도 이곳 대리석은 건축물의 조각과 장식에 이용되고, 귀중품 제조에 사용된다.

③ 기계공업

일찍부터 기계공업이 발전하였다. 원료인 금속자재를 안정적으로 공급받을 수 있는 유리한 조건을 갖추었기 때문이다. 기계공업에서는 공작기계, 채취설비 및 여러가지 공구, 농기계와 농기구를 생산한다. 줄칼을 비롯한 공구류는 전국 각지에 공급된다. 최근에는 과학영농 정책을 뒷받침하기 위해 자체의 기술로 벼 수확기와 같은 농기계를 제작하고 있다. 또한, 자연에너지를 이용한 전력 생산을 목적으로 극소형 수력 및 풍력발전기 제작에 힘써왔다. 2022년에는 림명리 농촌 살림집 수십 세대에 풍력발전기를 설치했다.

주요 사업소로 김책 공작기계공장, 김책 공구공장, 김책 공기기계공장, 김책 선박공장, 김책 탐사기계공장, 김책 착암기공장, 김책 편직기계부속품공장, 도시경영종합기계공장, 김책시 농기구공장 등이 있다.

교육

2012년 이후 나타난 북한 교육의 특징 중 하나는 현장 중심 교육을 통한 교육의 선진화와 인재 육성이라 할 수 있다. 이를 위해 교육 정보화, 원격교육, 평생교육, 의무교육과 청소년 교육, 노동자 교육을 강조하고 있다. 최근 '먼거리 영농기술 문답 봉사체계'와 같은 시스템을 갖추고, 협동농장과 농업성, 과학연구기관, 각급 농업 지도기관을 컴퓨터망으로 연결하여 교육하고 있다.

김책시에는 수산유치원을 비롯한 72개 이상의 유치원과 탁아소가 있다. 송령 소학교, 망양 소학교 등 15개 이상의 소학교가 있다. 김책 초급중학교, 김책 고급중학교 등 40여 개의 중학교가 있다.

고등교육기관으로 전자자동화전문학교, 수산전문학교, 농업전문학교, 물리전문학교, 성진 공업대학, 성진 내화물공업대학, 김책 금속단과대학 등의 전문학교와 대학이 있다. 성진 공업대학과 성진 내화물공업대학은 공장대학이다. 성진 제강련합기업소, 성진 내화물공장 등에서 근무하는 노동자들이 학생이다. 생산 현장에서 제기되는 과학 기술적 문제들을 해결하기 위한 연구 사업도 진행한다. 이외에도 김책 흑색금속연구소 등이 있다.

쌍암1동 수산유치원

김책 중학교

김책 흑색금속연구소

김책 금속단과대학

1984년 김책 고등금속공업전문학교를 발전시켜 창립했다. 금속공업 부문의 전문가를 양성하는 단과대학이다. 대학에는 기계제작학과, 금속재료학과, 유색야금학과, 흑색야금학과 등 관련 학과가 있다. 또한 학과에는 사회과학, 기초과학, 기술기초과학, 외국어 등의 강좌가 개설되어 있다. 각 학과마다 현대적 실험 설비를 갖춘 실험실과 연구실, 설계 및 제도실, 외국어 시청각실, 금속현미경실 등이 있다. 이 밖에도 수만 권의 장서를 자랑하는 도서관과 실습공장, 출판사가 있다. 국내 원료 자원을 이용해 고속도강을 생산하기 위한 과학 기술적인 문제, 다양한 특성의 강철 용접봉을 생산하기 위한 기술 문제 등을 해결했다고 한다.

인물

김책시는 마천령과 동해라는 수려한 자연경관 안에 자리잡은 고장이다. 국방의 요충지로 유구한 역사를 지닌 고장이다. 또한 개항과 함께 일찌감치 근대교육이 시작된 곳이기도 하다. 그런 이유에서일까, 근대문학사에서 빠트릴 수 없는 작가들의 고향이다.

김책(金策, 1903~1951)

이 고장 이름의 주인공 김책은 학성군(지금의 오천동)에서 빈농의 아들로 태어났다. 조선 공산주의자로서 1930년대 후반부터 중국공산당과 함께 조직한 만주 동북항일연군의 일원으로 무장 항일운동에 참여했다. 이때 김일성 주석과 만나 빨치산으로 함께 활동했고, 해방 이후 북한 정부를 수립하는 데 중요한 역할을 했다. 청진시의 '김책제철련합기업소'와 평양에 있는 '김책공업종합대학'도 그의 이름을 붙였다.

최서해(崔曙海, 1901~1932)

림명리에서 소작농의 아들로 태어났다. 어려서부터 간도 등지를 유랑하며 품팔이, 나무장수, 두부장수, 부두 노동자 등으로 고생했다. 1924년 《조선문단》에 〈고국〉을 발표하면서 활동을 시작했다. 〈기아와 살육〉, 〈홍염〉, 〈박돌의 죽음〉, 〈큰물 진 뒤〉와 같이 자신의 체험을 바탕으로 한 소설을 통해, 간도를 유랑한 가난한 사람들, 함경도 시골의 무식하고 빈궁한 노동자들의 이야기를 사실 그대로 표현했다. 1920년대 경향문학을 대표하는 작가이다.

최정희(崔貞熙, 1906~1990)

성진에서 태어나 자라다가 보통학교 5학년 때 서울로 이주했다. 1931년 단편소설 〈정당한 스파이〉를 발표하면서 문단 활동을 시작했다. 제2기 신여성이라 일컬어지는 박화성, 강경애와 함께 1930년대 여성 문학의 포문을 열었다. 불행한 운명을 다룬 초기 작품 〈지맥〉, 〈인맥〉, 〈천맥〉 3부작이 대표작으로 꼽힌다.

김기림(金起林, 1908~?)

림명리에서 여섯 딸 아래 막내아들로 태어났다. 한학자인 백부가 한시 어느 구절에 나오는 글을

최서해

최정희

김기림

인용해서 기림(起林)이라는 이름을 지어주었다. 7세 때 어머니를 여의고, 머지않아 곧 셋째 누이를 잃었다. 시집으로 《기상도》(1936), 《태양의 풍속》(1939), 《바다와 나비》(1946)가 있다. 김기림은 시와 희곡, 산문을 쓴 작가일뿐 아니라 시론, 문장론, 비평 등 이론적인 글도 많이 써서 우리나라 문학사에 미친 영향이 크다. 그는 바다를 보면서 컸고 바다를 보며 많은 글을 썼다.

교류협력

북관대첩비 반환을 위한 남북협력

북관대첩비와 관련한 의미 있는 남북 교류 협력 사례가 있다. 1905년 러일전쟁 당시 이 지역에 주둔한 일본군이 북관대첩비를 발견한다. 1906년 일본으로서는 치욕적인 역사라 여긴 일본군은 무력으로 비를 강탈하여 일본으로 가져갔다.

1909년 당시 일본 유학생이었던 조소앙(趙素昻, 1887~1958) 선생이 도쿄에서 우연히 북관대첩비를 발견하고 《대한흥학보》에 글을 기고하면서 비의 소재가 밝혀지게 되었다. 그러나 일제강점기에 이 글은 주목받지 못했다. 그 후 오랫동안 잊혀졌다.

1978년 조소앙의 글을 접한 재일 사학자 최서면 선생이 도쿄 야스쿠니신사 경내를 샅샅이 뒤져 한쪽 구석에 방치된 비석을 찾아낸다. 1979년 우리나라 정부에서 공식적으로 반환 요청을 했으나, 일본 정부가 거절하였다. 이후 한일불교복지협회를 비롯하여 민간 단체와 정부가 함께 반환받고자 지속적으로 노력하였다.

2005년 수탈당한 지 100년 만에 드디어 한국으로 반환되어 돌아왔고, 일반에 공개되었다. 일본 내 일한불교복지협회를 비롯해 반환 활동에 협력한 단체와 시민들이 있었던 덕분이다.

2006년 3월 1일 개성 성균관에서 북한으로 인도되었다. 현재는 비석이 놓여 있던 본래의 자리로 돌아갔으며, '김책시 민족유산보호관리소'에서 관리하고 있다. 북한의 국보 유적으로 지정되었다.

북관대첩은 우리 역사에서 민족의 저항정신을 보여주는 중요한 사건으로 이를 기념하는 비석 역시 대표적인 상징물로서 의미가 크다. 남한이 북한을 대신하여 노력하는 과정에서 남북한 관계자들의 만남이 이루어졌고, 역사 복원에 뜻을 같이 하고 힘을 합함으로써 남북 문화교류의 좋은 선례가 되었다. 뿐만 아니라 남-북-일의 3자 협력의 좋은 경험이 되었다.

2006년 3월 1일 개성 성균관 명륜당에서 북관대첩비 인도 인수식이 이루어졌다.

길

김기림(金起林)

나의 소년시절은 은빛 바다가 엿보이는 그 긴 언덕길을 어머니의 상여와 함께 꼬부라져 돌아갔다.

내 첫사랑도 그 길 위에서 조약돌처럼 집었다가 조약돌처럼 잃어버렸다.

그래서 나는 푸른 하늘빛에 혼자 때 없이 그 길을 넘어 강가로 내려갔다가도 노을에 함뿍 자줏빛으로 젖어 돌아오곤 했다.

그 강가에는 봄이, 여름이, 가을이, 겨울이 나의 나이와 함께 여러번 댕겨갔다. 가마귀도 날아가고 두루미도 떠나간 다음에는 누런 모래둔과 그러고 어두운 내 마음이 남아서 몸서리쳤다. 그런 날은 항용 감기를 만나서 돌아와 앓았다.

할아버지도 언제 난 지를 모른다는 동구 밖 그 늙은 버드나무 밑에서 나는 지금도 돌아오지 않는 어머니, 돌아오지 않는 계집애, 돌아오지 않는 이야기가 돌아올 것만 같아 멍하니 기다려 본다. 그러면 어느새 어둠이 기어와서 내 뺨의 얼룩을 씻어 준다.

―《조광(朝光)》, 1936년 3월

함경남도

신포시

新浦市

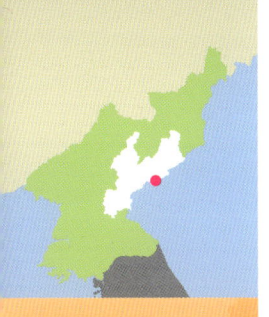

신포시(新浦市)는 함경남도 동해안 중부에 자리한 항구도시이다. 한류와 난류가 만나는 양화만은 대륙붕이 발달해 수산자원의 보고이고, 태풍과 해일의 영향이 적어 바다 양식에 유리하다. 신포항과 마양도 일대는 이름난 명태 어장으로, 북한 최대의 수산기지 신포 수산사업소와 원양어선 기지 신포 원양수산련합기업소가 있다. 해식 절벽과 해식 동굴, 석호와 사취, 사구가 발달해 예로부터 '속후팔경(俗厚八景)'이라 불린 동해안 명승지이다. 평양과 연결되는 평라선이 통과하고 해안도로와 수상항로가 유기적으로 연결돼 경제문화 발전의 토대가 되고 있다.

북한 최대의 수산 도시인 신포시는 수산업과 수산물 가공업이 지역 경제를 주도한다. 최근에는 항만 부두 시설과 수송 체계를 갖추고 대형어선과 운반선, 원양어선을 운영하고 있다. 또 주요공정을 자동화하고 인터넷망으로 연결한 첨단 종합지령실과 문화복지시설인 '먼바다 어로공 문화회관'을 준공했다. 지역 해산물로 섭간장을 생산하는 등 주민 생활과 직결된 경공업을 활성화하고, 해안을 활용한 양식업과 지역에 잠재된 관광자원을 개발하는 등 의미 있는 변화가 일어나고 있다. 해양수산자원을 보호·증식하기 위한 방류 어업의 중요성이 부각되면서, 신포시는 해마다 많은 양의 치어를 동해에 방류한다. 신포시는 남북의 공동 자산인 동해의 해양생태계를 보호하고, 수산자원의 회복과 증식을 도모할 남북 해양수산협력의 적임지로 기대된다.

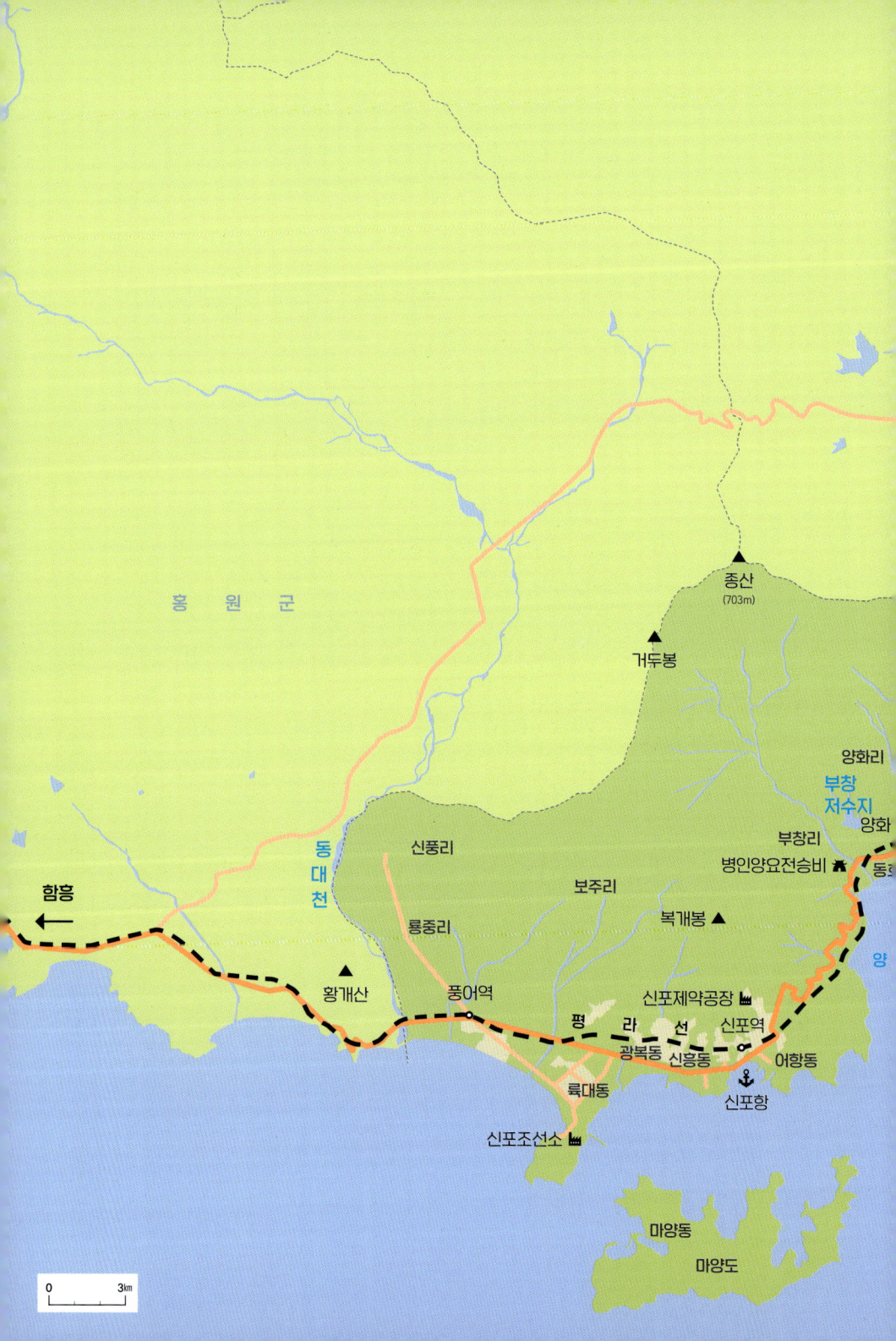

위치와 지형

신포시는 함경남도 동해안 중부에 자리한 항구도시로, 북청 남대천(北靑南大川)과 동대천(東大川) 사이에 있다. 북쪽과 북동쪽은 북청 남대천을 경계로 북청군과 잇닿아 있고, 서쪽과 북서쪽은 동대천을 경계로 홍원군과 마주하고 있으며, 남쪽은 동해와 접하고 있다. 경수로 사업이 진행된 금호지구는 시의 동쪽에 있다. 시의 중심부 위치는 동경 128°11′, 북위 40°02′이며, 면적은 약 218.106㎢이다.

　전반적으로 남동쪽 해안에서 북서쪽 산지로 갈수록 점차 지대가 높아진다. 북서쪽에는 신포시에서 제일 높은 종산(鐘山, 703m)이 북청군과 홍원군을 경계로 솟아 있으며, 종산을 중심으로 거두봉(擧頭峰)산줄기가 뻗어 있다. 산줄기가 비록 낮지만, 해안에 접하고 있는 데다 깊은 골짜기들이 산줄기의 등마루 밑까지 패어 급경사지가 적지 않다. 거두봉산줄기와 그 지맥(支脈)들 사이에는 해발 100m 이하의 낮고 평탄한 구릉지와 벌이 펼쳐진다. 복개봉과 거리말서산(426m) 사이에 분지 형태의 지형이 있고, 수암산(368m) 동쪽은 남대천이 만든 넓은 신창벌로 이어진다. 종산에서부터 수암산에 이르는 산줄기는 하천의 침식작용으로 끊어져, 수암산과 암해산(432m)은 섬 모양의 산이다. 이 산들 사이의 고개들은 북창군과의 교통로로 이용되고 있는데, 암해산과 거리말서산 사이의 베니무고개(181m)로 1급 도로가 지난다.

　주요 하천으로는 북청 남대천과 동대천이 흐른다. 북청 남대천은 금호지구의 광천리, 서흥리를 경유해 남흥리에서 동해로 유입되며, 동대천은 홍원군 팔봉에서 발원해 동쪽으로 흘러 신포시 신풍리, 룡중리를 경유해 풍어동에서 동해로 흘러든다. 동대천은 관개용수와 음료수로 널리 이용되지만, 하천의 일부만이 신포시 영역을 지난다. 시 안쪽으로는 경사가 완만한 평지 하천인 부창천(富昌川, 5.2㎞, 유역면적 27.2㎢)이 흐르고, 동해로 유입되는 양화천(陽化川), 호만포천(湖滿浦川), 오매천(梧梅川), 련주천(蓮珠川), 보주천(寶珠川)은 길이가 짧고 하천망이 발달하지 않아 물 자원량도 많지 않다.

동대천과 북청 남대천에서는 충적층이 쌓여 충적평야를 이룬다. 또 해안에는 퇴적작용으로 모래불(모래부리)이 형성되고 바다자리호수(석호)가 만들어졌다. 해안선은 비교적 굴곡이 심해 출입이 복잡하고, 길이가 긴 것이 특징이다. 양화반도(길이 7㎞)와 여러 만들로 인해 해안선이 51.76㎞에 이른다. 양화반도 끝에는 송도곶(松島串)이 있으며, 송도곶에서 동북쪽으로 남대천까지 12㎞ 이어지는 해안에는 푸른 소나무와 흰 모래사장이 어우러진 해변이 아득히 펼쳐진다. 그 사이 사이로 룡연호(1.06㎢), 현금호(0.48㎢), 대인호(0.28㎢)와 같은 석호가 절경을 이루는 명승지 '속후팔경'이 나타난다.

륙대동 일대는 육지로부터 약 3㎞ 떨어져 있던 섬이 모랫둑으로 연결되어 이루어진 육계도(陸繫島)로, 바다에서 운반된 모래와, 복개봉 기슭에서 운반된 토사가 합쳐져 이루어졌다.

신포시에는 크고 작은 만들이 있다. 양화만(가층곶~색작단, 14㎞)은 한류와 난류가 만나는 지역으로 좋은 어장을 이룬다. 특히 신포와 마양도 부근은 세계적인 명태 어장이었다. 수심이 비교적 얕고 경사가 완만한 대륙붕이 넓게 발달해 부유생물(플랑크톤)이 많고 곳곳에 바위가 있어 물고기와 조개류, 해조류 번식에 유리하므로 바다 양식장으로 이용되고 있다. 연안에는 신포 수산사업소와 양화 밥조개(가리비)보호구가 있다. 이 밖에도 문암만(마양도의 금산 끝~보돌구미 서쪽 끝, 7.8㎞), 중흥만(마양도의 신도 동단~사진암단, 3.1㎞), 토성만(마양도의 신도 서단~돌애단. 1.9㎞) 등이 있다. 깊게 만입이 이루어져 신포항을 비롯해 항구를 건설하는 데 유리하다.

마양도(馬養島)는 조선시대에 말을 기르던 목장이 있던 곳이다. 큰 면적의 섬으로 여의도 면적의 2배보다 넓은 7㎢이다. 해안선 길이는 16.5㎞, 최고점은 179m이다. 울릉도는 동해안이 아니라 동해상에 있는 섬이므로, 이 마양도야말로 동해안에 있는 섬으로는 남북한 통틀어서 가장 큰 섬이다. 이 섬이 천연 방파제 역할을 하고 있다.

원양어선 비로봉호 모습. 신포시는 손꼽히는 어업 기지이다.

기후

동해의 영향을 많이 받아 겨울에는 같은 위도상의 내륙지방이나 서해안 지방보다 기온이 높고, 여름에는 반대로 낮아 비교적 선선하다.

1991년에서 2020년 평균값을 살펴보면, 연평균기온은 10.4℃, 가장 추운 달

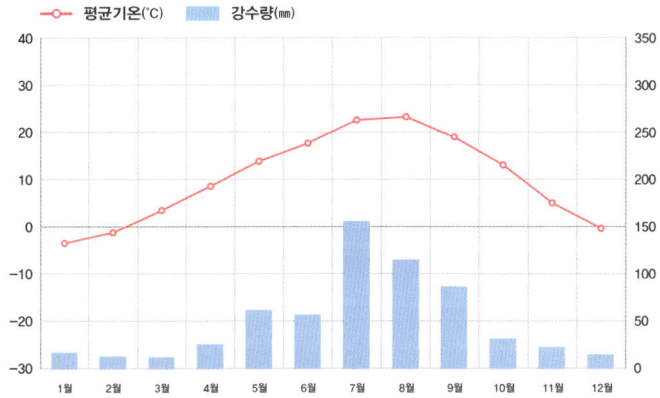

신포시 기후 그래프 (1991~2020년)

	30년 평균	2023년		30년 평균	2023년
연평균기온(℃)	10.4	11.5	연강수량(mm)	658.3	874.0
최한월(1월) 평균기온	-2.6	-3.2	여름 강수량 (6, 7, 8월)	334.4	560.6
최난월(8월) 평균기온	23.1	24.3 (7월)	겨울 강수량 (12, 1, 2월)	48.4	32.9
연교차	25.7	27.5	평균 풍속(m/s)	2.0	1.8

출처: 대한민국 기상청 〈북한 기상 연보〉

인 1월 평균기온은 －2.6℃이고 가장 더운 8월의 평균기온은 23.1℃이다. 연교차가 25.7℃로 겨울철과 여름철의 기온 차가 심하지 않다. 2023년의 연평균기온은 11.5℃이고, 1월 평균기온은 －3.2℃, 7월 평균기온은 24.3℃로, 연교차는 27.5℃이다.

연강수량의 30년(1991~2020년) 평균값은 658.3㎜로, 함경남도에서 적은 편이다.❗ 여름철인 6~8월 강수량은 334.4㎜이고, 겨울철인 12~2월 강수량은 48.4㎜이다. 2023년에는 여름철은 560.6㎜, 겨울철은 32.9㎜의 눈비가 내렸고, 연강수량은 874㎜이다. 습기를 머금은 해풍이 내륙으로 불면서 산지에 부딪혀 비를 내리기 때문에 도서 지역과 해안보다 내륙으로 갈수록 강수량은 점차 많아진다.

❗ 기후 평년값: 0으로 끝나는 해를 기준 30년간 기온, 강수량 등의 기상요소 평균값을 말한다. 세계기상기구(WMO)의 권고에 따라 10년마다 산출한다.

지난 30년간 한 해 평균 바람 속도는 2.0㎧이고, 2023년은 1.8㎧이다. 한류와 난류가 만나면서 연안 해역에는 해무(海霧)가 평균 19일로 비교적 많이 발생한다. 신포시는 바람이 상대적으로 약하고 봄이 일찍 찾아오며 가을이 늦어져 온화한 날이 비교적 길다. 기온의 일교차와 연교차도 작아 농작물 재배에 유리하다.

행정구역과 인구

1952년 행정구역을 개편할 때, 북청군의 신포면, 양화면, 속후면과 홍원군의 룡원면, 룡포면이 합쳐져 신포군이 신설되었다. 1960년 신포군이 시로 승격되면서 동대천 유역의 8개 리가 홍원군에 편입되고, 동대천 서쪽과 동쪽의 거리말서산까지가 신포시 영역이 되었다. 북청군을 조정 개편해 신설했던 신창군이 1974년 폐지되면서, 북청 남대천 서쪽에 있던 8개 리(광천리, 서흥리, 남흥리, 중흥리, 금호리, 오매리, 호만포리, 강상리)가 신포시에 편입되었다. 제네바합의

신포시 인구 현황 개괄 (단위: 명)

인구수	남자	여자	도시	농촌
152,759	73,454	79,305	130,951	21,808

출처: 2008년 북한 중앙통계국 발표 인구 센서스

신포시 인구 피라미드

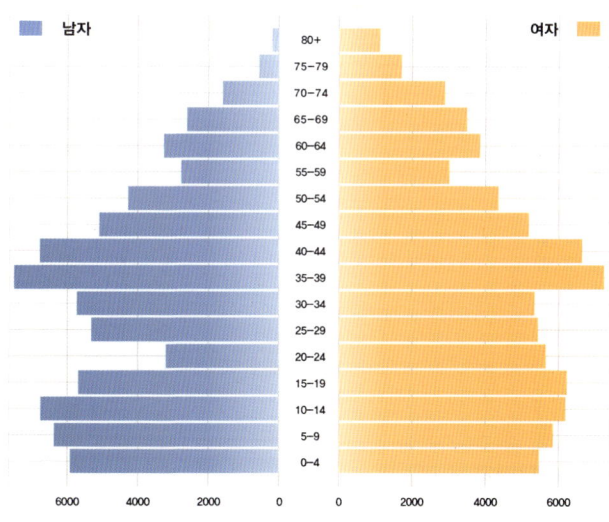

* 위 인구 피라미드는 2008년 북한 중앙통계국 발표 인구 센서스 자료를 바탕으로 연령대별 인구를 추산하여 작성한 것으로 참고용이다.

에 따라 한반도에너지개발기구(Korean peninsula Energy Development Organization, KEDO)에서 경수로 원자력발전소를 건설하면서, 1995년 9월 신포시의 동쪽 해안지역인 강상리, 광천리, 금호리, 남흥리, 서흥리, 속후리, 오매리, 호만포리 등을 통합해 금호지구를 신설했다. 금호지구의 명칭은 금호리에서 따왔으며, 같은 해 호남리가 추가로 편입되었다.

행정구역은 15동과 16리(광복1동, 광복2동, 동호동, 련호동, 륙대1동, 륙대2동, 마양동, 신흥동, 양지동, 어항동, 포항동, 풍어동, 해산동, 해암1동, 해암2동, 그리고 강상리, 광천리, 금호리, 남흥리, 룡중리, 보주리, 부창리, 서흥리, 속후리, 신풍리, 신호리, 양화리, 오매리, 중흥리, 호남리, 호만포리)로 구성되어 있다.

❗ 2023년도 금호지구(강상리, 광천리, 금호리, 남흥리, 서흥리, 속후리, 오매리, 호만포리 등)를 금호군으로 분리 독립시켰다는 보도가 있으나, 자세한 사항이 확인되지 않아, 이 책에서는 그 이전을 기준으로 한다.

신포 시가지 모습. 신포려관 앞거리이다.

신포시 인구는 2008년 현재 15만 2,759명이다. 이 가운데 남자는 7만 3,454명, 여자는 7만 9,305명이다. 도시 인구는 13만 951명이고, 농촌 인구는 2만 1,808명이다. 수산업과 수산가공업에 종사하는 인구 비율이 높다.

교통

철도

신포시 교통의 기반은 철도이다. 동해 해안선을 따라 **평라선**(평양~라진)이 지나는데, 신포시 구간은 약 30km이다. 신포시를 통과하는 **평라선** 역은 남쪽에서 북쪽으로 풍어역, 신포역, 양화역, 강상리역, 속후역, 양지역, 이렇게 6개 역이다. 이 가운데 강상리역과 속후역, 양지역은 금호지구에 있다. 풍어역은 집중화물역으로, 세멘트(시멘트)집함(컨테이너), 화학비료집함, 만능집함을 취급한다. 집중수송체계를 수행하기 위해 지정된 집중화물역은 대규모 화물의 집하와 상하차에 특화한 집중화물장을 보유하고 있으며, 도시의 중심역보다는 외곽에 별도의 역을 지정하는 경우가 대부분이다. 풍어역은 신포시 철도화물 수송량의 40% 이상을 담당한다. 간이역인 양지역을 제외하면 모두 중간역이다. 지형으로 인해 철길에는 4개의 차굴(터널)이 있다. 철길은 수송량을 늘리기 위해 1968년 전철화했다.

수산업과 조선업이 발전하면서, 신포역~신포조선소, 양화역~양화 수산사업소, 풍어역~신포 원양수산련합기업소, 신포 원양수산련합기업소~륙대 수산사업소 사이에 전용선이 건설되었다. 주요 철도화물 운송 품목은 수산물, 석회석, 석탄, 금속, 목재, 화학비료, 양곡 등이고, 집중화물역은 풍어역과 양화역, 신포역이다.

도로

🔽 원산~라진 간 도로가 통과한다. 이 도로를 통해 홍원~신포~신북청 간, 신포~북청 간 정기 버스가 운행한다. 신포다리~배나무고개 간 도로(약 17.5㎞)가 있다.

동호~호남리, 풍어~신풍리, 신포~보주리 사이에 도로가 뻗어 있다. 농촌지역에 4개의 정기 버스가 운행된다. 양화~호남, 양화~호만포, 속후~오매, 속후~광천 등이다.

도로교통은 주로 지역의 화물 수송을 담당하며, 주요 화물의 먼 거리 수송도 맡고 있다. 주요 화물은 해산물, 건자재, 소금, 석탄, 남새(채소), 양곡, 시멘트, 금속, 목재 등이다.

해운과 항공

현대적 항만시설을 갖춘 🔽 신포항은 신포시가 북한의 최대 수산업 도시로 성장하는 데 기반이 된 핵심 교통인프라다. 다른 지역과 경제적 연계를 강화하는 해상 항로가 발달했는데, 신포항은 북쪽으로는 단천항, 김책항, 청진항, 라진항과 연결되고, 남쪽으로는 홍남항, 원산항과 정기항로가 연결돼 있다. 신포항과 마양도 사이에 정기여객선이 운행된다. 해상운수는 철도 및 도로와 유기적으로 연결되어 편리하다.

경수로 사업을 진행할 때 처음에는 🔽 양화항을, 2003년부터는 한반도에너지개발기구(Korean peninsula Energy Development Organization, KEDO) 전용 부두를 이용해 인력과 물자 수송을 했다. 물류 운송을 위해 6,000톤급 화물선이 매달 20일경 운항을 했는데, 사업이 종료될 때까지 총 138회를 오갔다.

✈ 선덕비행장은 함경남도 정평군 선덕리에 있는 비행장으로, 함경남도에서 유일한 여객기 취항 비행장이다. 항공코드번호는 국제항공운송협회(International Air Transport Association, IATA)는 DSO, 국제민간항공기구(International Civil Aviation Organization, ICAO)는 ZKSD이다. 길이 2,502m, 폭 50m의 콘크리트 활주로를 갖추고 있다. 수용 능력은 An-2 수송기 약 20대이다.

2014년 평양~선덕 간 노선이 열린 이후, 국내선 고려항공이 주 5회 운항하였다. 인근에 **평라선 부평역**(함남 정평군 부평리)이 있으며, 부평~흥남 간 도로가 개설되어 있어 신포시까지 약 3시간 30분이 소요된다.

경수로 사업에 투입된 인력 수송을 위해 1997년 7월 12일부터 ✈ **평양국제비행장**에서 ✈ **선덕비행장**까지 고려항공을 이용하게 되면서 사업 초반 서울에서 현장까지 도착하는 데 길게는 3~4일이 걸리던 이동시간을 크게 줄일 수 있었다.

2002년에는 강원도 ✈ **양양국제공항**과 ✈ **선덕비행장**을 연결하는 고려항공 직항노선이 한시적으로 운행되었다.

역사와 문화

신포(新浦)라는 지명이 생겨난 유래는, 전설에 따르면 장마철이 되면 하천이 범람해 온 마을을 씻어내려 개울 이름을 '시씻개'라 하면서 마을 이름도 이 개울 이름을 따라 불렸다 한다. 훗날 음이 와전되면서 '시신개'가 되었는데, 한자로 표기하면서 신포가 되었다. 또 다른 설에 따르면, 이 고장은 지난날 작은 어촌에 지나지 않는 나룻가 마을이었으나, 점차 사람들이 모여들어 큰 어장을 이루면서 새롭게 번창하는 포구라는 뜻에서 신포라 했다고 한다.

고대

오매리에서 북한에서는 처음으로 발해시대 절터가 발굴되었다. 절터(동서 약 200m, 남북 약 300m)에는 4개의 건물터가 있으며 4각탑 터에서는 동판과 청동불상, 돌부처, 도기 파편 등이 출토되었다. 또 1996년 오매리 산 능선에서 발해시대 가마터(길이 25.5m, 너비 1m)가 잇달아 발굴되었다. 가마터는 돌로 벽을 쌓은 지상 가마로, 불을 땠던 곳은 사각형[方形]이며 굴뚝은 타원형으로 가마터의 북쪽 끝에 있다. 가마터에서는 자기와 도기, 자기를 구울 때 사용하던 받침대 등이 출토됐는데, 자기는 형태, 색깔, 제작 방법 등이 오매리 절터에서 출토된 발해 자기와 같다고 발굴에 참여했던 사회과학원 고고학연구소가 밝혔다.

고려

1258년(고종 45) 몽골의 침략으로 쌍성총관부(雙城摠管府)가 설치되어 약 100여 년 동안 몽골의 지배를 받으며 삼살(三撒)이라는 지명으로 불렸다. 1356년(공민왕 5) 공민왕이 고려 부흥을 꾀하며 쌍성총관부를 혁파해 삼살은 고려 영토가 되었다. 《신증동국여지승람》에 의하면, 고려는 수복 지역을 다스리기 위해 삼살 지방에 안북천호방어소(安北千戶防禦所)를 두었고, 1372년(공민왕 21)에 북청(北靑)으로 이름을 바꾸었다.

전통적 변방 요새인 북청에 교육열이 일기 시작한 것은 대략 고려 말로 추정된다. 문인 이직(李稷, 1362~1431)이 "이 고장 풍속은 용감한 무사를 높여 왔는데, 유생들로 인해 향학이 번창하는구나."라고 한 것을 보면, 고려 말에 와서 학문을 권장하는 풍조가 일어났음을 알 수 있다.

조선

1398년(태조 7)에 청주부(淸州府)로 바뀌었다가, 1417년(태종 17) 다시 북청이 되었으며, 1427년(세종 9)에는 도호부로 승격되었다.

학문을 숭상하는 풍습이 이어지면서, 임진왜란 때 유물과 도서를 지킨 형조참판 손윤문(孫允文)의 위패를 모신 사당 경의사(景義祠, 호만포리 소재)가 세워졌다. 1627년(인조 5) 노덕서원(老德書院) 등이 세워지면서 유생들이 학문을 닦고 연구하는 학풍이 조성되었다. 유배 온 학자들은 지역 유생들에게 적지 않은 영향을 미쳐, 1851년(철종 2) 북청으로

병인양요 전승비

귀양 온 김정희(金正喜)가 이효위(李孝威) 등 지역 선비들에게 서체를 전수했다.

🏛 **병인양요 전승비** 보존 유적 제1359호가 부창리에 서 있다. 1866년 프랑스 함대가 강화도에 침입했을 때, 전국에서 달려갔는데, 이 고장의 함택준(咸澤俊)이 의병을 이끌고 가서 용감히 싸웠다. 그 공적을 전하기 위해 세운 비석이다. 받침돌 위에 비체와 합각지붕의 비석 머리를 올렸다. 높이는 1.6m이다.

근대

1895년(고종 32) 지방 관제를 개혁할 때 함흥부 북청군에 속했다가, 이듬해 13도제가 실시되면서 함경남도에 속했다. 북청군은 19사(社)의 구역으로 나뉘었는데, 신포읍 일대는 소양화사(小陽化社)가, 양화면 일대는 대양사(大陽社)와 양평사(陽坪社)가, 속후면 일대는 속후사(俗厚社)가 있었다.

개화기에 신학문을 배우려는 열의가 높아 학교가 많이 설립되었다. 그중 하나가 속후면 출신으로 헤이그 특사로 파견된 이준(李儁)이 1889년 사재를 털어 설립한 경학원(經學院)이다.

1912년에서 1914년 행정구역을 조정할 때 사(社)가 폐지되고 면(面)으로 개편되었다. 소양화사는 신포면이 되었다가 1937년 읍으로 승격했다. 대양사와 양평사는 양화면으로, 속후사는 속후면이 되었다. 속후면은 1933년 북청 평신면을 흡수해 넓은 지역을 이루었다.

신포는 수륙교통의 요지였다. 1928년 **함경선**❶이 개통되어, 동해안을 끼고 북상하며 오늘날 신포시의 륙대역, 신포역, 양화역, 강상리역, 속후역을 통과했다. 연안에는 많은 포구가 있어, 해로를 통해 남쪽으로는 원산을 지나 부

❶ 함경선: 일제시대 때 운행된 노선. 당시의 함경남도와 북도를 종단하는 철도로, 함경남도 원산~함경북도 종성군까지를 오간 철도이다.

산까지, 북쪽으로는 성진과 라진 등으로 정기선이 운항했다. 신포항은 정기선의 기항지(寄港地)여서 뱃길을 통해 들어오는 관문 역할을 했다.

신포 앞바다는 한류성 어족인 명태와 송어, 고래가 잘 잡혔다. 특히 명태잡이 배가 성황을 이루어 마양도 동단에는 등대가 세워졌다. 일제는 어용단체인 '어업조합'을 조직해 수산자원을 약탈했으며, 정어리 공장을 세워 침략전쟁에 동원했다.

현대

해방 뒤 일제 식민지통치로 황폐화한 어항을 복구하기 위해 일제 어용 기구였던 어업조합을 폐지하고 1946년 10월 새로이 도에서 운영하는 '신포 수산사업소'를 창설한 데 이어, 1947년에는 국영 신포 수산사업소로 승격시켰다. 1949년 신포 수산사업소의 생산량은 광복 전의 2배 이상으로 늘어났으며, 1956년

만선원. 신포 수산사업소에 마련된 문화 후생시설이다.

에는 1949년의 157%로 성장했다. 돛배를 기계배로 개량하고, 어로작업을 기계화했으며, 신포조선소에서는 대형어선을 건조했다. 초기 원양어업을 이끈 원양어선 '은파산호'의 1세대 어로공들은 먼바다어장을 개척했다.

신포 수산사업소, 신포 원양수산련합기업소와 같은 대규모 수산업 기지와 신포 조선소, 신포 통졸임공장 등이 세워지고, 어항동과 륙대2동의 어로공 주택구역에는 고층 아파트들이 즐비하게 들어서 현대적 도시로 변모했다. 신포시 현대사는 북한 수산업 발전의 축도(縮圖)로 일컬어진다.

신포시 여행

속후의 절경은 예로부터 유명해 시인 문객들이 즐겨 찾았다. 속후팔경(俗厚八景)은 성곶산(城串山) 아침 안개, 하천산(下天山) 맑은 바람[淸風], 서호지(西湖池) 낙조, 각씨암(閣氏巖)의 돌아오는 범선[歸帆], 어인봉(御印峰) 저녁 구름, 수암사(水巖寺) 저녁 종소리, 백사십리(白沙十里), 소당포(小塘浦)의 밤비[夜雨]를 이른다. 성곶산의 아침 안개는 한류와 난류가 교차하는 성곶산 앞바다에 해무(海霧)가 피어오르는 승경을, 하천산 맑은 바람은 하천산의 솔숲을 스치는 바람을, 서호지 낙조는 호수 서호지의 수면에 비친 붉은 저녁노을을, 각씨암의 돌아오는 돛단배는 황혼 무렵의 서호지 앞바다의 바위섬인 각씨바위를 끼고 줄지어 돌아오는 돛단배를, 어인봉 저녁 구름은 속후평야에 우뚝 솟은 어인봉을 반지처럼 두르고 있는 비단 구름을, 수암사 저녁 종소리는 설봉산 중턱에 있는 수암사에서 울리는 종소리를, 백사십리와 소당포의 밤비는 푸른 소나무를 병풍처럼 두른 백사십리와 바람에 물결이 이는 광활한 호수 소당포에 내리는 밤비를 노래한 것이다.

명승지로 유명한 신포시는 잠재된 관광자원을 개발해 지역 발전의 토대로 삼기 위해, 2024년 해수욕장을 새로 건설하고 현대화하는 공사를 했다.

속후 모래산(38m)은 국가에 등록된 동해안 명승지로, 남흥리 바닷가에 있다. 동서로 약 600m 뻗은 화강암산으로, 남쪽은 깎아지른 해식애가 솟아 있고 바다절벽에는 해식동굴이 숨어 있다. 모래산 기슭에 긴 모래부리가 이어지는 속후해변은 산과 바다, 호수, 백사장이 한데 어울려 경관이 아름답다.

강상리 해안에는 남대천의 퇴적물이 쌓여 오산호(鰲山湖)와 현금호(絃琴湖) 등의 석호가 있다. **현금호 약수**는 강상리의 현금호 제방 밑에서 솟아나는 약수로, 피부병과 소화기계통에 약효가 있다고 한다. **속후 휴양소**(남흥리 속후 모래산)와 **강상 휴양소**(강상리의 남쪽 방기대리산)가 있다.

200년이 넘은 **속후 회화나무** 천연기념물 제257호는 지역을 대표하는 천연기념물로, 원줄기는 두 갈래로 갈라져 마치 두 그루의 나무가 서 있는 것처럼 보인다. 나무가 스스로 특이한 물질을 분비해 벌레가 끼지 않으며 꽃이 곱고 수형이 아름답다. 이 나무는 동해안에서 회화나무 분포의 북방한계선에 자리한다. **호남향나무** 천연기념물 제256호는 4백년 이상 자란 나무로, 크기와 굵기에서 북한에서 두 번째로 큰 향나무이다. 다섯 갈래로 갈라져 있는데 나무갓은 둥근 모양을 이루어 마치 우산을 펼쳐놓은 듯 아름답다.

신포 앞바다는 세계적인 명태 산지였다. 《조선료리전집》에 실린 '함경도지방의 료리' 중 명태를 주 재료로 한 요리는 명태매운탕, 명태순대, 명태죽, 명태완자볶음, 명태양념장구이, 마른명태전, 명태만두, 명태회, 명태자반, 명태식혜, 명태알젓, 명태밸젓 등이 있다. **명태순대**는 명태 아가미로 내장과 뼈를 뽑고 소금과 후춧가루를 쳐서 재운다. 다진 명태살에 데쳐서 잘게 썬 배추와

녹두나물(숙주나물), 밥, 명태 고지와 애, 된장, 소금, 후춧가루를 넣고 순대소를 만든다. 명태 속에 소를 넣고 찐 다음, 썰어서 접시에 담고 초장과 같이 낸다.

조선료리협회 중앙위원회에서는 북한 요리의 수준을 끌어올리기 위해 민족 전통음식의 고유한 특성을 살리면서도 과학성, 예술성이 있는 요리를 대상으로 해마다 '명료리 등록사업'을 하고 있다. 2019년 신포 특산물 식당의 **명태회국수**가 '지방명료리'로 등록되었으며, 2020년에는 이 식당의 조개구이가 '이름난 식당료리'로 등록되었다.

명태순대. 이 고장에서 많이 잡히는 명태에서 내장과 뼈를 제거한 뒤 그 자리에 소를 채워넣어 만든다.

산업

신포시는 북한 최대의 수산업 도시로, 수산업과 수산물가공공업이 압도적인 비중을 차지한다. 수산업은 신포시 경제를 주도하며, 조선업, 수산기계공업을 비롯한 식료품 공업, 일용품 공업 등 지방경제의 발전을 견인하고 있다.

농림어업

① 농축산업

신포시는 북청 남대천 하류에 넓은 충적평야가 있으며 농작물 생육에 필요한 적산온도도 높아 농업에 비교적 유리하다. 수산업 근로자의 부식물을 공급하기 위해 알곡과 채소, 과일 농업을 다양하게 발전시켜왔다. 바다와 접한 지역에서는 반농반어업(半農半漁業)을 하고 있다. 신포시는 함경남도 물 자원량의 0.7%에 불과하지만, 물 이용률이 가장 높은 지역이다. **도룡저수지**(풍어동, 유역면적 2.15㎢), **연주저수지**(속후리, 1.8㎢), **오매저수지**(오매리, 2.6㎢), **부창저수지**(부창리, 18.5㎢) 등 4개의 저수지가 있다.

주요 곡물은 벼와 옥수수로, 경작지 면적의 대부분을 차지한다. 벼는 속후 협동농장, 양화 협동농장, 남흥 협동농장, 풍어 협동농장, 광천 협동농장, 오매 협동농장, 금호 협동농장에서, 옥수수는 속후 협동농장, 오매 협동농장, 호만포 협동농장, 양화 협동농장, 부창 협동농장, 룡중 협동농장, 보주 협동농장, 신호 협동농장에서 주로 생산한다. 콩은 신호 협동농장, 속후 협동농장, 오매 협동농장, 호만포 협동농장, 서흥 협동농장, 양화 협동농장, 호남 협동농장에서, 수수는 하천 유역의 습기 있는 토양에서 재배한다. 감자는 신풍 협동농장, 금호 협동농장, 보주 협동농장, 강상 협동농장, 룡중 협동농장, 중흥 협동농장에서 비교적 많이 심는다.

보주 협동농장에서는 저수확지에서도 안전한 소출을 낼 수 있는 원형재배법을 도입했는데, 이 농법은 지력이 높은 밭에는 구덩이를 작게, 낮은 밭에는 크게 파는 등 경지 특성에 맞게 구덩이의 깊이와 넓이를 조절한다. 강냉이에 후치질을 할 때는 뿌리가 깊이 내리면서 비바람 피해도 막을 수 있게 북을 높이 준다. 또 발효 퇴비 '신양2호'와 유기질비료의 생산도 늘리고 있다. 풍어 협동농장에서는 교대건습식논물관리방법을 도입하고, 가스발동발전기에 의한 '모판물주는기계'를 자체 기술로 제작했다. 농장에 농업과학기술보급실을 운영하면서, 원심분리기, 고압가마, 증기보일러 등을 제작해 농약 생산기지를 건설했다. 농약 기지에서는 볏짚, 쑥, 고춧잎 등으로 각종 식물성 농약을 생산하고 유익한 균을 배양해 농약과 거름 생산에 이용하고 있다. 이를 통해 신포시는 화학농약 사용량을 종전의 10~15%로 줄였다. 들춰갈이보습 등 여러 농기계와 농기구를 자체 기술로 제작해 농업의 기계화 비중을 높이고 있다.

남새류는 배추, 무, 가두배추(양배추), 시금치, 파 등을 재배하는데, 룡중 협동농장, 보주 협동농장, 신풍 협동농장, 풍어 협동농장, 부창 협동농장, 양화 협동농장, 강상 협동농장, 속후 협동농장, 남흥 협동농장에 남새전문농장이 있다.

과일 생산의 세설석 편중을 없애기 위해 기후풍토에 맞게 사과, 배, 포도, 복숭아, 추리(자두), 살구를 심는다. 양화 협동농장, 속후 협동농장, 신포 협동농장, 오매 협동농장, 호만포 협동농장, 강상 협동농장, 속후 협동농장, 광천 협동농장, 련호 협동농장, 부창 협동농장에서 과일을 생산한다. 신포 과수농장은 먼바다 어로공(원양어선 노동자)에게 사철 신선한 과일을 공급하기 위해

1970년에 세워졌다. 주로 사과와 배, 포도, 복숭아, 추리, 살구를 재배한다. 강상리 해안의 모래부리땅을 개간해 약 800,000㎡의 포도원을 조성했는데, 최근 과수와 축산의 '고리형 순환생산체계'를 세워 자체 생산한 유기질 거름으로 수확량을 높이고 있다. 2021년 과일의 품질과 맛을 군중 심사를 통해 그리고 측정계기에 의해 분석해 평가한 결과, 이 농장에서 출품한 배가 우수한 평가를 받았다.

공예작물은 들깨와 담배 재배를 위주로 하면서 역삼, 박하, 약초류를 재배한다. 산토닌쑥(국화과의 여러해살이풀, 꽃이삭과 잎, 줄기를 약재로 씀)과 구기자, 향부자 등을 주로 생산하며, 풍어 협동농장, 호남 협동농장, 호만포 협동농장에서 많이 재배한다. 담배는 오매 협동농장, 강상 협동농장, 부창 협동농장에서, 박하는 호만포 협동농장에서 집중적으로 재배한다. 역삼은 협동농장의 비경지(非耕地)에 심고 있다. 신포시는 산비탈지가 많아 뽕밭 조성에 유리해 잠업이 발달했다. 잠업을 종합적으로 관리하는 신포 잠업관리소가 있다. 뽕누에를 주로 치며, 뽕밭은 양화 협동농장, 풍어 협동농장, 부창 협동농장, 호남 협동농장, 속후 협동농장에 많다.

신포시는 수산자원이 풍부해 그 부산물로 사료를 제작할 수 있어 축산업 발전에 유리하다. 소는 주로 부림소로 이용되고 있어 밭 면적이 많은 양화리, 부창리, 오매리, 룡중리, 련호리, 보주리 등지에서 기른다. 양과 염소는 자연먹이 자원이 많은 호남리, 금호리, 강상리 등지에서, 토끼는 부창리, 호남리, 련호리에서 주로 키운다. 호만포 닭공장에는 동해안 지대의 종금장(種禽場)이 있다. 오리는 풍어 배합먹이공장에 속하는 오리목장에서 많이 기른다. 신포시는 유아와 어린이에게 분유와 우유를 공급하기 위해 초지를 조성해 염소목장을 건설하고 염소 수를 늘리고 있다. 신포시 염소목장에서는 2022년 자체 기술로 현대적 분유 생산설비를 제작했다. 농업과 축산업을 결합한 과학적 영농을 도입한 룡중 협동농장에서는 건물을 ㅁ자형으로 건설해 이 안에 큰단백풀재배장과 지렁이서식장을 만들었다. 여기에 그치지 않고 비경지(非耕地)를 찾아 애국풀(가축 먹이로 쓰이는 지칫과의 여러해살이풀)과 같이 단백질이 풍부한 먹이작물을 심고, 낟알 부산물과 콩짚으로 사료를 생산해 돼지와 염소, 토끼, 닭 등을 기르고 있다.

② 수산업

신포시의 경제를 주도하는 산업은 수산업이다. 앞바다에는 한류와 난류가 만나고 대륙붕이 발달해 수산자원이 풍부하다. 명태와 가자미, 도루매기(도루묵), 정어리, 낙지(오징어), 멸치, 대구, 이면수, 방어, 청어, 빙어, 홍어 등이 많이 잡힌다.

신포시는 대규모 항만과 포구를 건설하고 원해어업과 근해어업, 대형어업과 중소 세소어업(細小漁業)을 균형적으로 발전시켜 왔다. 국영 수산기업소들은 11월부터 이듬해 3월까지는 가까운 바다에서, 4월부터 10월까지는 먼바다에서 물고기를 잡는다. 또한 원양어업 어장을 개척하고 선진적인 어획 방법을 도입하고 있나. 어군 탐색선과 가공모선(加工母船, 가공 설비를 갖추고 원양에 나가 잡은 생선을 바로 가공 처리하는 배), 운반선을 보유하고 있다. 어선들은 현대화, 고속도화, 만능화를 추진하고 있으며, 만 톤급 이상의 '백두산호'를 비롯해 대형어선들을 댈 수 있는 잔교(棧橋)가 설치되어 하륙과 운반작업을 기계화하고 있다.

신포 수산사업소는 북한 최대의 수산 기지로, 항만·부두 시설과 대형 가공

고기잡이에 한창인 주민들

원양어선 뜨락 1호 모습

시설, 컨베이어 및 수송체계를 갖추고 있다. 수천 톤급의 대형어선과 대형운반선, 만 톤급 이상의 가공모선 '삼천리-1'호를 보유한 '먼바다 어로선단'과 중소형 어선으로 조직된 '근해어로선단'이 있다. 원격강의실과 전자열람실, 과학기술보급실을 운영하며, '어로2선단'에서는 연유(석유)를 절약하는 화물처리 방법과 어로 활동을 정보화하는 체계를 도입했다. 신포 원양수산련합기업소는 북한에서 가장 큰 원양어업 기지이다. 수십 척의 중대형 뜨랄선(트롤선)과 저인망 어선, 가공모선과 운반선으로 해마다 수십만 톤의 물고기를 잡는다. 과학적인 바닷물 온도 전송체계를 도입해 물고기 떼의 군집상태를 예측하면서 중심어장에서 집중적인 어획을 하고 있다. 2023년 12월 첨단종합지령실과 어로공의 문화복지시설인 '먼바다 어로공 문화회관'을 준공했다. **양화 수산사업소**는 수십 척의 중대형 뜨랄선과 운반선, 탐색선, 안내선이 있는 대규모 원양수산 기지이다. 하역 및 수송을 담당하는 컨베이어 장치와 어분 창고를 신축하고 냉동공장을 현대화했다. 가공모선 '백두산호'와 냉장운반선 '비로봉호'를 보유하고 있다. **륙대 수산사업소**는 수십 척의 만능 기관선을 보유하고 있으며 대형어업과 중세소어업을 겸한다. 이 밖에 **남흥 수산협동조합, 호남 수산협동조합, 신호 수산협동조합, 륙대 수산협동조합, 동호**(사보) **수산협동조합**이 신포 수산리사회에 속해 어업에 종사하고 있다.

신포시는 태풍과 해일의 영향이 적고 바다 양식에 유리한 지형으로, 미역과 다시마, 낙지(오징어), 문어, 새우, 섭조개, 밥조개(가리비), 해삼 등을 양식한다. **신포 바닷가양식사업소**에서는 참미역과 다시마 양식을 주로 하며, 다양한 해조류와 물고기, 조개, 해삼, 성게 등을 생산한다. 2024년 말, 사업소 건물을 현대적으로 고쳐 짓고 준공식을 가졌다. **풍어 세소양식사업소**에서는 물고기를 주로 생산하며, 해초류와 조개, 해삼을 기른다. **호만포 물고기 육종장**(育種場)에서는 잉어, 초어, 숭어, 백련어, 골뱅이 등을 육종하고 있다.

부식물에 대한 주민 수요가 늘어나고 있지만 농경지 면적을 늘리는 데 한계가 있어 최근 해산물로 간장을 생산하게 되었다. 2022년 동골천 하류에 배양장, 축양장 등을 갖춘 **풍어 바다양어사업소**를 준공하고 이듬해부터 섶간장 원료를 공급하고 있다. 적합한 온도를 계절과 관계없이 맞출 수 있을 뿐만 아니라 원가를 획기적으로 줄일 수 있는 '바닷물 열뽐프'(펌프)를 처음으로 도입해 양어장의 냉난방 체계를 완비했다.

최근 북한에서는 새끼 물고기를 생산해 바다에 방류하는 방류 어업의 중요성이 부각되고 있다. 북한 수산성에서는 2020년 수산자원을 보호하고 늘리기 위해, 1억 마리 이상의 새끼물고기를 방류했다. **신포동 골천방류어업사업소**에서는 배합먹이를 자체 생산해 새끼 련어(연어)의 사름률(활착률)과 증체률을 높여 해마다 수백만 마리의 새끼물고기를 키우고 있다.

경공업

최근 돋보이는 변화는 주민 생활과 직결된 경공업의 발전이다. 시의 역량이 수산업에 집중되다 보니, 다른 산업에서는 지역에 잠재된 자원이 개발되지 못했다는 문제가 제기되었다. 최근 식료 · 일용품 · 제약 · 화학 · 피복 · 종이 등 경공업 분야에서 '인민들이 좋아하는 소비품'의 생산량을 늘리고 있다.

① 식료품 공업

신포시는 풍부한 수산물 생산을 발판으로 북한에서 손꼽히는 수산업 가공 기지가 자리하고 있다. 수산물 가공공입은 신포시 공업의 90% 이상의 압도적인 비중을 차지한다. 수산물 가공공장은 주로 규모가 큰 수산사업소에 속해 있다. 냉동품과 통조림, 건어물, 물고기떡(어묵) 등을 생산하는데, 특히 명란젓과 창난젓은 빛깔과 맛이 좋아 수요가 높다.

신포 수산기업소 수산물 가공 부문에서는 4만여 톤의 냉동공장이 있어 냉동품과 절임품을 생산해 전국에 공급한다. 수산물과 부산물을 가공해 냉동품, 절임 제품, 건제품, 젓갈류, 칼시움사탕(칼슘사탕. 인산수소 칼슘을 넣어 만든 사탕. 어린이 영양제), 간유사탕(간유肝油의 비린내를 없애고 설탕을 씌워서 만든 사탕. 영양제), 어분 등을 생산한다. 신포 물고기통졸임공장은 주로 동해에서 많이 잡히는 고등어, 송어, 방어, 가자미, 명태, 낙지 등을 원료로 수백 종의 통조림과 물고기떡, 영양우유(건강에 좋은 영양소들을 넣고 인공적으로 가공한 우유)를 비롯한 만여

신포 물고기가공공장의 모습

톤의 물고기가공품을 생산한다. 가공품의 원가 인하를 꾀하는 한편, 냉동·가공·제관설비를 자동화했다. 2020년에는 물고기 가공장과 절임장, 과학기술보급실, 문화후생시설 등이 갖춰지고 위생 안전성을 높이는 통합생산체계가 구축된 현대적 수산가공 기지로 재건설되었다.

2024년 지방공업성의 주최로 열린 '전국 식료품 전시회'에서 신포 물고기통졸임공장의 물고기떡과 명란젓, 창난젓 등은 방문객들이 경쟁적으로 구입하는 인기 상품으로 주목을 받았다. 양화 수산사업소에서는 명태를 기본 원료로 냉동제품, 절임품, 젓갈품, 말린 제품, 단백질먹이, 어유(魚油), 간유 등 가공제품을 생산한다. 륙대 수산사업소에서도 냉동제품과 절임제품, 말린제품 등을 생산한다. 신포시 바닷가양식사업소에서는 양식한 해산물을 원료로 선진기술을 도입해 수산물 가공제품을 생산한다. 최근에는 상품의 다종화, 다양화를 꾀하

전국 수산물 가공제품 전시회 2023. 평양 역전백화점에서 열렸다.

며 포장과 상표도 대중의 기호를 반영하고 있다. 수산물 가공품의 성과와 경험을 공유하고 기업 경쟁력을 끌어올리기 위해 2023년 처음 열린 '전국 수산물 가공제품 전시회'에서 신포 원양수산련합기업소, 신포시 식료공장 등 신포시 기업들이 다양한 제품을 출품해 호평을 받았다.

신포시에는 수산물 가공품 외에도 간장, 된장, 기름, 청량음료, 과일, 채소를 가공하는 식품공장이 있다. 신포 장공장(신흥동 소재)은 양념간장, 맛내기간장 등의 간장류와 된장, 고추장, 기름, 각종 주류를 생산한다. 2019년에는 해마다 수백 톤의 섭간장을 생산하는 공정을 완공해, 지방 실정에 맞게 지방공업을 설계하는 본보기 기업으로 관심을 모았다. 신포 물고기가공공장(풍어동)에서는 젓갈품, 말린 다시마, 말린 명태, 물고기떡 등 물고기가공품을, 강상 포도가공공장(강상리)에서는 소주와 포도주, 농산물 가공품을 생산한다. 신포 제약공장(신흥동)에서는 비타민, 캄파소다를 비롯한 주사약과 령신환(영신환), 구명수, 종합영양제, 사포솔(거담제)을 공급한다.

② 일용품 공업

신포 일용품공장(포항동)에서는 모피를 가공해 가죽 모자와 솔류를 만들고, 만담배(궐련), 가방과 트렁크 등 다양한 제품을 생산한다. 신포 영예군인수지일용품공장(포항동)에서는 접철(摺鐵), 손잡이, 못 등을 제작한다.

③ 어구 제작 공업

전문적이고 특화된 어구 공장들이 있다. 륙대 어구공장에서는 낚시, 양식 떼, 밧줄, 그물을, 륙대 고무떼공장에서는 고무떼(고무뜸), 고무판, 고무호스, 고무장화, 고무바퀴를, 신포 어구공장(륙대2동)에서는 그물과 밧줄, 낚시 등을 생산한다.

중공업

1970년대 들어서면서 수산업 관련 기계공업이 잇달아 창설되었다. 신포 수산기계공장, 신포 약전기계공장을 비롯해 수산업 관련 기계공업 공장이 잇달아 건설되면서 신포시 수산업의 기술적 기반을 이루고 있다.

① 조선업

신포시는 북한의 주요 어선 제조기지의 한 곳이다. 신포 조선소는 어선을 전문적으로 건조해 신포시 수산업 발전을 견인해온 선박공업기지이다. 신포 원양수산 련합기업소에서는 대형 어선을 자체 기술로 건조한다. 2020년 성능이 향상된 원양어선을 새로 건조했는데, 실용적인 설계와 공정, 어구의 현대화 등에서 진전을 이루었다.

② 화학 공업

1982년 신포 가성소다공장이 건설돼 염산과 가성소다를 자체 생산하게 되면서 치아염산소다, 빨랫비누 등을 제작한다.

상업

공식 시장으로 **륙대시장, 광복시장, 신흥시장, 동호시장** 등 4개의 상설시장이 있다.

교육

신포시에는 신포시 유치원, 보주협동농장 유치원, 부창리 유치원, 신포 물고기통졸임공장 유치원, 어항 유치원을 비롯한 82개의 유치원과 111개의 탁아소가 있다. 또 해암 소학교, 신포 소학교를 비롯해 21개의 소학교와 신포 초급중학교, 영웅 륙대고급중학교, 부창 고급중학교, 영웅 영중고급중학교, 보주 고급중학교, 신포 고급중학교, 신포 기술고급중학교, 풍어 고급중학교를 비롯한 24개의 중학교가 있다. 2개의 고등전문학교와 일하면서 배우는 3개의 공업대학과 1개의 단과대학, 1개의 사범대학이 있다.

북한은 최근 시대 변화에 부응해 교육 내용과 방법, 환경을 개선하고 연차별로 본보기학교를 건설하고 있다. 이에 따라 신포시에서는 2020년 본보기학교로 지정된 신흥 소학교가 준공에 들어갔다. 신포시 속후 중앙소년단야영소

보주협동농장 유치원

는 남흥리 남동쪽 북청 남대천 기슭에 자리하고 있다. 1955년 7월에 문을 열었으며, 부지 면적은 13정보(약 13만㎡)이고 건물 면적은 5,400㎡로, 3층짜리 야영각(1,500㎡)이 있다. 해양지식보급실, 등산지식보급실, 수영장 뱃놀이장 등을 갖추고, 한 기에 350~400명 정도 수용하는데 1년에 12기의 야영 생활이 진행된다.

김형권 신포 기술사범대학은 함경남도 내의 중학교 교원을 양성하는 5년제 사범교육기관이다. 신포 수산대학은 신포 수산사업소 등의 근로자를 대상으로 수산업 기술인재로 양성하는 어장대학이다. 승선학과로는 수산학과, 선박기관과, 양식학과가 있고, 비(非)승선학과로는 수산물가공과가 있다. 승선학과 학생은 통신수업 형태로, 비승선학과 학생은 공장대학의 형태로 공부한다. 대학은 동해안 양식장에 도입된 '바닥틀식 섭조개양식방법', '자동 키잡이장치' 등

풍어동에 있는 신포책방. 책을 펼친 모양의 간판이 정겹다.

기술혁신안을 개발해 현장에 도입하고 있다.

수산 기계연구소(1969년에 창립)는 수산업의 종합적 기계화와 자동화·로봇화 과정의 과학기술을 담당하는 연구기관으로, '수평식 명태밸 따는 기계'를 제작하고, 청어 자망(刺網) 작업 등의 기계화를 생산 현장에 도입했다. 수산물 가공 연구소는 수산물 가공 작업의 공업화·현대화 과정을 연구하는 기관으로, '명태우유'(영양우유)와 칼슘 영양제를 개발하는 등 수산가공품의 영양학적 가치를 높이는 연구를 한다.

인물

이준(李儁, 1859~1907)

1859년 북청군 속후면 중산리에서 태어났다. 고려에 충절을 지키며 자결했던 완풍대군(이성계의 맏형)의 18대 후손이다. 1895년 법관 양성소를 졸업하고 일본 와세다대학에서 법학을 공부했다. 독립협회와 만민공동회에서 활동했으며, 한일의정서 반대 시위를 주도했다. 친일단체 일진회에 맞서다 황해도 철도(鐵島)에 유배되었다. 평리원 검사로 일할 때는, 항일 인사들을 구속하려는 직속상관을 고발해 기개를 떨쳤다. 1906년 함경도민들과 한북흥

헤이그 특사 3인. 왼쪽부터 이준, 이상설, 이위종.

학회(漢北興學會)와 한북학교를 설립해 지역 교육구국운동의 토대를 닦았다. 국민교육회 회장을 맡아, "3천리에 3천 개 학교를 설립하자"고 주창하며 보광학교(普光學校)를 세웠는데, 그의 뜻에 공감해 전국에서 애국계몽학교들이 우후죽순 세워졌다.

1907년 네덜란드 헤이그에서 개최되는 만국평화회의에서 을사늑약의 불법성을 알리고 만국재판소에 일본의 만행을 제소할 특사로 극비리에 파견되었다. 이상설, 이위종과 6월 25일 헤이그에 도착해, 세계열강을 상대로 을사늑약이 무효임을 밝혔으며, 세계 언론을 상대로 국제 여론을 환기시켰다. 끝내 회의 참석이 무산되자 항의의 뜻으로 곡기를 끊었고, 7월 14일 헤이그에서 순국했다. 1962년 건국훈장 대한민국장이 추서되었으며, 1963년 헤이그에서 유해를 송환해와 국민장으로 수유리 선열 묘지에 안장했다.

교류협력

경수로 건설을 위한 협력

1989년, 영변 핵 시설 위성사진이 공개되면서 한반도 위기가 고조되자, 평화적 해결방안을 찾기 위해 남한과 미국이 협의를 진행했다.

1991년 9월, 남북이 유엔에 동시 가입하고, 12월 제5차 남북고위급회담에서 북한이 국제원자력기구(International Atomic Energy Agency, IAEA로 줄임)의 핵 사찰을 수용하면서 남북은 1991년 12월 31일 '비핵화 공동선언'을 채택했다.

1993년 2월, IAEA가 북한이 신고를 누락했다며 특별사찰을 요구했고, 북한은 이에 반발하며 핵확산 금지조약(Nuclear Non-Proliferation Treaty, NPT) 탈퇴를 선언했다. 북미관계가 파국으로 치닫고 전쟁 위기가 고조되었다.

1994년 6월 15일, 카터 전 미국 대통령이 방북해 김일성 주석과 만나 북미회담 재개에 합의했다. 10월 21일 제네바에서 개최된 북미고위급회담에서 제네바합의가 체결됐다. 이 합의의 주요 내용은 미국은 2003년을 목표로 1,000MWe(Mega Watt electric)급 경수로 2기를 북한에 건설해주고, 1호 경수로가 완공될 때까지 난방과 전력 생산을 대체할 중유를 공급하며, 북한은 NPT 탈퇴 선언을 철회하고 핵 시설을 동결한 뒤 경수로 발전소가 최종 완공되면, 이를 해체하고 IAEA 핵 사찰을 수용하는 것을 골자로 한다.

1995년 3월 9일, 한국·미국·일본 3개국이 북한에 제공할 경수로 발전소에 재원을 조달할 목적으로 만든 국제 컨소시엄인 한반도에너지개발기구(Korean peninsula Energy Development Organization, KEDO로 줄임) 설립에 관한 협정을 체결했다. 북한에 제공되는 경수로 2기는 한국표준형 원자로로 결정됐으며, 1996년 3월 20일 KEDO는 경수로 사업을 수행할 주체로 한국전력을 주계약자로 선정했다. 함경남도 신포시에 경수로를 건설하기로 했다.

1997년, KEDO는 북한으로부터 부지를 인수하고 지질·기상·해양·생태 조사를 시행하여 예비안전성 분석보고서와 환경영향평가서를 제출해 북한 당국으로부터 건설 허가를 받았다.

1999년 8월, 한국 정부와 KEDO는 '대한민국 정부와 한반도에너지개발기구 간의 북한에서의 경수로 사업에 대한 재원의 조달에 관한 협정'을 맺었다.

2001년 9월 3일, 본격적인 경수로 건설에 착수해 본관 기초 굴착공사에 들어갔다.

2002년 8월 3일, 1호기 원자로의 콘크리트 타설을 시작하고 골조 공사를 본격적으로 진행했다. 공사가 성공적으로 진행되고 있었다.

2002년 11월, 북한이 농축 우라늄을 개발하고 있다는 의혹이 불거졌다. KEDO 집행이사회가 중유 공급을 중단했다.

2003년, 북한이 핵확산 금지조약에서 탈퇴했다. 집행이사회가 경수로 사업을 연기하면서, 2003년 12월 현재 공정률 34.5% 상태에서 공사가 중단됐다.

경수로 1호기와 2호기 공사중의 모습

2006년 1월 8일, 현장에 남아 있던 개발 인력이 모두 철수했다.

2006년 5월 31일, 집행이사회는 북한이 협정에 명기된 절차를 지키지 않았다는 이유로 경수로 사업을 끝낸다고 결정했다.

2006년 12월 12일, 공식적으로 종료하였다. 제네바합의에 의해 경수로 사업을 시작한 지 10년을 조금 넘긴 시점이었다.

국수

백석(白石)

눈이 많이 와서

산엣새가 벌로 내려 멕이고

눈구덩이에 토끼가 더러 빠지기도 하면

마을에는 그 무슨 반가운 것이 오는가 보다

한가한 애동들은 어둡도록 꿩사냥을 하고

가난한 엄매는 밤중에 김치가재미로 가고

마을을 구수한 즐거움에 싸서 은근하니 흥성흥성 들뜨게 하며

이것은 오는 것이다

이것은 어느 양지귀 혹은 응달쪽 외따른 산 옆 은댕이 예대가리밭에서

하룻밤 뽀오햔 흰 김 속에 접시귀 소기름불이 뿌우현 부엌에

산멍에 같은 분틀을 타고 오는 것이다

이것은 아득한 넷날 한가하고 즐겁던 세월로부터

실 같은 봄비 속을 타는 듯한 녀름볕 속을 지나서 들쿠레한 구시월 갈바람 속을 지나서

대대로 나며 죽으며 죽으며 나며 하는 이 마을 사람들의 의젓한 마음을 지나서 텁텁한 꿈을 지나서

지붕에 마당에 우물둔덩에 함박눈이 푹푹 쌓이는 여느 하룻밤

아배 앞에 그 어린 아들 앞에 아배 앞에는 왕사발에 아들 앞에는 새끼사발에 그득히 사리워 오는 것이다

이것은 그 곰의 잔등에 업혀서 길려났다는 먼 녯적 큰마니가

또 그 짚등색이에 서서 재채기를 하면 산넘엣마을까지 들렸다는

먼 녯적 큰아바지가 오는 것같이 오는 것이다

아, 이 반가운 것은 무엇인가

이 희수무레하고 부드럽고 수수하고 슴슴한 것은 무엇인가

겨울밤 쩡하니 닉은 동티미국을 좋아하고 얼얼한 댕추가루를 좋아하고 싱싱한 산꿩의 고기를 좋아하고

그리고 담배 내음새 탄수 내음새 또 수육을 삶는 육수국 내음새 자욱한 더북한 삿방 쩔쩔 끓는 아르굳을 좋아하는 이것은 무엇인가

이 조용한 마을과 이 마을의 의젓한 사람들과 살틀하니 친한 것은 무엇인가

이 그지없이 고담(枯淡)하고 소박(素朴)한 것은 무엇인가

—《문장(文章)》, 1941년 4월

* 은댕이: 언저리　　* 예대가리밭: 크지 않은 밭　　* 산멍에: 산몽애, 산무애뱀
* 분틀: 국수틀　　* 짚등색: 지푸라기로 짠 자리.
* 댕추가루: 고춧가루　　* 아르굳: 아랫목

함경남도

함흥시
咸興市

함흥(咸興)은 함경산맥에서 발원한 성천강 하류의 함흥만 연안에 자리한 도시로 개마고원이 북서풍을 막아주고 동해의 영향을 받아 기후가 비교적 온화하다. 함흥은 함경남도의 역사와 문화, 행정과 경제의 중심지이다. 늦가을에서 이른 봄까지 지방풍 '함흥내기'가 불어 어업에 영향을 미친다. 해안 충적평야인 함흥평야가 넓게 펼쳐져 있으며, 성천강 하류는 지금도 퇴적작용이 진행되고 있다. 동해안 일대에는 파랑작용으로 형성된 해안절벽과 고운 모래부리가 이어져 아름다운 명승지가 많다.

동북 지역과 평양을 이어주는 교통의 요지로, 국가 간선철도 평라선이 관통하고 무역항 흥남항이 있다. 인구 80만 명을 품은 북한 제2의 대도시로, 합성섬유 '비날론'을 바탕으로 북한 최대의 화학공업도시로 성장했다. 화학연구기관인 국가과학원 함흥분원이 있다. 오늘날 함흥시는 자동화시스템을 도입한 대규모 온실농장과 양식장을 건설하고 있으며, 주민 생활과 직결된 기업들은 기술혁신을 통해 수요에 부응하는 상품을 개발하고 있다. 역사와 문화의 향기를 품은 함흥에는 함흥성, 함흥본궁의 역사유적지와 지역문화의 산실 함흥대극장, 동해안 명승지 마전유원지, 함흥농마국수의 발상지 신흥관이 있다. 에너지 절약형의 친환경 산업의 새 지도를 그리고 있는 함흥시는 신재생에너지 등 미래산업을 주도할 도시로 주목받고 있다.

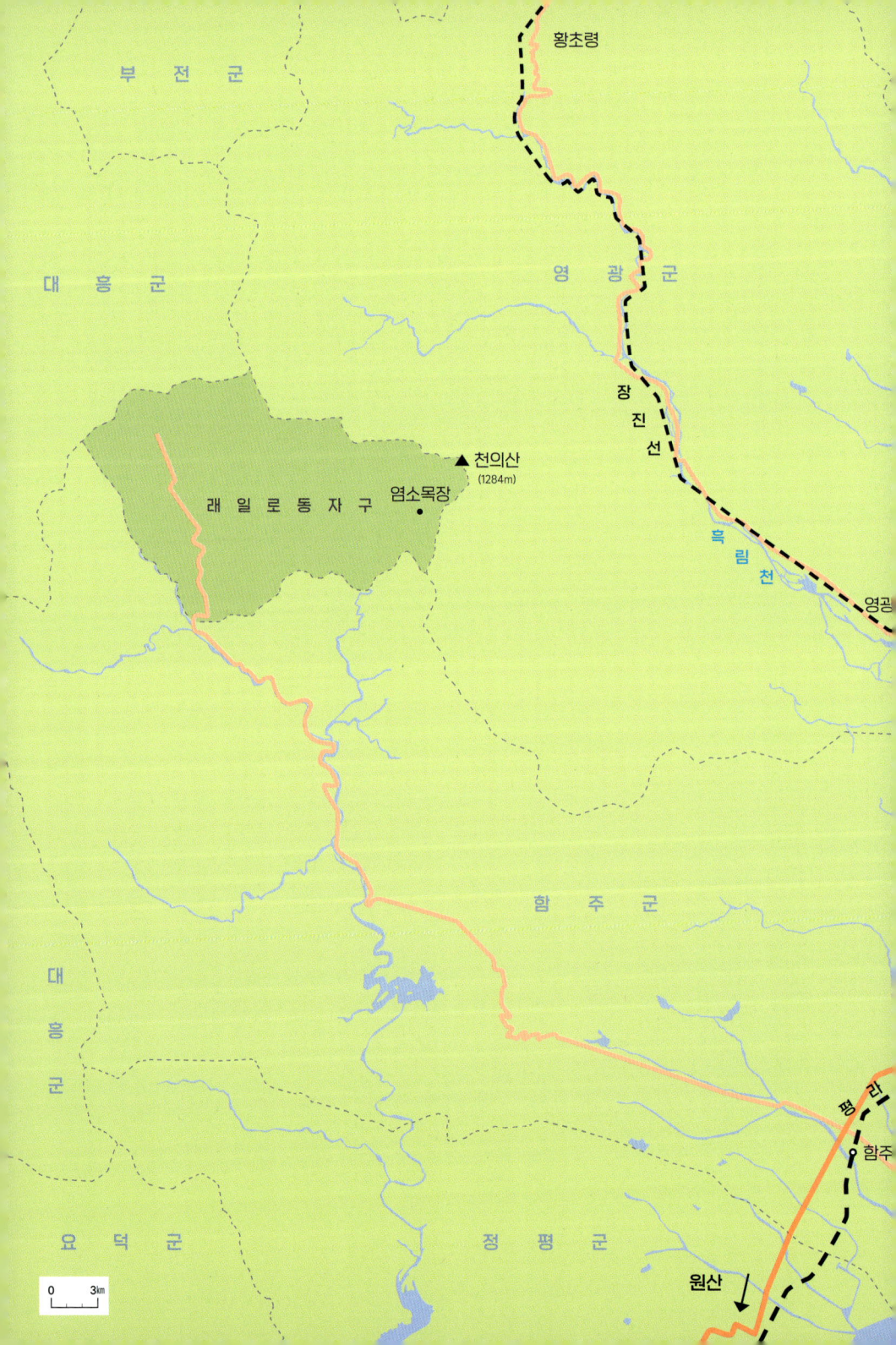

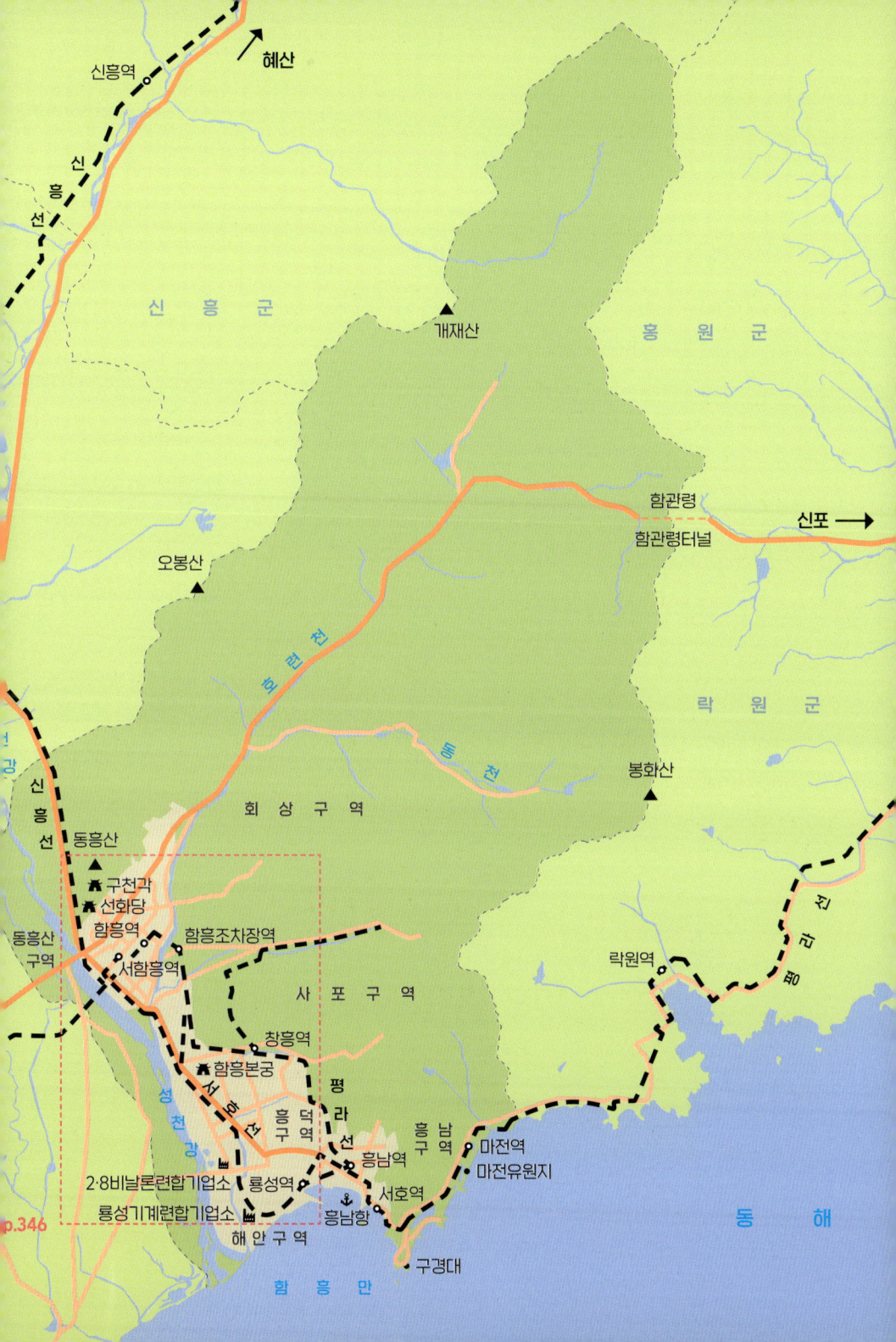

위치와 지형

함경남도 중남부 성천강(城川江, 98.5㎞, 유역 면적 2,338㎢) 하류의 함흥만 연안에 자리하고 있으며, 북위 39°55′, 동경 127°32′에 위치한다. 면적은 556.447㎢다. 남서부는 함주군(咸州郡), 북서부는 영광군(榮光郡), 북부는 신흥군(新興郡), 북동부는 홍원군(洪原郡), 동부는 락원군(樂園郡)과 접해 있으며 남부는 동해에 잇닿아 있다. 함경산맥과 접한 북동부 지역은 비교적 지대가 높아, 박달봉(905m)과 함관령(咸關嶺, 463m)이 솟아 있다. 남서부 지역에는 경관이 유려한 동흥산(東興山, 319m)이 있고, 대부분 지대는 낮은 구릉과 평야로 이루어졌다.

성천강과 지류인 호련천(瑚璉川, 40.4㎞, 유역면적 398.4㎢)이 도시의 서남쪽을 가로질러 동해로 흘러 들어간다. 넓고 평탄한 하류로 갈수록 유속이 급속히 느려

함흥시 만세교

지면서 삼각주가 발달했다. 이 삼각주에 드넓게 펼쳐진 함흥평야(함흥벌 또는 함주백리벌)는 해안 충적평야이다. 성천강 하류에는 지금도 퇴적작용이 진행되고 있는데, 해안선은 일 년에 약 9m 정도 바다를 향해 나아가서 1910년대에 비해 2000년대는 육지 면적이 약 3.4㎢ 증가한 것으로 나타난다.

성천강 하류의 함흥만은 활등 모양으로 뭍으로 휘어져 있고, 수심이 깊지 않으며 해안선이 단조롭다. 난류와 한류가 교차해 어장이 발달했다. 파랑 작용으로 형성된 해안절벽과 모래부리, 해송이 어우러져 구경대, 마전유원지 등의 명승지가 있다. 앞바다에는 대진도와 소진도, 진동도, 취도 등 섬들이 흩어져 있어 방파제 역할을 한다.

구경대 천연기념물 제254호

구경대는 흥남구역 풍흥동 해안절벽에 있는 바위이다. 함관령산줄기가 동해로 뻗어내려 서호 바닷가에서 깎아지른 듯한 절벽을 이루는데, 이곳에 너비가 400m에 달하는 특이한 바위가 있다. 멀리서 보면 거북 등껍질 같아서 구경대(龜景臺)라 불렸다. 1772년 이곳을 방문한 의유당(意幽堂)이 "만고천하에 그 멋진 광경은 견줄 데가 없다"고 〈동명일기(東溟日記)〉에서 예찬한 이래, 사람들의 사랑을 받아온 해돋이 명소이다. 파랑 작용으로 형성된 해안 절벽은 층위가 발달해 지질학적인 보고(寶庫)이다.

기후

한반도의 지붕인 개마고원이 북서풍을 막아주고 동해의 영향을 받아 같은 위도상의 지역보다 비교적 따뜻하다. 1991년에서 2020년의 평균값을 살펴보면,

연평균기온은 10.8℃이고, 가장 추운 달인 1월 평균기온은 -3.4℃, 가장 더운 8월의 평균기온은 23.5℃로, 연교차는 26.9℃이다. 대륙의 영향으로 북한 도시들이 연교차가 30℃ 이상 나는 것과 비교하면 연교차가 상대적으로 작다. 2023년에는 연평균기온은 12.1℃이고, 1월 평균기온은 -4℃, 7월 평균기온은

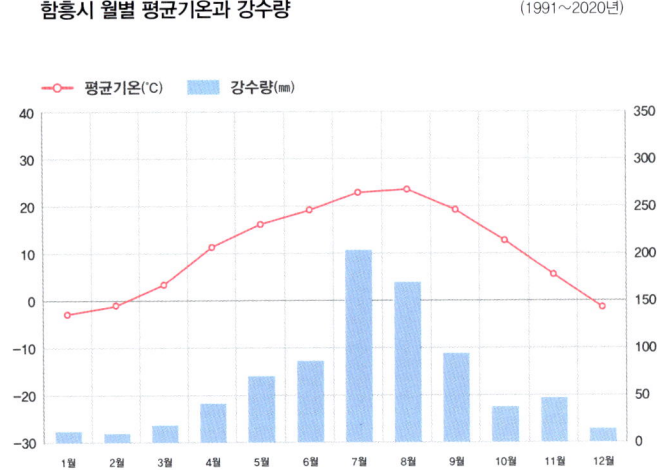

함흥시 월별 평균기온과 강수량 (1991~2020년)

	30년 평균	2023년		30년 평균	2023년
연평균기온(℃)	10.8	12.1	연강수량(mm)	830	1026.8
최한월(1월) 평균기온	-3.4	-4.0	여름 강수량 (6, 7, 8월)	463.1	677.3
최난월(8월) 평균기온	23.5	25.8 (7월)	겨울 강수량 (12, 1, 2월)	42.4	44.7
연교차	26.9	29.8	평균 풍속(m/s)	1.5	2.7

출처: 대한민국 기상청 〈북한 기상 연보〉

25.8℃로, 연교차는 29.8℃이다. 여름 기온이 다른 해에 비해 높았다.

1991년에서 2020년의 연강수량의 평균값■은 830㎜로, 여름철인 6~8월의 강수량은 463.1㎜, 겨울철인 12~2월의 강수량은 42.4㎜이다. 2023년 여름철과 겨울철에 각각 677.3㎜, 44.7㎜의 눈비가 내렸고, 연강수량은 1,026.8㎜이다. 지난 30년간 평균 풍속은 1.5㎧이고 2023년은 2.7㎧이다. 늦은 가을부터 다음 해 이른 봄 사이에 '함흥내기'라는 지방풍이 부는데, 이때 푄현상에 의해 습도가 낮아지고 기온이 조금 올라간다. 늦봄 영서 지방에 부는 높새바람과 견주어볼 수 있다. 이 바람은 해안가에 영향을 주어 물결이 약 2~3.5m까지 높아지므로 어업과 선박 항해에 일정한 지장을 주기도 한다. 대개 가을 첫서리는 10월 중순 즈음에 시작하고, 마지막 서리는 4월 중순까지 내린다.

■ 기후 평년값: 0으로 끝나는 해를 기준 30년간 기온, 강수량 등의 기상요소 평균값을 말한다. 세계기상기구(WMO)의 권고에 따라 10년마다 산출한다.

행정구역과 인구

함흥시는 함경남도의 행정·경제·정치의 중심지로, 함경남도 행정 소재지(인민위원회)이다. 함흥시의 행정구역은 여러 차례 조정과 변천을 거치며 오늘에 이르렀다. 1960년 흥남시, 퇴조군(현재의 락원군)과 함주군, 오로군(현재의 영광군)의 일부를 병합해 함흥직할시로 승격하면서, 성천·반룡·회상·덕산·사포·본궁·룡성·흥남·퇴조구역 등 9개 구역으로 개편되었다. 1970년 함경남도의 일반시가 되면서 덕산구역이 덕산군으로, 퇴조구역이 퇴조군으로 독립했다. 1974년 함주군의 일부와 덕산군이 회상구역에, 본궁구역이 사포구역에 편입되었다. 1977년 반룡구역을 동흥산구역으로 이름을 바꾸었다. 1990년에 성천구역을 성천강구역으로, 룡성구역을 해안구역으로 개칭했다. 1995년에 흥덕구역을 신설했다. 2001년 흥남구역, 해안구역 전체와 사포구역 일부를 분

함흥시 인구 현황 개괄

(단위: 명)

인구수	남자	여자	도시	농촌
768,551	364,822	403,729	703,610	64,941

출처: 2008년 북한 중앙통계국 발표 인구 센서스

함흥시 인구 피라미드

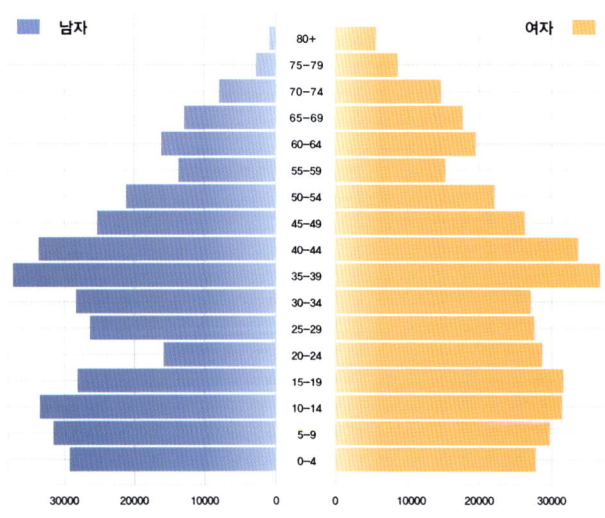

* 위 인구 피라미드는 2008년 북한 중앙통계국 발표 인구 센서스 자료를 바탕으로 연령대별 인구를 추산하여 작성한 것으로 참고용이다.

리해 흥남시로 독립시키면서, 구역들을 폐지했다. 또한 함주군 일부와 평안남도 대흥군 일부를 병합하여 래일로동자구를 신설하였다. 2005년 흥남시가 다시 함흥시에 편입되면서 구역들이 되살아나, 2008년 현재 동흥산구역, 성천강구역, 회상구역, 사포구역, 흥덕구역, 해안구역, 흥남구역의 7구역과 래일로동자구로 편제돼 있다.

2008년 현재 인구는 76만 8,551명이다. 남자는 36만 4,822명이고 여자는 40만 3,729명으로 북한의 여느 지역처럼 여성의 비율이 높다. 또 도시에 70만 3,610명이, 농촌에 6만 4,941명이 거주하고 있어, 도시에 인구가 집중돼 있음을 알 수 있다.

면적당 인구수가 1,382명/km²로 인구밀도가 높은 편으로, 도심에 해당하는 성천강구역과 동흥산구역의 인구밀도가 높다.

교통

철도

북한 중동부에 자리한 함흥시는 평양과 동북 지역을 연결하는 교통의 요지로, 철도 교차점이다. 함흥 철도망의 중심축인 간선철도 **평라선**(평양~라진)이 관통하고 있다. 평라선은 북한에서 가장 긴 철도로, 오늘날 주요 대도시들을 이어주는 철도교통의 동맥 역할을 한다. 철길로 평양까지는 297.7km, 수산업 기지인 신포까지는 80km, 강원도 원산까지는 123.9km이다. **평라선**의 함흥시 구간은 **함흥역, 함흥조차장역, 창흥역, 흥남역, 서호역, 마전역**을 지난다.

함흥역(역전2동)은 여객 화물 겸용역으로, 함경남도의 주요철도역이다. 특히 함흥역에는 북한 5대 철도국의 하나인 함흥철도국이 자리하고 있는데, 함흥기관차대, 함흥객화차대, 함흥철길대, 함흥전철대, 함흥전기대가 있다. 공업지대인 함흥은 화물 수송량이 많다. **함흥조차장역**은 차량의 기술 검사와 정비 시설을 갖춘 기술역이며, 다양한 화물을 싣고 나를 수 있는 만능짐함(컨테이너) 수송역이다. 흥남부두와 가까운 **흥남역**은 함흥공업지구로 출퇴근하는 노동자들이 주로 이용하며, 마전역은 마전유원지와 연결된다.

동해안을 따라 달리는 평라선과 달리, 지선 노선은 주로 해안에서 내륙으로 연결된다. 지선은 신흥선, 장진선, 서호선, 흥남항선 등이 있다. **신흥선**(함흥~함경남도 부전호반)은 개마고원 삼림을 운반하고 **부전강 수력발전소**와 동해안 공업도시를 연결하는 산업철도이다. **장진선**(함경남도 영광~사수)은 협궤철도로 **장진강 발전소**를 연결하는 산업철도인데, 신흥선으로 갈아타면 함흥역과 연결된다. **서호선**(서함흥~서호)은 서호역에서 평라선과 만난다. 협궤철도인 서호선은 시내 중심을 누비며 함흥시민들의 통근길을 책임지는 교통수단이다. 함흥시는 최근 서호선 전 구간을 전철화함으로써 수송력을 높였고, 2017년에는 역사와 노선을 현대화하는 보수공사를 마쳤다. **흥남항선**(흥남~룡성)은 흥남역과 흥남항역을 연결한다.

철도가 함흥시 화물 수송량의 약 60%를 차지하는데, 주요 화물은 비료와 화학공업 제품, 석탄·석회석·광석을 비롯한 연료와 공업원료, 목재, 식량, 소금, 수산물 등이다. 마전역~서호역 사이와 흥남역~창흥역 사이에 2개의 차굴(터널)이 뚫려 있다.

무궤도전차는 오늘날 함흥시의 주요 교통수단으로, 회양동~덕성동 간, 회양동~은덕동(흥남) 간에 운행된다.

도로

함흥의 도로망은 북한 국토의 동서와 남북을 잇는다. 서로는 평양과 이어지고 북으로는 함경북도 회령, 남으로는 강원도 원산과 연결된다. 주요 도로 노선으로는 함흥 중심부를 지나 함관령으로 이어지는 🚗 원산~회령 간 도로와 흥남항을 지나 평라선과 함께 나란히 해안을 달리는 🚗 함흥~신포 간 도로가 있다. 함흥~신포 간 도로는 화물 수송에서 큰 몫을 하는 구간이다.

함흥~황수원(량강도) 간, 함흥~자성(자강도) 간의 도로는 함흥을 기점으로 함경남도 영광과 신흥을 거쳐 수력발전소 지대인 부전, 장진을 지난다. 함흥과 정평군 신상 로동자구로 이어지는 도로가 있는데 해안지대를 지난다. 회양동~덕산동 간, 룡성동~은덕동(흥남) 간, 룡성동~흥남 간에는 버스가 운행된다.

해운과 항공

⚓ **흥남항**은 흥남구역 룡성동 일대에 있는 북한의 8대 무역항(1급)으로, 함흥 공업지구에 원료와 생산품을 수송하는 물류 교통망이다. 6·25 전쟁 때 파괴된 뒤 1960년대에 현대적 무역항으로 새로 건설되었다. 하역능력은 450만 톤이고, 접안능력은 1만 톤이다. 수심은 6.7~13m이고, 부두의 총 길이는 1,630m이다. 1973년에 창설된 **흥남해운사업소**는 신포, 단천, 라진, 청진, 원산 등으로 화물을 실어나르며 함흥시의 물류를 담당하고 있다.

함흥시의 관문 공항은 ✈ **선덕비행장**으로, 함경남도 정평군 선덕리에 위치한다. 함경남도권 유일의 여객 비행장으로, 항공코드번호는 국제항공운송협회

(International Air Transport Association, IATA)는 DSO, 국제민간항공기구(International Civil Aviation Organization, ICAO)는 ZKSD이다. 길이 2,500m, 폭 50m의 콘크리트 활주로를 갖추고 있으며, 수용 능력은 An-2 수송기 약 20대이다. 2014년 평양~선덕 간 노선이 열려, 국내선 고려항공이 주 5회 운항한다.

역사와 문화

고려 때는 함주(咸州)로 불렸는데, '함'은 '크다/큰'의 고어를 비슷한 음의 한자로 적은 것이다. 1416년 함주의 '함' 자에 번성하는 고장이 되라는 뜻에서 '흥(興)' 자를 붙여 함흥이라 불리게 되었다.

고대

본디 고구려 영역이었던 함흥은 신라 진흥왕 때 북진정책을 펴면서 신라 영토가 되었다. 발해가 개국하면서 남경남해부에 속했다가, 발해가 멸망한 뒤 오랫동안 여진족에 예속돼 우리나라 영토에서 벗어나 있었다.

진흥왕 순수비

신라 진흥왕이 세운 4개의 순수비 중 황초령 진흥왕 순수비 국보 유적 제110호와 마운령 진흥왕 순수비 국보 유적 제111호가 함흥본궁에 전시돼 있다. 두 비석은 진흥왕이 568년 황초령과 마운령을 순행하며 세운 비석으로, 신라가 동북으로 오늘날의 함경남도 영광군과 리원군(利原郡) 지역까지 영토를 넓혔음을 보여주는 유물이다. 두 비석은 진흥왕이 불법(佛法)과 덕으로 백성을 교화하고 왕도를 실현하겠다는 뜻을 밝히고 있다.

황초령비는 본디 함경도 내륙으로 통하던 관문인 황초령(1,206m) 정상에 서 있었다. 비석은 3등분으로 잘려져 있었는데, 1835년 제1석과 제2석을 찾아냈으며, 1931년 제3석을 발견해 합침으로써 마침내 제 모습을 드러냈다. 16세기 말에 발견된 마운령비는 최남선이 1929년 현지 답사를 통해 진흥왕 순수비임을 밝혀내면서 세상에 알려지게 되었다.

고려

고려 예종 2년인 1107년 윤관(尹瓘, ?~1111)이 여진을 정벌하고 영토를 수복했다. 윤관은 되찾은 땅에 동북 9성을 쌓았는데, 당시 함주성이 조선시대에 와서 함흥성이 되었다.

13세기 원나라(몽골)에 복속되어 쌍성총관부에 속해 요양행성 합란부라 불렸다. 1356년(공민왕 5) 공민왕이 쌍성총관부를 수복하면서 다시 우리나라 영토가 되었다.

진흥왕 순수비 중, 황초령 순수비(왼쪽)와 마운령 순수비(오른쪽). 함흥본궁에 보존되어 있는데, 함흥 역사박물관의 분관이다.

🏛 함흥성 보존 유적 제368호과 구천각(九千閣) 국보 유적 제108호

함흥성(동흥산구역 소재)은 옛 함흥 도읍지의 중심지다. 함흥성을 축성할 때 지형 특성을 살려 북으로는 반룡산(盤龍山, 오늘날의 동흥산), 서로는 성천강, 동남으로는 호련천과 동해와 접해 외적의 침략에 대비한 천혜의 요새로 설계되었다. 윤관은 성을 쌓으며 전투 지휘소인 북장대를 세웠는데, 구천각은 함흥성의 북장대 건물이다. 평상시에는 적정을 감시하는 망루로 쓰이다가, 전시에는 전투 지휘소가 되었다. 구천각은 고려시대 누정 건축물의 특성을 보여주는 유적으로, 화강암 축대에 나무흘림기둥을 세우고 두공을 얹어 연꽃무늬 화반을 끼웠다.

🏛 기와재 봉수 터 보존 유적 제1324호

고려 공민왕 때 건립한 봉화 터. 외적의 침입을 정부에 전달하는 통신 시설로, 오늘날에는 화독

함흥성의 북쪽 장대인 구천각. 근래에 복원되었다.

터가 남아 있다.

조선

조선 태종 때 함흥부로 승격되었다. 함흥은 조선 왕조의 발상지이자 6진이 설치된 군사 요충지였다.

🌲 함흥본궁 국보 유적 제107호

조선 태조 이성계는 함경도 영흥(永興, 지금의 금야군)에서 태어났으나, 곧 함흥으로 이주하여 성장했고, 함흥을 기반으로 정치적 세력을 키워나갔다. 조선을 개국한 뒤 이 함흥 고향집 일대는 궁궐로 높여졌고 함흥본궁(사포구역 소재)이라 불리게 되었다. 말년에 실권을 뺏긴 뒤 한동안 머무르며 함흥차사의 배경이 된 곳이기도 하다. 함흥본궁 정전에는 400년 넘은 희귀한 소나무 함흥반송 천연기념물 제252호이 있다. 세계적으로 보기 드문 기묘한 모양을 한 이 소나무는 땅에 누운 채 길게 뻗어 잎이 부챗살처럼 펼쳐져 있다. 소반 모양의 나무갓을 쓴 모양이어서 소반 반(盤) 자를 써서 함흥반송이라 불린다.

🌲 광덕 봉수 터 보존 유적 제1321호

성곽도시인 함흥은 전통적인 국방 요충지로, 동흥산 일대에 함흥성 유적이 남아 있다. 조선시대 군사통신시설 광덕 봉수 터는 함경도에서 서울 남산 봉화대까지 이어지는 신호 연락체계로, 외적의 침입과 반란 등 큰 사건을 전달하는 역할을 했다.

🌲 함흥 선화당(宣化堂) 국보 유적 제109호

선화당은 관찰사(감사)가 정무를 보는 관아 곧 감영이다. 함흥 선화당은 함경도 감사가 업무를

함흥반송. 함흥본궁 마당에 있는 기묘한 모양의 소나무.

보는 곳이다. 지금 건물은 1764년(영조 40)에 다시 지은 것으로, 정면 8칸 측면 4칸의 겹처마 합각집이다. 두공을 짠 솜씨와 화반의 무늬가 아름다워서 조선시대 관청 건축의 예술성을 보여준다. 감영에 딸려 있던 수십여 동의 부속건물 중에서 현재는 징청각(澄淸閣)만 남아 있다. 징청각은 육방관속의 공간이었으며 정면 6칸 측면 3칸의 겹처마 합각집으로, 꾸미지 않은 소박한 모습이다.

제월루(霽月樓) 보존 유적 제355호

선화당 뒤에는 함흥향교의 부속건물 제월루가 있다. 함흥향교는 전쟁 때 파괴되어 현존하는 건물은 제월루가 유일하다. 정면 3칸 측면 3칸, 2층 겹처마 합각집으로 본래는 선조 때 지어진 것이나 1832년(순조 32)에 다시 지으며 지금 자리로 옮겼다.

함흥이 조선왕조의 발상지임을 보여주는 유적지로는 함흥본궁 이외에도 이성

함흥 선화당(위)은 감사의 공간이고 징청각(아래)은 관속의 공간이다. 두 건물 다 아름답다.

계가 태백성에 제사를 지낸 제성단(祭星壇), 잠룡 시절 무예를 익히던 격구정(擊毬亭), 말을 타며 무예를 연마하던 치마대(馳馬臺)가 있다. 독서당(讀書堂)은 이성계가 책을 읽던 초가집으로, 정조가 이곳에 독서당 구기비(舊基碑)를 세웠다. 이성계의 선조 능인 덕안릉(德安陵), 의릉(義陵), 순릉(純陵), 정화릉(定和陵)이 있다. 또 고려 때 창건된 귀주사(歸州寺, 금실동 서남쪽 절골 소재)는 이성계가 임금이 되기 전 글을 읽던 곳으로, 일제강점기에는 31본산의 하나였다.

1671년(현종 12) 함경도 관찰사로 부임한 남구만(南九萬, 1629~1711)은 함흥의 숨은 명승지와 유적지를 찾아 〈함흥십경도(咸興十景圖)〉를 그리게 하고 직접 해설을 달아 널리 알려서 관북지방 여행 붐이 이는 계기를 만들었다. 많은 시인묵객과 화가 들이 함흥을 찾아 글과 그림을 남기면서 풍류의 고장이라 불리게 되었다.

제월루. 향교 부속건물이다. 높은 건물이 드문 중에 시원한 전망을 즐길 수 있는, 선비의 공간이다.

임진왜란 시기 함흥성을 지킨 열두 명의 의병을 기리기 위해 1712년(숙종 38)에 **함흥 창의사비**(彰義祠碑) 보존 유적 제1360호를 세웠다.

근대

근대에 러일전쟁의 격전지가 되면서 함흥성은 크게 파괴되었다. 일제는 함흥성을 복구하지 않고 성곽을 철거한 뒤 일대를 공원으로 만들었다. 그 뒤 함흥성 동문에는 함흥역이, 서문에는 서함흥역이 들어서고 신시가지가 조성되면서 함흥성의 옛 자취는 사라졌다.

함흥 흥남지구가 중화학공업도시로 개발된 것은 조선총독부가 산미증식계획으로 비료공장을 세우면서다. 이를 위해 교통 인프라를 구축하며 함경남도에서 함경북도를 잇는 철도 함경선 건설에 들어가 1917년에 원산(당시 함경남도)~회령 구간이 개통되었다. 함경선은 일제강점기 중국과 함경도, 일본을 잇는 식민지경제의 핵심 철로였다. 또한 부전강과 장진강에 압록강 유역을 변경하여 수력발전소를 건설했다. 조선질소비료회사가 1927년 세워지고 비료를 일본으로 수송할 흥남항이 건설되면서 함흥은 일제의 식민지 경영을 위한 산업기지가 되었다. 이 고장 출신의 소설가 이북명(李北鳴, 1910~1988)은 노동자들이 산업폐기물처럼 버려지는 식민치하의 노동 현장을 고발하는 〈질소비료공장〉(1932)을 발표해 큰 반향을 일으켰다.

현대

일제는 패망하면서 공장과 시설을 폭파하라는 지시를 내렸지만, 흥남비료공장은 파괴를 면하고 해방을 맞았다. 소련군정 치하에 함흥부는 함흥시가 되었다.

한국전쟁 때 흥남공업지대는 집중적인 포격을 받아, 함흥의 경제기반인 산업시설은 거의 파괴되었고 흥남부두는 폐허가 되었다.

1961년 대량 생산하는 데 성공한 '비날론' 산업은 북한 자립경제의 상징이 되었다. 국가과학원 함흥분원의 초대 원장 리승기가 북한에 풍부하게 매장된 서탄과 석회석을 주원료로 하여 '비날론'을 개발하였는데, 천연섬유인 면과 비슷한 성질을 지닌 합성섬유이다. 자체 역량으로 건설한 공장에서 자체 개발한 기술로 생산한 옷감이어서 함흥사람들은 비날론에 큰 자부심을 느꼈다고 한다. 비날론 공정은 다양한 화학 자재가 부산물로 나오기 때문에 화학공업이 종합적으로 발전할 수 있는 토대를 만들었고, 함흥시는 비날론공업을 바탕으로 북한 최대의 화학공업도시로 성장했다.

공업도시 함흥시의 보건의료는 산업현장에서 발생하는 재해와 사고에 대응하는 의료 분야가 발전했다. 특히 분초를 다투는 절단 환자를 위한 미세외과수술 분야에서 성과를 거두었다.

함흥 정형외과병원은 완전히 절단된 팔다리를 다시 이어붙이는 미세외과에서 조직 이식수술을 비롯한 의료기술에서 진전을 보여왔다. 전문 과마다 전문화 치료조가 있는 점이 이 병원의 특징이다. 사지외상외과에는 창외고정조와 대퇴경부골절조, 정형외과에는 선천성기형조와 창외고정조, 성형외과에는 미용외과조와 미세외과조 등 치료를 세분화하고 있다. 전문 과들이 독자적이면서도 서로 밀접한 연관성이 있어, 의료기술을 발전시키기 위해 분야를 더욱 세분화하고 있다. 함흥 정형외과병원에서는 해마다 의료기구 및 의료품 전시회가 열린다. 한 해의 의료과학기술사업이 응축된 이 전시회는 출품된 의료기구와 의료품이 백여 종, 천 수백 점에 달한다. 또 선진 의학서를 번역하고 전자

책으로 만드는 사업에 이어, 600가지 진단과 치료 방법이 집약된 임상의학서 《진단치료실기집》을 펴냈다. 2019년 병원 안에 전자도서실이 만들어졌다.

함흥철도병원은 세계적 난치성 질병의 하나인 대퇴골두무균성괴사를 고려의학(한의학)적으로 접근해 높은 치료 효과를 냈다. 외과의사 한혜경 원장은 수술에 의존하지 않고 전자침으로 약물을 주입해 골두괴사를 정지시키는 새로운 치료법을 개발하는 한편, 뼈조직 재생을 촉진하는 고려약(한약)을 제조해 환자 수천 명에게 새 삶을 안겨주었다고 한다.

함흥시 여행

함흥시는 문화와 역사의 도시다. 최근 함흥시는 동흥산의 역사유적지와 **함흥대극장**, 함흥농마국수 전문점인 **신흥관**, 동해안 명승지 마전(麻田)유원지를 연결하는 관광코스를 개발하고 있다.

1947년에 문을 연 **함흥 역사박물관**(동흥산구역 소재)은 지방의 역사박물관 가운데 규모가 가장 크다. 원시시대부터 고구려, 백제, 신라, 발해, 고려, 조선, 3·1운동 시기까지 5천여 점의 자료와 유물이 전시돼 있다. 고조선의 청동기 놋창, 오매리의 고구려와 발해 유적, 고려의 연꽃막새 등이 전시돼 있다. 함흥본궁을 박물관 분원으로 쓰고 있다.

북한은 함흥성 북장대인 **구천각**을 복원하고, 반룡산(盤龍山)을 "조선 동부의 번영하는 도시 함흥에 있는 산"이란 뜻으로 동흥산으로 이름을 바꾸어 공원을 조성했다. **함흥민속공원**은 2020년 동흥산 기슭에 세워진 역사교육 공원이다. **제월루**와 **동흥산 은행나무**를 볼 수 있다. 첨성대, 광개토왕릉비, 북관대첩비, 측우기 등의 모형을 만들어 설치해 놓았고, 그 밖에도 여러가지 민속 놀이를 즐길 수 있도록 하였다.

함흥민속공원 인근에 **함흥동물원**이 2023년 8월 재개장했다. 동흥산 기슭에 자리한 동물원은 범사와 곰사, 맹금사 등을 새로 조성했다. 자연 동굴의 분위기를 살린 파충류관, 조선호랑이의 생태적 특성을 살린 놀이장이 새로 선보였다. 수백㎡의 녹지를 조성하는 등 동물원의 면모를 일신했다.

함흥대극장(동흥산구역 은정동)은 1984년 준공했다. 2500여 석과 700여 석을 가진 관람홀이 있고, 회전무대와 미끄럼무대, 승강무대 등 다양한 무대가 원격으로 조종된다. 전통 건축양식을 현대화시킨 기념비적인 건축물로, 2020년 공훈국가합창단, 모란봉악단, 왕재산예술단, 국립교예단 등 북한의 대표적 예술단들이 이곳에서 공연했다.

마전유원지는 흥남구역 마전리(麻田里)에 있는 동해의 명승지이다. 북서쪽으

함흥대극장. 함경남도 문화의 산실이다.

로 대바위산을 비롯한 높고 낮은 산들과 기암괴석에 감싸여 있다. 이곳에는 북한의 대표적 여름 휴양지인 마전 해수욕장이 있다. 2001년 함흥역과 마전역 사이에 해수욕장 전용 열차가 개통되었는데, 마전역 승강장 길이는 300m에 달한다. 2015년 8월에는 마전 해수욕장을 찾은 피서객이 하루 최고 10만 명에 이르렀다고 한다. 최근 코로나 전염병 사태로 문을 닫았다가, 2022년 8월 코로나19 위기 해소를 공식 선언하면서 재개장했다.

함흥사람들은 본디 고구마로 녹말을 내어 **치마리국수**라는 향토 음식을 즐겨 먹었다. 일제강점기 철도가 건설되면서 개마고원 특산물인 감자가 대량으로 들어오면서, 고구마 대신 감자농마(녹말)로 국수를 만들게 됐다. 개마고원은 강수량이 적고 일교차가 커서 품질이 우수한 감자가 생산된다고 한다. 함경도에서는 감자농마로 국수를 만들어 먹는데 그중에서도 **함흥농마국수**가 가장 유명하다. 함흥 음식은 마늘, 고추 등 양념을 듬뿍 넣어 매운맛이 특징이다. **함흥농마국수**는 국가비물질문화유산으로 지정되었다.

함흥농마국수는 감자 전분에 백반을 넣어 익반죽해 국수사리를 만든다. 평양냉면이 메밀을 쓰는 데 반해, 함흥농마국수는 감자전분으로 사리를 뽑아내 국숫발이 가늘고 질긴 것이 특징이다. 육수는 소고기와 돼지고기, 닭고기로 우린다. 국수사리에 양념장(파, 마늘, 고춧가루, 간장, 참기름, 깨소금)을 넣고 버무려 그릇에 담고 고기, 오이, 무김치를 꾸미로 얹은 다음 실닭알(달걀지단)로 고명하고, 찢은 닭고기와 버들잎 모양으로 얇게 썬 소고기와 돼지고기를 얹은 다음 국물을 부어 낸다.

회국수는 메밀가루에 감자녹말을 섞어 반죽해 국수사리를 만든 다음, 대구는 굵게 썰어 식초에 재웠다가 양념에 재운다. 국수사리 위에 대구와 무, 오이, 미나리를 얹고 달걀로 고명을 한다. 국물을 부어 내거나 따로 곁들인다.

함흥농마국수는 물국수이고 회국수는 비빔국수이다. 오늘날 남한의 함흥냉면은 비빔국수인 함흥 회국수가 식재료 사정에 맞게 현지화한 음식이다. 함흥 농마국수로 명성이 높은 **신흥관**(동흥산동)은 평양냉면으로 유명한 옥류관과 함께 북한 냉면을 대표하는 음식점이다.

함흥의 별미, 농마국수

'신흥관'이라는 이름이 처마 밑에 보인다. 함흥농마국수를 제대로 즐길 수 있다.

산업

북한은 최근 전력 부족 문제를 해결하기 위해 중소형 발전소 건설에 힘을 쏟아왔다. 함흥시는 수량이 풍부한 금진강에 2022년 **함흥청년1호발전소**를 준공했다. 이 발전소는 전력을 생산하는 데 그치지 않고, 홍수 피해를 막고, 공업용수와 관개용수, 생활용수로 이용되고 있다. 또 동해안 일대에 4000여 그루의 나무를 심어 방풍림을 조성하고 있다.

농림어업

① **농축산업**

함흥시는 농업의 기계화 비중이 높은 점이 특징이다. 우량품종을 개발하고 선진농법을 받아들여 농업의 과학화를 꾀하고 있다. 금사저수지를 비롯한 8개의

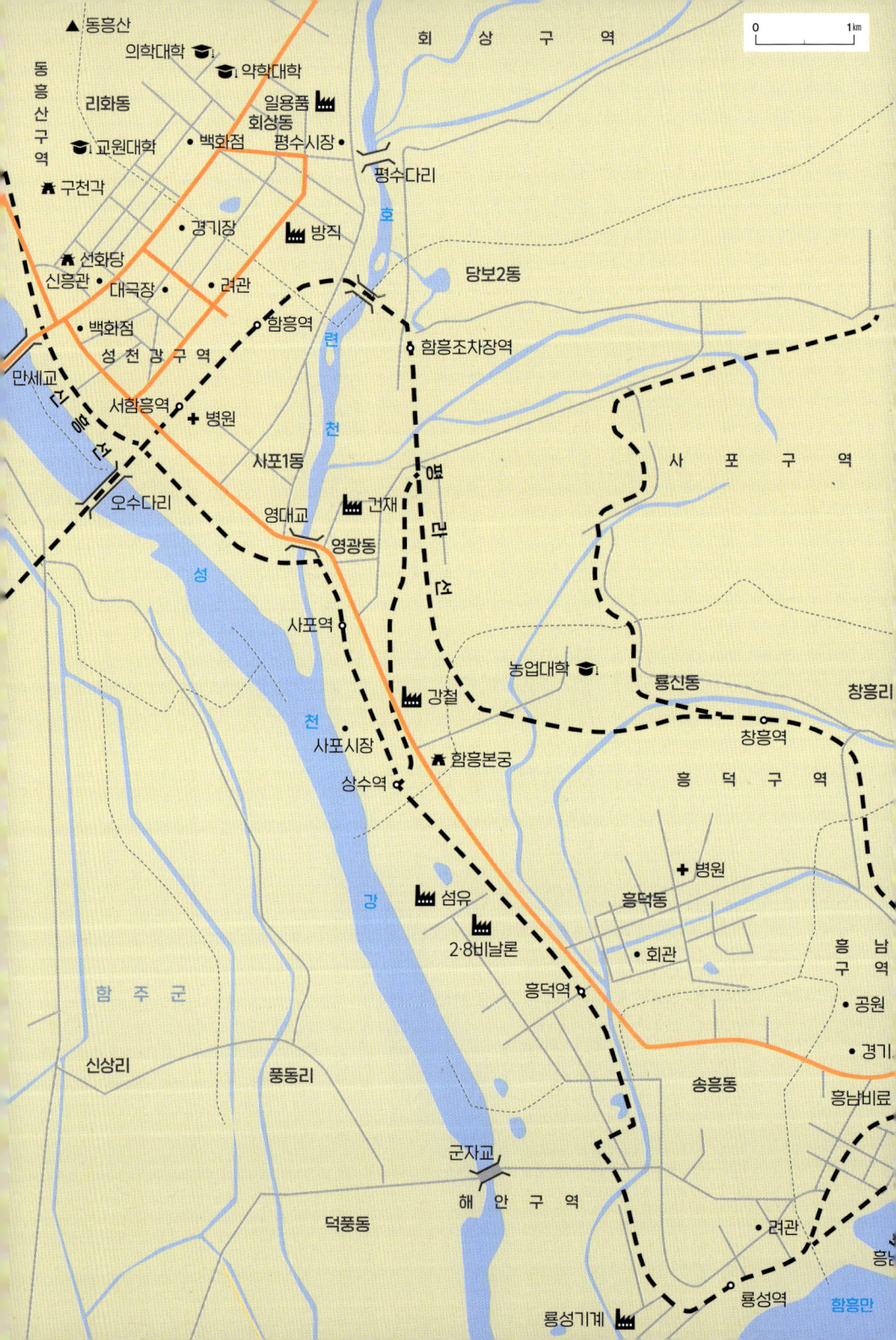

저수지와 약 300개의 양수장이 있으며, 분수식 관수체계를 농업에 도입했다.

알곡으로는 논벼와 강냉이, 보리, 수수, 콩 등을 재배한다. 성천강과 호련천 유역인 동흥산구역, 사포구역, 흥덕구역에서 주로 벼를 생산한다. **령봉 협동농장**, **풍호 협동농장**에서는 지하 저수지를 개발해, 논물 온도를 조절하면서 논벼 생육의 최적 조건을 맞추어 수확량을 높이고 있다.

남새(채소) 재배시범단지인 함흥은 농경지 중 밭이 약 50%를 차지한다. 성천강 연안을 비롯해 시 주변 농장에서 배추, 무, 시금치, 오이, 가지, 호박, 도마

2022년에 금진강에 세운 함흥청년1호발전소

도(토마토), 파, 마늘 등을 생산한다. '함흥배추'와 '함흥무', '함흥홍당무'는 시의 특산물로 병충해와 습해에 강하고 맛이 좋다. 함흥 남새전문농장(2019년 준공)에서는 지하수를 찾아내 묶음식 졸짱(진공 펌프 시설)을 박아 40여 개 동의 온실에 물을 대고 있다. 전문 채소농장인 **남새온실분장**(회상지구)은 태양열로 온실을 관리하고 수경재배로 채소를 생산한다. 온도, 습도, 탄산가스 함량을 실시간으로 측정할 수 있는 온실환경종합측정장치를 도입하고 방울식 관수로 영양액을 분사해 겨울에도 싱싱한 채소를 재배한다.

련포온실농장

함흥시 근교에 있는 현대적 시설을 갖춘 북한 최대의 온실농장이다. 2023년 2월 첫 수확한 배추, 오이, 토마토, 쑥갓, 시금치를 함흥시와 함경남도 주민에게 공급한 이래, 날마다 수십 톤의

련포온실농장

신선한 채소를 수확한다. 선진 영농기술과 자동화 첨단농법을 도입해 수확량을 늘리고 있다. 북한의 '농촌 문명 창조의 거점'으로, 2022년에는 함흥농업대학 졸업생의 절반이 이 농장에 지원했다.

겨울철 기온이 동일 위도 상의 서해안보다 높아 과수 재배에 유리하다. 야산에 과수밭을 조성해 사과를 비롯해 배, 복숭아, 살구, 추리(자두), 포도 등을 생산한다. 최근 들어 감나무 재배를 장려해 감을 생산하는 농가가 늘고 있다.

공예작물은 약초를 기본으로 들깨, 유채, 역삼(기름 원료) 등을 재배한다. 최근 버섯 생산을 장려하고 있는데, 함흥 버섯공장에서는 제사공장에서 나오는 누에고치를 쪄낸 물에 조단백질 함량이 높다는 사실을 알아내 이를 활용해 생산량을 높였다. 잠업은 산비탈 개간에 유리한 회상구역에서 주로 하며, 뽕누에와 가을누에 치기를 한다.

산기슭과 골짜기에 넓은 풀밭이 있어 축산업에 유리하다. 닭, 토끼, 염소, 소, 돼지, 오리 등을 기르는 축산기지와 현대적 닭 공장이 있다. 시에서는 주민의 식생활을 향상시키기 위해 축산기지를 현대화하고, **함흥 수의예방 약품공장**을 2023년 준공했다. 함흥시 **청년염소목장**에서는 래일로동자구 천의산 일대에 염소를 방목해 염소젖을 함흥시 어린이에게 공급한다. 무균화를 실현한 현대적인 가공공장과 실험실을 갖추고 버터와 치즈, 요구르트 등 가공품도 생산한다. 곡물 사료를 대체할 수 있는 애국풀(지칫과의 여러해살이풀)을 가축사료로 개발하고, 염소 관리 방법을 개선하면서 2023년에는 염소젖 생산량이 1.5배 늘어났다.

② **수산업**

함흥만 북단의 서호진은 한류와 난류가 교차하는 동해안의 손꼽히는 큰 어장으로, 수산물 집산항이다. 서호 수산사업소와 운동 수산협동조합, 서호 수산협동조합, 덕풍 수산협동조합, 소규모 어업인 은덕 세소어업사업소가 있는데, 주로 명태, 노루메기(도루묵), 멸치, 성어리, 고등어, 송지, 가자미, 정어, 까나리, 새우, 숭어, 전어, 낙지(오징어), 털게, 대합, 생복 등을 잡는다. 서호진에는 2만 톤의 냉동공장이 있으며, 8,000여 톤의 저장시설이 있다.

최근 함흥에서는 대규모 양식장을 건설하고 있다. 2019년 준공한 **함흥 메기공장**은 통합조종실과 알깨우기호동, 새끼고기호동, 과학기술보급실 등이 갖춰진 현대적 양식장이다. 함흥화학공업종합대학 생물화학공학연구실이 개발한 메기 종합먹이 첨가제를 도입하면서 메기의 몸무게가 20~30% 늘어났다.

경공업

① **일용품 공업**

함흥시는 합성수지 생활용품 생산이 전국에서 손꼽히는 지역으로, 기업들은 경쟁적으로 "인민들이 좋아하는 새 제품"을 시장에 내놓고 있다. 자체 상표를 달고 전국적인 판매망을 구축하는 현상은 최근 경공업에 불고 있는 새로운 변화로 읽힌다. **함흥 영예군인수지일용품공장**(회상구역 소재)은 '들국화'라는 자체 상표를 달고 "인민들의 기호와 미감"에 맞는 무늬와 색상을 연구하고 기술을 혁신한 끝에 2색, 3색 벽지를 개발해 수입품보다 좋다는 평가를 받았고, 2018년 '제29차 전국 인민 소비품 전시회'에서도 호평을 받았다. 영예군인들이 일하는 이 공장은 벽지와 바닥재를 비롯해 염화비닐로 만든 비옷류와 가방류, 비닐박막 등이 대표 상품이다. 창의적인 아이디어 상품이 계속 이어지는 가운데, 환경친화적인 재생 상품도 개발했다. 해마다 수십 톤의 파비닐(페비닐)을 재자원화해 원가는 낮추면서도 생산성은 높이고 있다. 난방용으로 쓰이는 기능성 메탄가스 발효용 수지주머니는 특허를 받았다. 코트식 비옷은 100% 재자원화한 자재로 만든 제품으로 가죽 코트를 연상케 하는 디자인으로 호평을 받고 있다. 2021년에는 함경남도 인민병원을 현대화하는 사업에 참여해, 수술실과 집중치료실 등에 까는 항균성 리놀륨 바닥재를 개발했다.

함흥시 광공업 현황 (2023년 12월 기준)

분류	업종	기업 수(개)
경공업	가구, 목재, 종이 및 잡제품	10
	섬유의류	24
	음식료품 및 담배	21
중화학공업	1차 금속	5
	건재	11
	기계	18
	수송기계	6
	전기전자	6
	화학	24
광업	비금속광물광산	1
	탄광	1
에너지	수력발전	1
미상		1
합계		129

출처: KIET 북한 산업·기업 DB

함흥 영예군인수지일용품공장의 생산품

② 식료품 공업

최근 식료품 공업의 약진도 두드러져서 규모도 커지고 품종도 다양해졌다. 전국에 김치공장이 경쟁적으로 건설되는 가운데, 2021년 **함흥 김치공장**이 준공되었다. 생산공정의 무균화가 실현되고 통배추김치, 깍두기를 비롯한 다양한 종류의 김치를 대량 생산한다. **함흥 곡산공장**(회상구역)은 주로 강냉이를 원료로 사탕과 과자, 기름, 간장, 된장 등을 생산한다.

③ 방직, 피복 공업

방직, 피복 공업 분야에서 기술혁신의 열풍이 불고 있다. 함흥 편직공장에서는 수입에 의존하던 여자 여름 양말의 자재를 폴리프로필렌 섬유로 국산화하고 합리적인 염색 방법을 개발해 제품의 질을 높이고 있다. 또 천연섬유인 견으로 만든 시제품은 나오자마자 큰 관심을 모았다. **함흥 모방직공장**은 양털과 비날론을 원료로 모직물을 생산하는데, 옷감의 질을 개선하면서 호평을 받고 있다. 2024년 6월 문을 연 **함흥 학생교복공장**은 기술을 혁신하고 디자인과 색상의 품질을 높인 교복을 생산하고 있다.

중공업

① 화학공업

북한 화학공업은 석탄화학을 기반으로 한다. 석탄이 풍부해 원료 자립이 가능하므로, 석유가 나오지 않는 환경에서 일찍이 국가기간산업으로 추진해왔다. 함흥에서 화학공업이 발전할 수 있었던 배경에는 **장진강 수력발전소**와 **부전강 수력발전소**와 **함흥 화력발전소**가 있다. 전력이 풍부하고, 가까운 광산과 탄광에 풍부한 지하자원이 매장돼 있으며, 성천강과 호련천을 끼고 있어 공업용수가 풍부하기 때문이다. 또한 철도와 도로, 항만 등 교통 물류 인프라가 잘 갖추어져 있다.

흥남구역과 해안구역에는 **흥남비료련합기업소**를 비롯해 무기화학공업지역이 자리하고, 흥덕구역에는 2·8비날론련합기업소 등 유기화학공업지역이 있다. 함흥화학공업은 무기화학과 유기화학이 결합된 세계적인 화학공업단지이다. 1961년 준공한 비날론공장은 오늘날 2·8비날론련합기업소로 발전했고, 해마다 수만 톤의 비날론과 염화비닐, 물감 등 180여 종의 화학제품을 생산한다. **흥남비료련합기업소**는 북한에서 가장 큰 비료생산기지다. 질소비료, 과산화린산(인산) 석회비료, 암모니아수 등 다양한 화학비료와 화학제품을 생산한다.

오늘날 함흥시는 화학비료를 비롯해 농약, 의약품, 물감, 카바이드, 합성섬유, 합성수지 등 1000여 종의 화학제품을 생산하는 종합적인 화학공업단지로 성장했다. 전력난으로 어려움을 겪었던 기업들은 최근 원료와 자재, 설비의 국산화를 이루고 생산공정을 전력 절약형으로 전환하면서 속속 정상화를 꾀하고 있다.

최근 북한은 에너지 절약형의 환경친화적인 탄소하나화학공업을 창설하는 데 힘을 쏟고 있다. 석탄 가스화 공정에서 나오는 일산화탄소와 수소는 태우면 오염물질을 발생하지 않으면서도, 석유에서 얻을 수 있는 액체 연료와 화학제품을 얻을 수 있다. 이를 크린콜기술(Clean Coal Technology)이라 하는데, 북한에서는 탄소하나(C1)화학이라 부른다. 함흥에서 탄소하나화학을 주도하는 곳은

2·8비날론련합기업소. 180여 종의 화학제품을 생산한다.

국가과학원 함흥분원과 함흥공업종합대학이다. 현재 인재 양성과 연구개발에 초점을 맞추고 있다. 2018년 8월 함흥분원은 석탄으로부터 합성연유(연료 기름)를 생산할 수 있는 중간 실험 공정을 확립한 연구성과를 전국청년과학기술성과전시회에 출품했다. 또 함흥화학공업대학에서는 2018년 탄소하나화학공학 강좌를 개설하고, 2020년에는 **화학실험관**을 개관했다. 수십 개의 화학실험실을 포함한 백수십 개의 방으로 이루어진 화학실험관은 종합화학연구기지이다.

② 기계공업

기계공업은 화학공업과 함께 함흥시 경제를 떠받치는 양대 기둥이다. 함흥과 원산을 잇는 대규모 기계공업지구가 건설되었는데, 함흥의 대형기계 생산기지

흥남비료련합기업소. 북한 최대의 비료 생산공장이다.

는 북한의 대규모 건축물 건설에 참여했다. **룡성기계련합기업소**는 고압압축기와 공기압축기, 수력·화력터빈을 비롯해 야금, 건재, 화학, 발전, 채굴 관련 설비기계를 생산해 산업현장에 공급하고 있다. **함흥련결농기계공장**에서는 농업의 기계화에 발맞춰 경운기와 감자숲(넓은 감자밭) 치는 기계, 소형풀 수확기, 강냉이 파종기를 비롯한 농기계를 생산해 협동농장에 공급한다. 2017년에는 가볍고 물이 스며들지 않는 모내는 기계의 수지 배판을 자체 개발했다.

룡성기계련합기업소

③ 금속 공업

함흥의 금속공업은 경질합금 생산이 기본을 이루며 압연강재와 철선을 생산한다. 함흥 강철공장은 전력난을 극복하기 위해 2018년 전기 절약형 유도로 생산공정을 건설한 데 이어 2019년에는 전기 절약형 외통식 철심 유도로를 자체 기술로 생산하면서 철강산업의 기술혁신을 이끌고 있다.

흥남공업개발구

북한은 2014년 흥남공업개발구 개발 계획을 발표했다. 흥남공업개발구는 외자 유치와 경제 개발을 위한 사업으로, 덕풍동 일대 2㎢에 약 1억 달러의 투자를 유치해 보세가공, 화학제품, 건재, 기계설비 공업을 개발하는 특화된 경제개발구다. 흥남공업개발구는 흥남항과 흥남역이 있어 교통이 편리하고, 성천강에서 풍부한 공업용수를 조달할 수 있다. 특히 인근에 있는 룡성기계련합기업소와 2·8비날론련합기업소, 흥남비료련합기업소 등에서 필요한 설비와 제품을 공급받을 수 있다는 장점이 있다. 마전해수욕장과 마전호텔이 가까워 관광산업과 연계할 수 있다. 건설 중인 원산~함흥고속도로가 완공돼 원산~평양 고속도로와 연결되면 물류를 평양으로 수송할 수 있는 교통 인프라가 확충된다.

재자원화(리사이클링) 사업

2016년 지구온난화를 막기 위한 파리기후변화협정에 서명한 북한은 전 지구적인 기후변화에 대응해 온실가스 배출을 줄이겠다는 선언을 했다. 최근에는 공해 현상을 막고 생태환경 보호를 강조하는 데 그치지 않고, "생산과정에서 나오는 각종 부산물과 폐기물들을 모두 회수하여 재자원화하는 사업"이 경제발전의 동력임을 강조하고 있다. "오물을 보물로"라는 슬로건을 내건 재자원화[recycling] 사업은 국제사회의 경제제재로 자원과 전력의 부족 문제를 돌파하려는 자립

경제 정책의 일환이다.

　화학공업단지에서 배출되는 산업폐기물 처리는 함흥시의 오랜 숙제였다. 재생·재자원화는 오늘날 함흥시의 뜨거운 화두다. 재자원화 사업을 주도하는 곳은 산업현장이다. 함흥시 흥덕구역은 산업폐기물을 재자원화하는 흥덕오물처리공장을 세워 2·8비날론련합기업소에서 배출되는 산업폐기물로 벽돌, 시멘트, 외장재 등 건자재를 생산하면서 재자원화 사업의 전국적인 모델로 떠올랐다. 흥남비료련합기업소는 폐가스를 회수해 재자원화하는 기술을 개발해 2020년 북한의 최고과학기술상인 '2·16과학기술상'을 수상했다.

상업

함흥에는 공식적으로 11개의 시장이 있다. 운중시장, 풍흥시장, 내호시장, 흥서시장, 송상시장, 흰실시장, 금사시장, 삼일시장, 평수시장, 사포시장, 풍호시장 등이 있다. 평수시장은 전국 공식시장 가운데 10위권 안에 드는 넓은 면적의 도매시장이고, 삼일시장과 사포시장은 2000년대에 건설된 현대화한 시장이다.

교육

오늘날 북한은 유치원의 1~2년, 초등교육(6~10세)의 5년, 중등교육(11~16세)의 6년을 합쳐 전반적 12년제 의무교육을 한다. 취학 선 교육은 탁아소와 유치원에서 이루어지고, 중등교육은 초급중학교(3년제)와 고급중학교(3년제)로 나뉜다. 함흥시의 직장과 협동농장에는 약 500개의 탁아소와 새거리유치원, 새별유치원, 회양유치원, 흥남유치원을 비롯한 400여 개의 유치원이 있다. 1945

년 개교해 탁구 국가대표 선수들을 배출한 성남소학교를 비롯해, 광복소학교, 동문소학교, 룡성소학교, 새거리소학교, 서운소학교, 신흥소학교, 풍호소학교, 회상소학교, 회양소학교 등 80개의 소학교와 함흥제1중학교, 회상제1중학교와 사포초급중학교, 성천강초급중학교, 하신흥초급중학교, 해빛(햇빛)고급중학교를 비롯한 85개의 중학교, 15개의 고등전문학교와 10여 개의 대학이 있다.

1971년부터 7~8월을 '해양체육월간'으로 정해 해양 체육 활동을 장려하고 있는데, 함흥시에서는 마전유원지에서 방학을 맞은 어린이와 청소년에게 수영 강습과 해양 보호 활동을 펼친다. 또 2023년 12월 5,000석의 관람석을 갖춘 함흥청년야외극장을 개장해 청소년을 위한 문화공간을 넓혔다.

광복소학교

함흥시에서는 국가과학원 함흥분원과 대학들이 산학연 협력을 통해 지역 산업현장에서 제기되는 과학기술적인 문제들을 해결하는 데 중요한 역할을 한다. 동해안 최대의 공업도시임을 증명하듯, 함흥시에는 유수의 공업대학들이 포진하고 있다. **함흥화학공업종합대학**은 1947년에 창립된 북한의 첫 공업대학으로, 화학을 중심으로 종합적 기술인재를 양성하고 있다. 2017년 70돌을 맞이해 세계 과학기술 발전 추세를 반영해 교육내용을 개편하고, 전자도서관을 신설한 데 이어 원격교육을 활성화하고 있다.

동해안 최대 수력발전소가 있는 함흥에는 **함흥수리동력대학**이 있다. 압록강 유역을 변경하며 건설한 두 개의 수력발전소(부전강 수력발전소와 장진강 수력발전소)가 있는 함흥시의 수리 동력 부문의 과학기술자를 육성한다. 최근 북한은 수력발전소의 수차 효율을 높여 물을 절약하면서도 더 많은 전력을 생산하려

함흥화학공업종합대학 화학실험관

는 정책을 펴고 있어, 전력 증산을 위한 대학의 역할이 커지고 있다. 북한 수력발전소의 실정에 맞는 터빈 날개를 개발해 2018년 장진강 발전소를 비롯해 전국 각지의 발전소에 제공했다. 이러한 기술 혁신은 대규모 수력발전소 한 곳을 새로 건설하는 것과 맞먹는 전력생산 효과가 있어 '2·16과학기술상'을 수상했다.

함흥자동화대학은 산업현장의 무인화와 자동화를 견인할 인재를 양성한다. 함흥콤퓨터기술대학은 전자과학과 정보과학 부문의 인재를 양성하고 있다. 흥남비료련합기업소와 2·8비날론련합기업소에는 각각 흥남공업대학과 사포공업대학이 있어 노동자들이 대학 과정을 이수할 수 있다.

12년제 의무교육이 실시되면서 늘어나는 교원 수요를 감당하기 위해 **최희숙교원1대학**(유치원, 소학교 교원 양성), **함흥제2교원대학**(소학교 교원 양성), **새날사범대학, 김형권사범대학, 기술사범대학** 등이 있다. **함흥농업대학**은 과학농업을 이끌 인재를 양성한다. 최근 대학은 스트로부스소나무를 비롯한 수천 그루의 교재림을 교정 일대에 심어 숲을 조성했다. **함흥의학대학**은 예방치료와 함께 신의학과 고려의학의 조화를 추구하는 의료인을 양성한다. 2018년 치과의학부에 치과임플란트 학과목을 새로 개설했다. **고려약학대학**에서는 전통 약학과 현대과학기술을 접목해 고려약제사(한약제사)에 국한하지 않고 약제사와 제약 기술자를 양성한다.

국가과학원 함흥분원

북한 최고의 과학기술 연구개발 기관인 국가과학원은 최근 정보통신과 생명과학 분야의 첨단기술 연구를 중심으로 개편되고 있다. 함흥분원은 국가과학원의 최초 지방분원으로, 종합적 화학연구기지이다. 전국에 흩어져 있던 화학 연구기관들을 함흥에 집결시켜 1960년 8월 30일 화학연구기지로 개원한 곳이 함흥분원이다. 초대 원장 리승기는 석탄화학섬유 비날론을 개발하면서 민족자립경제의 발판을 닦았다. 수많은 인민과학자와 공훈과학자, '2·16과학기술상' 수상자를 배출했다.

오늘날 함흥 과학계의 화두는 원료·자재·설비의 국산화와 에너지 절약형 기술 개발, 재자원화, 탄소하나화학의 창설이다. 함흥분원은 산업현장과 소통하며 이러한 문제를 풀어나가고 있다. 화학공학연구소에서는 화력발전소에서 어려움을 겪는 물 처리 문제를 해결하기 위해 수입에 의존했던 음이온교환수지의 국산화에 성공하면서 2017년 국가과학기술성과로 등록되었다. 화학재료연구소에서는 에너지를 절약하면서도 재생할 수 있는 탄성체를 발명한 성과로 2018년 '2·16과학기술상'을 받았다. 혁명사적 보존연구소에서는 역사유물을 영구 보존하기 위한 기술적 연구를 한다. 2017년 석수 오염과 녹 오염 세척제를 발명하고 문헌의 퇴색을 막는 기술을 개발한 데 이어, 2020년에는 목재 방부 효력을 높이고 균열을 회복할 수 있는 새 약제를 만들었다. 무기화학연구소에서는 영양액 비료를 국산화해 련포온실농장에 도입했으며, 고무재료 연구소에서는 폐기된 합성수지와 고무를 재자원해 열차의 고무 깔판을 생산하는 기술을 개발했다. 비날론연구소에서는 임상의학에 필요한 의료용 재료를 개발했다. 최근 화학공업의 중요성이 강조되면서, 함흥분원의 위상은 더욱 높아졌다. 탄소하나화학공업 창설을 위한 연구기지로 주목받고 있으며, 21세기 첨단과학기술 개발의 핵심 연구기관으로 입지가 강화되었다.

인물

👤 과학자 리승기(李升基, 1905~1997)

무등산과 영산강이 바라보이는 전남 담양의 장전마을에서 태어났다. 결핵을 앓으면서도 뛰어난 성적으로 교토제대 공업화학과를 졸업한 그는 모교 화학연구소에서 합성섬유를 연구했다. 1939년 석회석을 원료로 면직물을 대용할 수 있는 '합성섬유 1호'를 개발해 세계적 연구자 반열에 올랐다. 일제의 패망을 예견하고 독립한 조국에 돌아가 과학 토대를 만들겠다는 숙원을 토로하다, 치안유지법 위반으로 오사카 헌병대에 체포됐다. 감옥에서 해방을 맞은 그는 귀국해 서울대 공대학장을 맡았다. 당시 미군정은 국립 단과대학들을 통폐합해 국립서울대학교를 설립하려는 정책을 강행하면서 혼란이 거듭되었다. 화학섬유를 공업화하려는 꿈을 놓지 않고 인재 양성에 열정을 쏟았지만, 끝내 교수직을 사임하고 낙향했다.

전쟁 기간 중에 북한은 산업성 인사를 파견해 그에게 흥남질소비료공장과 연구소에서 일해달라고 설득했다. 1950년 7월 말 그는 가족과 함흥에 도착했다. 합성섬유를 공업화하려는 일생의 꿈은 1961년 비날론공장이 완공되면서 마침내 결실을 거두었다. 인민 생활 향상에 크게 이바지한 공로로 1961년 사회주의권의 권위있는 상인 레닌상을 수상했다.

조각가 **권진규**(權鎭圭, 1922~1973)는 함흥제1보통학교를 거쳐 도쿄 무사시노미술학교에서 공부한 뒤 신라 조각의 전통을 계승하면서도 독자적 작품 세계를 구축해 한국 근대조각의 작품성을 높인 예술가로 평가받는다. 배우 **문예봉**(文

藝峰, 1917~1999)은 함흥읍에서 태어나, 〈춘향전〉, 〈아리랑고개〉에 출연했으며, 해방 뒤 남조선영화동맹 위원으로 활동하다 월북해 최초의 공훈배우가 되었다.

교류협력

전주시, 경기전(慶基殿)과 함흥본궁을 연계한 조선역사 탐방 추진

전주시 남북교류협력위원회는 2018년 10월 18일 전주시청에서 '남북교류사업의 방향 모색을 위한 설명회'를 열고, 전주 경기전(慶基殿)과 함흥본궁을 활용한 조선역사 탐방을 독자적으로 추진하겠다고 밝혔다. 전주시와 함흥시는 조선 왕실의 고향인 풍패지향(豊沛之鄕)이라는 공통점이 있다. 전주 경기전 보물 제1578호은 이성계의 영정인 조선태조어진 국보 제317호을 봉안한 사당으로, 조선왕조의 뿌리를 재확인하는 상징적 장소이다.

북한 국보인 함흥본궁은 이성계가 젊은 날 무예를 익힌 집터로, 왕이 된 뒤 궁으로 승격시켜 조상의 위패를 모시고 제사를 지낸 곳이다. 함흥본궁에는 이성계가 심었다는 전설이 전해지는 천연기념물 함흥반송이 있다. 오늘날 이곳에는 함흥역사박물관 분관이 있는데, 진흥왕 순수비인 마운령비와 황초령비가 보존돼 있다. 전주시는 지자체 차원에서 지속 가능한 남북협력사업을 인도적이고 평화적인 방법으로 추진해 '전주형 남북교류협력사업을 위한 로드맵'을 마련했다.

광명시, 함흥 '신흥관' 남한 분점 유치 추진

광명시는 2019년 농마국수 전문점인 함흥 신흥관의 남한 분점을 유치할 계획을 추진했다. 신흥관 분점 장소로는 광명 한국고속철도(KTX) 역세권이나 광명동굴 주변 등 유동성이 크고 관광객을 유치할 수 있는 장소가 거론되었다.

감자 전분을 원료로 해서 쫄깃하고 윤기가 흐르는 국숫발과 매운 양념 맛이 일품인 함흥농마국수는 북한의 무형문화재로 지정되었다. 함흥농마국수의 제맛을 맛볼 수 있는 신흥관은 평양옥류관과 함께 북한 랭면의 양대 산맥을 이루는 전문음식점이다.

기후 그래프(14개 지역)

북한 철도망

참고 문헌

사진 저작권

기후 그래프(14개 지역)

이 책은 대한민국 기상청 자료를 참고하여 만든 북한 지역의 기후 그래프를 제시하고 있다. 우리 기상청은 현재 북한 지역 중 27개 지점에 관한 데이터를 제공하고 있는데, 그중 11개 지점이 《북한지리지》 1권과 2권에 실린 지역이다. 이 최근 기후 데이터를 못 구한 나머지 4지역은, 기후 특성이 비슷한 인근 지역의 데이터를 참고삼아 그래프를 제시하고 있다. 과일군은 남포시의 것을, 순천시는 안주시의 것을, 세포군은 평강군의 것을 참고하도록 안내하고 있으며, 옹진군은 해주시의 것을 참고한다.

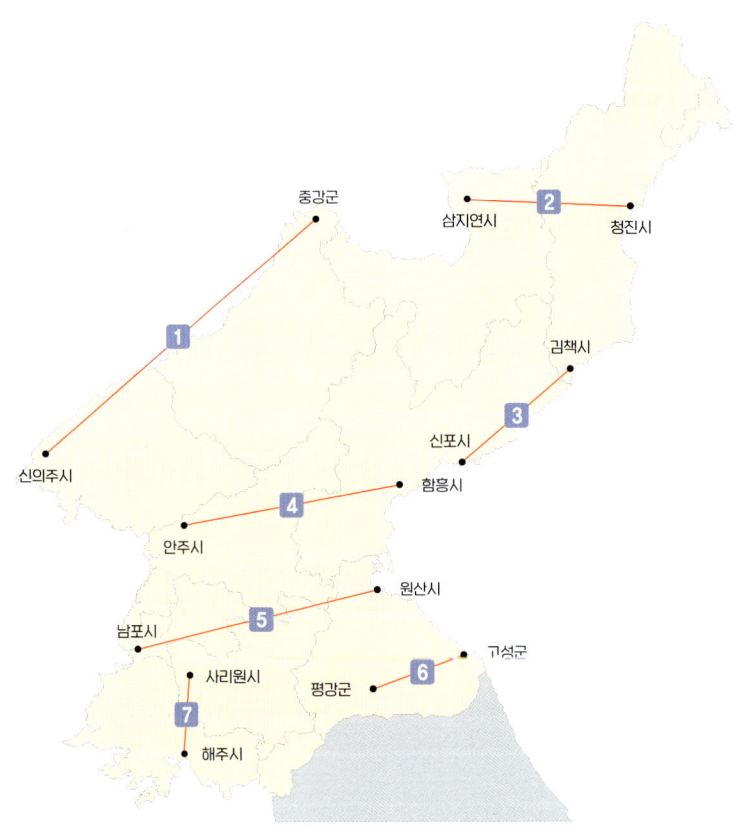

1 압록강 하류와 상류

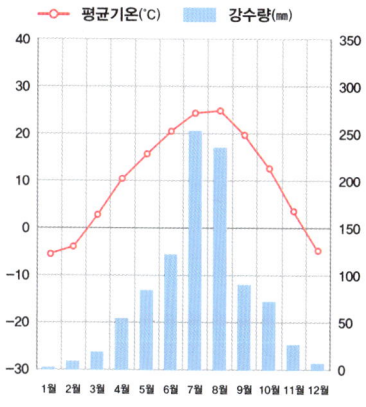

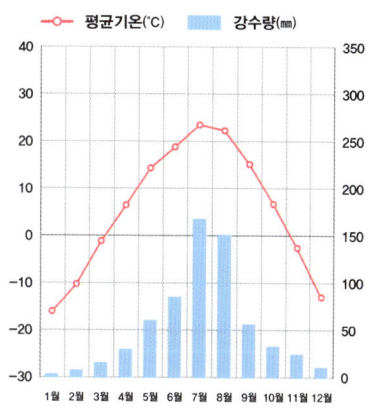

2 동위도 내륙고원과 동해안

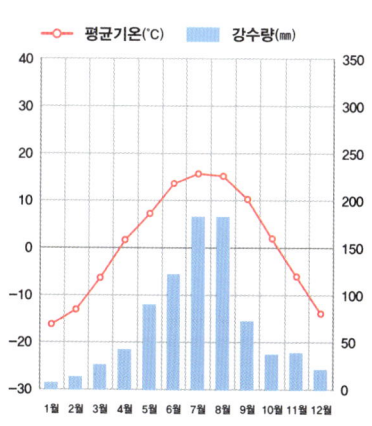

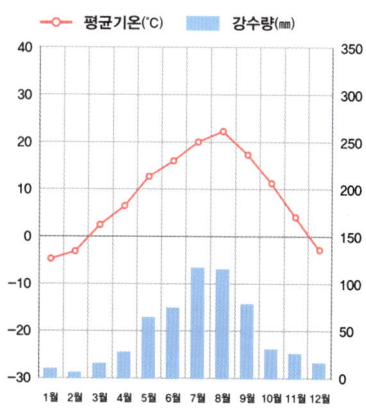

3 함경도의 두 해안도시

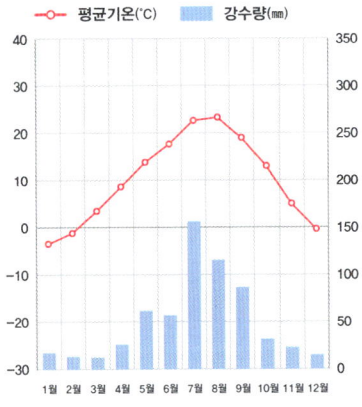

신포시 기후 그래프 (1991~2020년)

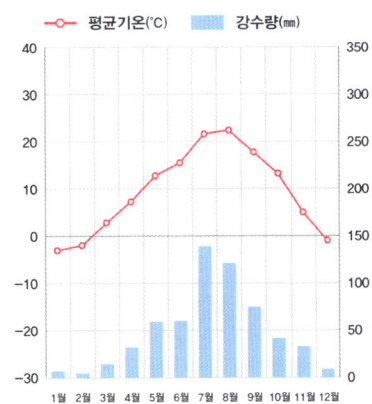

김책시 기후 그래프 (1991~2020년)

4 평안도와 함경도의 평야지역

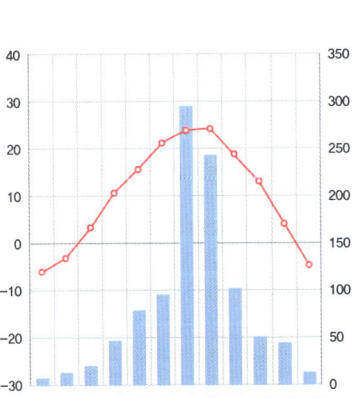

안주시(순천시) 기후 그래프 (1991~2020년)

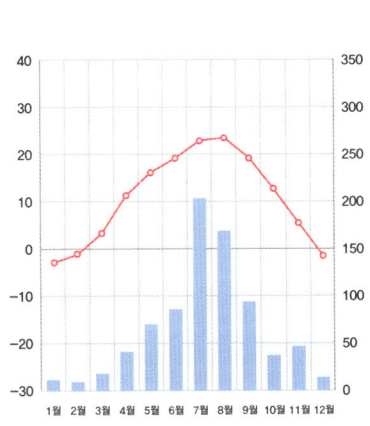

함흥시 기후 그래프 (1991~2020년)

5 서해안과 동해안의 항구도시

남포시(과일군) 기후 그래프 (1991~2020년)

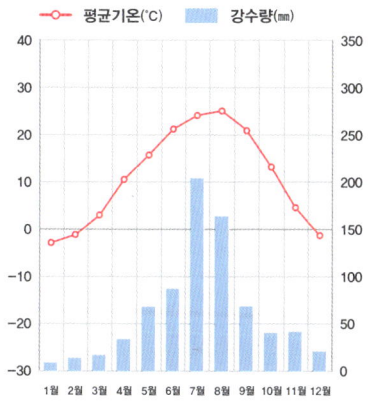

원산시 기후 그래프 (1991~2020년)

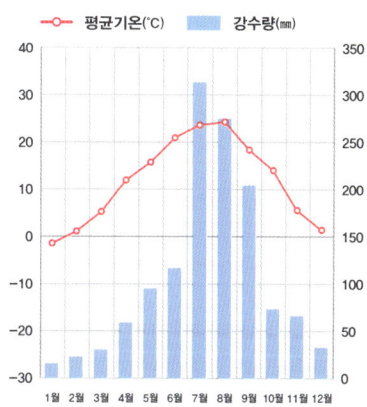

6 강원도의 내륙과 해안

평강군(세포군) 기후 그래프 (1991~2020년)

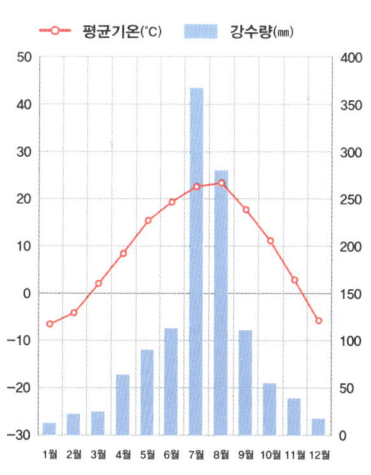

고성군 기후 그래프 (1991~2020년)

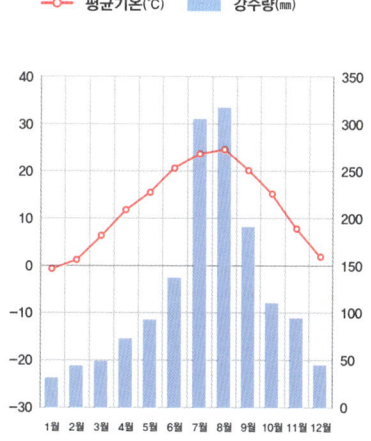

7 황해도의 대표 두 도시

해주시 기후 그래프 (1991~2020년)

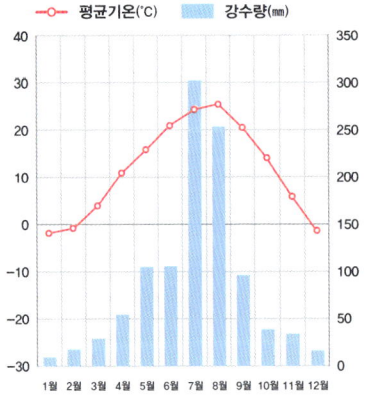

사리원시 기후 그래프 (1991~2020년)

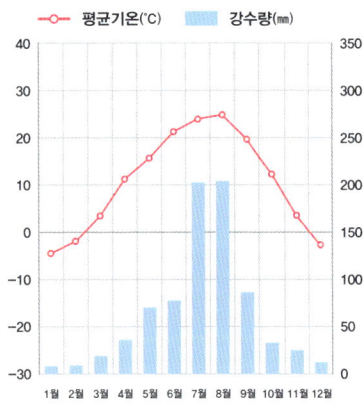

북한 철도망

참고 문헌

* 《북한지리지 1》과 《북한지리지 2》를 만들며 참고한 문헌입니다.

자료

《한국민족문화대백과사전》, 한국학중앙연구원, https://encykorea.aks.ac.kr

《조선지리전서》, 교육도서출판사, 1990년

《조선향토대백과》, 평화문제연구소·과학백과사전출판사, 2003~2004

《북한지도집》, 국토지리정보원, 2013

《북한 기상 30년보: 1990~2020》, 대한민국 기상청

《북한 기상 연보 2023》, 대한민국 기상청

《조선민주주의인민공화국 2008년 인구 일제조사 전국보고서》, 중앙통계국, 2009

《동북아 북한 교통 자료집》, 한국교통연구원, 2016

《조선유적유물도감》, 교육도서출판사, 1990

《북한 문화재 해설집-석조물편》, 국립문화재연구소, 1997

《북한 국보유적 연혁자료집》, 국립문화재연구소, 2012

《조선료리전집》, 조선료리협회, 1994~2000

《교육신문》, 교육신문사, 2012~2022

《금수강산》, 오늘의조국사, 2016~2024

《로동신문》, 로동신문사, 2012~2024

《조선》, 조선화보사, 2016~2024

《조선중앙통신》, 조선중앙통신사, 2020

《약천집(藥泉集)》, 남구만(南九萬), 1723년경

《택리지(擇里志)》, 이중환(李重煥), 1751년경

《백두산유록(白頭山遊錄)》, 박종(朴琮), 1764년경

《을병연행록(乙丙燕行錄)》, 홍대용(洪大容), 1766년경

《열하일기(熱河日記)》, 박지원(朴趾源), 1780년경

《의유당관북유람일기(意幽堂關北遊覽日記)》, 의유당(意幽堂) 남씨(南氏), 1829년경

《호동서락기(湖東西洛記)》, 김금원(金錦園), 1850년경

《대동여지도(大東輿地圖)》, 김정호(金正浩), 1864년경

《대동지지(大東地志)》, 김정호(金正浩), 1861~1866

《조선과 이웃나라들[Korea and her Neighbours]》, 이사벨라 버드 비숍(Isabella Bird Bishop), 1897

《백두산을 찾아서—잃어버린 풍경 2, 1920~1940》, 민태원 (외) 씀, 이지누 엮음, 호미, 2005

《신여성, 길 위에 서다—잃어버린 풍경 3, 1920~1940》, 나혜석 (외) 씀, 서경석·우미영 엮음, 호미, 2007

《여성, 오래전 여행을 꿈꾸다—의유당관북유람일기, 호동서락기, 서유록》, 의유당·금원·강릉 김씨 씀, 김경미 엮고 옮김, 나의시간, 2019

《(잡지로 보는) 한국 근대의 풍경과 지역의 발견 4. 경기도, 황해도》, 부산대학교 한국민족문화연구소 편, 국학자료원, 2013

《(잡지로 보는) 한국 근대의 풍경과 지역의 발견 10. 평안도》, 부산대학교 한국민족문화연구소 편, 국학자료원, 2013

《(잡지로 보는) 한국 근대의 풍경과 지역의 발견 11. 함경도》, 부산대학교 한국민족문화연구소 편, 국학자료원, 2013

《(서울에서 원산까지) 경원선 따라 산문 여행》, 방민호 엮음, 예옥, 2020

《경의선 따라 산문 여행: 경성에서 신의주까지》, 방민호 엮음, 예옥, 2023

《동아일보》, 동아일보사, 1920~30년대

《신동아》, 동아일보사, 1930년대

《조선일보》, 조선일보사, 1920~30년대

김동환(金東煥, 1901~?)의 시집과 산문집

김소월(金素月, 1902~1934)의 시집

정지용(鄭芝溶, 1902~1950)의 시집

강경애(姜敬愛, 1906~1943)의 소설집과 산문집

김기림(金起林, 1908~?)의 시집과 산문집

백석(白石, 1912~1996)의 시집

이용악(李庸岳, 1914~1971)의 시집

윤동주(尹東柱, 1917~1945)의 시집

권태응(權泰應, 1918~1951)의 시집

김종삼(金宗三, 1921~1984)의 시집

이정호(李貞浩, 1930~2016)의 소설집과 산문집

전혜린(田惠麟, 1934~1965)의 산문집

논문과 책

강정원 외, 《북한의 민속》, 민속원, 2020

강주원, 《휴전선엔 철조망이 없다—평화와 공존의 공간 되찾기, 인류학자의 제언》, 눌민, 2022

권혁재, 《한국시리》, 법문사, 1995

김우선·김현종, 〈지명어 후부 요소 '덕(德)'의 지리적 분포와 특성—북한 지역을 중심으로〉, 《지명학》, 제38호, 2023

김정숙·차은정, 《밥상 아리랑: 북녘에서 맛보는 우리음식 이야기》, 빨간소금, 2020

노영돈, 〈간도 영유권 문제와 '조중변계조약'의 의미〉, 《군사(軍史)》 제108호, 2018. 9.

박수진·안유순 편,《북한지리백서: 인문, 자연, 환경》, 푸른길, 2020

박흥수,《달리는 기차에서 본 세계》, 후마니타스, 2015

뿌리깊은나무,《한국의 발견, 강원도》, 뿌리깊은나무, 1984

신미아,〈북한과 중국 내 고구려 유적 세계유산 등재 관련 주요 쟁점 연구〉,《고구려발해 연구(高句麗渤海研究)》40집, 2011. 7.

심혜숙 글, 안승일 사진,《백두산》, 대원사, 1997

에카르트 데게 저, 김상빈 역,《새로운 북한, 오래된 북한: 독일 지리학자의 북한 답사 앨범》, 푸른길, 2020

옛길박물관,《옛길박물관: 길 위의 역사, 고개의 문화 (옛길편)》, 대원사, 2014

유종호,《다시 읽는 한국 시인: 임화, 오장환, 이용악, 백석》, 문학동네, 2002

유종호,《사라지는 말들—말과 사회사》, 현대문학, 2022

유홍준,《나의 북한 문화유산답사기(상)》, 중앙M&B, 2000

유홍준 편,《금강산》, 학고재, 1998

이덕주,〈초기 한글 성서 번역에 관한 연구〉,《한글 성서와 겨레 문화》, 기독교문사, 1985

이선희,〈조선 후기 황해도 수영(水營)의 운영〉,《한국문화(韓國文化)》38, 2006

이승기,《겨레의 꿈 과학에 실어: 비날론 발명 과학자 이승기 박사의 수기》, 615출판사, 2011

이일야,《아홉 개의 산문이 열리다: 해주에서 … 장흥까지》, 조계종출판사, 2016

이찬우,《북한경제와 협동하자》, 시대의창, 2019

장경희,《북한의 박물관》, 예맥, 2011

정창현,《북한의 국보유적 기행》, 역사인, 2021

정창현,《북한 박물관 기행》, 굿플러스북, 2023

통일연구원,《2022 북한의 공식 시장 현황》, 2022

하효길 글, 송봉화 사진,《서해안 배연신굿 및 대동굿: 중요 무형문화재 제82-나호》, 국립문화재연구소, 2002

한식재단 편, 《숨겨진 맛, 북한 전통음식 첫 번째》, 한식재단, 2013

한식재단 편, 《그리움의 맛, 북한 전통음식 두 번째》, 한식재단, 2016

홍민·차문석·정은이·김혁, 〈북한 전국 시장 정보: 공식시장 현황을 중심으로〉, 《KINU 연구총서 16-24》, 통일연구원, 2016

JTBC 제작팀, 《두 도시 이야기: 서울·평양 그리고 속초·원산》, 중앙books, 2019

KDB 산업은행, 《2020 북한의 산업 I》, KDB 산업은행, 2020

KDB 산업은행, 《2020 북한의 산업 II》, KDB 산업은행, 2020

KDB 산업은행, 《2020 북한의 산업 III》, KDB 산업은행, 2020

사진 저작권

차례 뒷면(16~17쪽) 삼지연시 리명수동과 남포태산; 조선사진가동맹

신의주시

23쪽 조중친선다리; 김진석 | 28쪽(아래) 신의주청년역; 조선사진가동맹 | 33쪽 백토동 화석; 조선사진가동맹 | 37쪽 의주읍성 남문; 조선사진가동맹 | 38쪽 통군정; 조선사진가동맹 | 46쪽 신의주 어린이 교통공원; 조선사진가동맹 | 50쪽(위) 석하농장; 조선사진가동맹 | 50쪽(아래) 젖소목장; 조선사진가동맹 | 51쪽 신의주 초물협동조합 공예품; 조선사진가동맹 | 53쪽 신의주 법랑철기공장; 조선사진가동맹 | 55쪽 신의주 방직공장 모습들(2장); 조선사진가동맹 | 56쪽 락원기계련합기업소; 조선사진가동맹 | 57쪽 신의주 화학섬유공장; 조선사진가동맹 | 59쪽 신의주 화장품공장 봄향기연구소(2장); 조선사진가동맹 | 60쪽 봄향기 화장품 제품들; 조선사진가동맹 | 62쪽 신의주 본부유치원; 조선사진가동맹 | 64쪽 신의주 교원대학; 조선사진가동맹 | 68쪽 서백리 경유 구아 연락 승차선권; 손기정기념관

중강군

82쪽 오수덕 대지; 평화문제연구소 | 86쪽 중국과 중강군 사이 압록강 인도교; 평화문제연구소 | 87쪽 호하로동자구 마을; 조선사진가동맹 | 94쪽 서북피아양계만리일람지도; 서울대학교 규장각 한국학연구원 | 98쪽 압록강려관; 평화문제연구소 | 99쪽 중강군 인민병원; 평화문제연구소 | 100쪽(위) 옛 신성학교; 평화문제연구소 | 100쪽(아래) 압록강 강변 항일 사적지; 평화문제연구소 | 104쪽(위) 중강읍협동농장; 평화문제연구소 | 104쪽(아래) 오수리 양떼; 평화문제연구소 | 106쪽 3월5일청년광산 몰리브덴공장; 조선사진가동맹 | 107쪽 중강 장공장; 평화문제연구소 | 109쪽(위) 중강읍 중강유치원; 평화문제연구소 | 109쪽(아래) 중강읍 중강제1중학교; 평화문제연구소

삼지연시

120쪽 삼지연 호수; 조선사진가동맹 | 122쪽 백두산 모습들(3장); 주선사진가동맹 | 124쪽 천지; 조선사진가동맹 | 129쪽 삼지연시 중심가; 조선사진가동맹 | 132쪽 삼지연못 가역; 조선사진가동맹 | 134쪽 용신비각; 조선사진가동맹 | 137쪽 대동여지도 속 정계비; 서울대학교 규장각 한국학연구원 | 140쪽 메개봉스키장; 조선사진가동맹 | 142쪽 삼지연호텔; 조선사진가동맹 | 144쪽 삼지연시 인민병원; 조선사진가동맹 | 145쪽 삼지연시의 아침; 조선사진가동맹 | 146쪽 삼지연시 거리; 조선사진가동맹 | 147쪽 온천문화휴양지; 조선사진가동맹 | 148~149쪽 천지; 조선사진가동맹 | 150~151쪽 대홍단 붉은바위; 조선사진가동맹 | 152쪽 리명수폭포; 조선사진가동맹 | 153쪽 천지의 만병초; 조선사진가동맹 | 155쪽 들쭉단묵; 조선사진가동맹 | 156쪽 중흥농장; 조선사진가동맹 | 158쪽 백두산 들쭉; 조선사진가동맹 | 162쪽 삼지연시 감자가루공장; 조선사진가동맹 | 163쪽 삼지연 들쭉음료공장의 제품; 조선사진가동맹 | 164쪽 과학기술도서관; 조선사진가동맹 | 166쪽 2018남북정상회담; 대통령기록관

청진시

175쪽 수성천; 평화문제연구소 | 179쪽 고말산 등대; 조선사진가동맹 | 180쪽 청진시 중심지; 평화문제연구소 | 184쪽 청진청년역; Andrew M | 186쪽(위) 청진시 궤도전차; 평화문제연구소 | 186쪽(아래) 청진시 버스; 조선사진가동맹 | 188쪽 청진항; 평화문제연구소 | 189쪽 청진항 방파제; 평화문제연구소 | 191쪽 부거무덤군 18호 무덤; 평화문제연구소 | 197쪽(위) 포항구역 거리; 조선사진가동맹 | 197쪽(중간) 청진 어린이 교통공원; 조선사진가동맹 | 197쪽(아래) 함경북도 도서관; Thomas Peddle | 201쪽(위) 청암구역 직하리 마을; 조선사진가동맹 | 201쪽(아래) 청진 수산사업소; 평화문제연구소 | 208쪽 청진시 비누공장; 조선사진가동맹 | 210쪽 라남 제약공장; 평화문제연구소 | 211쪽 청진 학생교복공장; 조선사진가동맹 | 212쪽 청진 가방공장; 조선사진가동맹 | 215쪽 김책제철련합기업소; 조선사진가동맹 | 216쪽 청진 조선소; 평화문제연구소 | 218쪽 라

남 탄광기계련합기업소; 평화문제연구소 | 220쪽 청진 화학섬유공장; 조선사진가동맹 | 221쪽 청진 스레트공장; 조선사진가동맹 | 222쪽 청진 수지관공장; 조선사진가동맹 | 226쪽 포항유치원; 조선사진가동맹 | 227쪽 청진 외국어학원; 평화문제연구소

김책시

242쪽 김책시 전경; 평화문제연구소 | 246쪽 김책역; 평화문제연구소 | 247쪽 김책항; 평화문제연구소 | 250쪽(위) 북관대첩비 비각; 조선사진가동맹 | 250쪽(아래) 북관대첩비; 조선사진가동맹 | 254쪽 김책시 문화회관; 평화문제연구소 | 255쪽 새로 건설된 살림집; 조선사진가동맹 | 256쪽 석호리 바닷마을; T. Mosler | 260쪽 호통 협동농장; 조선사진가동맹 | 261쪽 장평 협동농장; 조선사진가동맹 | 263쪽 김책 수산사업소 원양어선; 평화문제연구소 | 264쪽 조업 중인 대경수산사업소; 조선사진가동맹 | 268쪽 성진 제강련합기업소; 평화문제연구소 | 270쪽 성진 제강련합기업소; 평화문제연구소 | 272쪽 수산유치원; 평화문제연구소 | 273쪽(위) 김책 중학교; 평화문제연구소 | 273쪽(아래) 김책 흑색금속연구소; 평화문제연구소 | 277쪽 북관대첩비 인도 인수식; 조선사진가동맹

신포시

286쪽 비로봉호; 평화문제연구소 | 290쪽 신포 시가지; 평화문제연구소 | 295쪽 병인양요 전승비; 평화문제연구소 | 297쪽 만선원; 조선사진가동맹 | 300쪽 명태순대; 조선중앙TV | 305쪽(위) 고기잡이 모습; 평화문제연구소 | 305쪽(아래) 원양어선 뜨랄-1호; 조선사진가동맹 | 308쪽 신포 물고기가공공장; 조선사진가동맹 | 309쪽 전국 수산물 가공제품 전시회; 조선사진가동맹 | 312쪽 보주협동농장 유치원; 평화문제연구소 | 313쪽 신포책방; 평화문제연구소 | 317쪽 경수로 1호기와 2호기 모습; 대한민국 정책브리핑

함흥시

324쪽 함흥시 만세교; 평화문제연구소 | 333쪽 (왼쪽)황초령 순수비, (오른쪽)마운령 순수비; 조선사진가동맹 | 334쪽 구천각; 조선사진가동맹 | 336쪽 함흥반송; 조선사진가동맹 | 337쪽(위) 함흥 선화당; 조선사진가동맹 | 337쪽(아래) 징청각; 조선사진가동맹 | 338쪽 제월루; 조선사진가동맹 | 342쪽 함흥대극장; 평회문제연구소 | 344쪽 함흥 농마국수; 조선사진가동맹 | 345쪽 신흥관; 평화문제연구소 | 347쪽 함흥청년1호발전소; 조선사진가동맹 | 348쪽 련포온실농장; 조선사진가동맹 | 352쪽 함흥 영예군인수지일용품공장 생산품; 조선사진가동맹 | 354쪽 2·8비날론련합기업소; 조선사진가동맹 | 355쪽 흥남비료련합기업소; 조선사진가동맹 | 356쪽 룡성기계련합기업소; 조선사진가동맹 | 359쪽 광복소학교; Raymond Cunningham | 360쪽 함흥화학공업대학 화학실험관; 조선사진가동맹 | 363쪽 리승기; 조선사진가동맹

만든 사람들

- **전국남북교류협력 지방정부협의회**

  대한민국의 새로운 도약과 한반도 평화 정착을 바라는 전국 시군구 지방자치단체장의 정책 협의를 위하여 구성된 협의회.
  지방자치단체 차원에서 남과 북의 교류를 촉진하고, 이러한 상호 소통과 교류를 통해 민족 화해와 협력에 이바지함을 목적으로 한다.

- **북한지리지 편찬실**

  자문

  이남주(李南周) | 성공회대 인문융합콘텐츠학부 중어중국학전공 교수
  유경호(劉景鎬) | 서울 숭실고등학교 (前) 교사
  이경수(李璟洙) | 서울대학교 한국정치연구소 선임연구원
  이주성(李柱成) | 남북협력민간단체협의회 사무총장
  함보현(咸普賢) | '법률사무소 생명' 대표 변호사

  집필과 제작

  김기헌(金基憲) | 북한학, 연구
  남우희(南祐姬) | 연구, 집필, 편집
  박소연(朴昭娟) | 연구, 집필
  선우정(宣友正) | 연구, 디자인
  유경호(劉景鎬) | 지리교육학, 연구
  정숙경(丁淑鏡) | 연구, 집필
  황주은(黃住㤙) | 도시행정학, 연구

  행정 지원

  이재상(李在祥) | 남북경제문화협력재단 사무처장
  이황미(李黃美) | 남북경제문화협력재단 운영팀장

남북교류협력을 위한

북한지리지 1
— 신의주시, 중강군, 삼지연시, 청진시, 김책시, 신포시, 함흥시

ⓒ 전국남북교류협력 지방정부협의회, 2025
ⓒ 남북경제문화협력재단 북한지리지 편찬실, 2025
ⓒ 내숲, 2025

펴낸날　2025년 2월 25일

기획　　전국남북교류협력 지방정부협의회
집필　　남북경제문화협력재단 북한지리지 편찬실

펴낸곳　내숲
출판등록　2024년 3월 12일 제2024-000005호
주소　　(01193) 서울시 강북구 삼양로 27길 80
팩스　　0508-927-8106
전자우편　sfpc2024@naver.com

ISBN　　979-11-991138-1-7　04980

이 책에 수록된 내용(글, 지도, 디자인 등)은 모두 저작권이 있습니다. 전체 또는 일부분을 사용하고자 할 때는 먼저 저작권자로부터 서면으로 된 동의서를 받아야 합니다.